SØREN KIERKEGAARD

Dados Internacionais de Catalogação na Publicação (CIP)
(Câmara Brasileira do Livro, SP, Brasil)

Stewart, Jon
  Søren Kierkegaard : subjetividade, ironia e a crise da Modernidade / Jon Stewart ; tradução de Humberto Araújo Quaglio de Souza. – Petrópolis, RJ : Vozes, 2017.

  Título original : Søren Kierkegaard : subjectivity, irony, and the crisis of modernity
  Bibliografia
  ISBN 978-85-326-5548-6

  1. Kierkegaard, Søren, 1813-1855 – Crítica e interpretação 2. Kierkegaard, Søren, 1813-1855. O conceito de ironia. I. Título.

17-06750   CDD-198.9

Índices para catálogo sistemático:
1. Kierkegaard : Filosofia dinamarquesa   198.9

JON STEWART

SØREN KIERKEGAARD

SUBJETIVIDADE, IRONIA E A CRISE DA MODERNIDADE

Tradução de Humberto Araújo Quaglio de Souza

EDITORA VOZES

Petrópolis

© Jon Stewart, 2015
Esta obra foi publicada originalmente em inglês no ano de 2015. A presente tradução é publicada mediante acordo com a Oxford University Press. A Editora Vozes é a única responsável por esta tradução e a Oxford University Press não se responsabiliza por qualquer erro, omissão ou informações imprecisas ou ambíguas eventualmente encontradas ou por qualquer perda causada pela confiança nela depositada.

Título do original em inglês: *Søren Kierkegaard – Subjectivity, Irony, and the Crisis of Modernity*

Direitos de publicação em língua portuguesa – Brasil:
2017, Editora Vozes Ltda.
Rua Frei Luís, 100
25689-900 Petrópolis, RJ
www.vozes.com.br
Brasil

Todos os direitos reservados. Nenhuma parte desta obra poderá ser reproduzida ou transmitida por qualquer forma e/ou quaisquer meios (eletrônico ou mecânico, incluindo fotocópia e gravação) ou arquivada em qualquer sistema ou banco de dados sem permissão escrita da editora.

CONSELHO EDITORIAL

Diretor
Gilberto Gonçalves Garcia

Editores
Aline dos Santos Carneiro
Edrian Josué Pasini
Marilac Loraine Oleniki
Welder Lancieri Marchini

Conselheiros
Francisco Morás
Ludovico Garmus
Teobaldo Heidemann
Volney J. Berkenbrock

Secretário executivo
João Batista Kreuch

Editoração: Fernando Sergio Olivetti da Rocha
Diagramação: Mania de criar
Revisão gráfica: Nilton Braz da Rocha/Nivaldo S. Menezes
Capa: Renan Rivero
Ilustração de capa: Søren Kierkegaard conversando com o jovem Lorens Frölich. Pintura de Luplau Janssen (c. 1910).

ISBN 978-85-326-5548-6 (Brasil)
ISBN 978-0-19-874770-3 (Reino Unido)

Editado conforme o novo acordo ortográfico.

Este livro foi composto e impresso pela Editora Vozes Ltda.

Para Katalin.

SUMÁRIO

Agradecimentos, 9

Prefácio, 11

Introdução, 15

1 A vida e a obra de Kierkegaard como uma "tarefa socrática", 21

2 A visão de Hegel sobre Sócrates, 41

3 A visão de Kierkegaard sobre Sócrates, 71

4 Kierkegaard, Heiberg e a história, 97

5 Kierkegaard e o subjetivismo romântico, 123

6 A concepção da tarefa socrática de Kierkegaard e o início da autoria: 1843, 154

7 A tarefa socrática de Kierkegaard: 1844-1846, 180

8 A tarefa socrática de Kierkegaard e a segunda metade da autoria: 1846-1855, 222

Referências, 259

Índice analítico, 271

Índice geral, 287

AGRADECIMENTOS

Este livro é concebido, de um modo geral, como uma introdução básica à vida e à obra de Søren Kierkegaard. A maior parte do texto foi desenvolvida para um *Massive Open On-line Course* (Mooc – Curso Massivo Aberto On-line) com o mesmo título que foi lançado sob a égide da Universidade de Copenhague na plataforma Coursera, entre 7 de outubro e 2 de dezembro de 2013. O curso teve aproximadamente 24.000 estudantes on-line inscritos, e a enorme resposta positiva recebida foi a inspiração para o desenvolvimento das ideias ali nele apresentadas na forma de um texto introdutório adequado para o uso em sala de aula. Este livro é, em geral, uma reprodução fiel do manuscrito do curso on-line. Contudo, foram feitos alguns acréscimos e modificações estilísticas.

A abordagem e a concepção geral foram elaboradas em cooperação com Timothy Hall, que foi o principal administrador do curso. Suas sugestões úteis e suas avaliações críticas afetaram substancialmente o desenvolvimento do manuscrito. O texto também foi melhorado pelas questões e comentários dos muitos professores-assistentes que ajudaram na realização do curso: Karl Aho, Joseph Ballan, Hjördis Becker-Lindenthal, Matthew Brake, Victoria Davies, Stephen DeRose, Joaquim Hernandez-Dispaux, Jennifer Hincapié Sánchez, Luke Johnson, Wojciech Kaftanski, Katarzyna Krawerenda-Wajda, Irina Kruchinina, Laura Liva, Daniel Marrs, Frances Maughan-Brown, Cody Lewis Oaks, Azucena Palavicini Sánchez, George Patios, Humberto Quaglio, Troy Smith, Emma Sørgaard, Michael Stark, Shalon van Tine, e Tian Wangjinjian. No contexto do curso on-line, eu fiquei feliz pelo constante apoio e ajuda de

Jesper Tang Nielsen, da Faculdade de Teologia da Universidade de Copenhague.

O manuscrito também foi enriquecido pelas proveitosas sugestões de renomados estudiosos de Kierkegaard como Paul Muench, Peter Šajda e K. Brian Soderquist, que generosamente compartilharam comigo seus conhecimentos do *corpus* kierkegaardiano, principalmente de *O conceito de ironia*. Seus trabalhos proporcionaram parte da inspiração original para a seleção de alguns dos principais temas e textos do curso. Enquanto estava escrevendo o manuscrito, eu regularmente consultava Niels Jørgen Cappelørn sobre uma série de detalhes históricos acerca da vida e da época de Kierkegaard. Katalin Nun, Loy Stewart e Finn Gredal Jensen altruisticamente leram todo o texto em seus diversos estágios e apresentaram seus comentários críticos. Katalin contribuiu me ajudando a desenvolver um texto que fosse tanto academicamente respeitável quanto interessante para os iniciantes. Ela também ajudou a organizar e editar as ilustrações que aparecem aqui. Loy deu bons conselhos sobre como simplificar a obra e sobre como torná-la mais sintética e estilisticamente adequada. Finn foi um consultor particularmente valioso devido a seus conhecimentos de Platão e de Filosofia antiga. Com gratidão, presto meu reconhecimento à cooperação do Centro de Pesquisas Søren Kierkegaard Research Centre e do Atelier Fotográfico da Biblioteca Real por me permitirem reproduzir aqui algumas das imagens de seus arquivos. Para com todas as pessoas envolvidas tanto na produção do curso on-line quanto na do manuscrito, eu tenho uma profunda dívida de gratidão.

PREFÁCIO

Este livro é, como já foi mencionado, uma introdução básica ao pensamento de Søren Kierkegaard, elaborada para pessoas que não tenham qualquer conhecimento prévio sobre o tema. Existem muitos livros introdutórios sobre o pensador dinamarquês, e muitos modos diferentes de apresentar seu pensamento a estudantes iniciantes. Cada um deles tem seus próprios pontos fortes e fracos. Ainda que a abordagem utilizada neste livro tenha, penso eu, distintas vantagens, ela obviamente é apenas *uma* abordagem. Meu objetivo aqui não é dar ao leitor um panorama exaustivo, e nem mesmo uma visão particularmente representativa do pensamento complexo de Kierkegaard ou de sua autoria. Em vez disso, a estratégia aqui é desenvolver um ponto específico de seu pensamento, derivado do filósofo grego Sócrates. Como se verá, esse é um ponto muito fundamental que tem um profundo poder de explicação para a compreensão das motivações, do método e do estilo de escrita de Kierkegaard.

A estratégia escolhida aqui tem algumas vantagens pedagógicas claras. Ao se interpretar Kierkegaard como uma figura que tenta imitar aspectos específicos da vida e do pensamento de Sócrates, o livro chega a Kierkegaard por meio de algo que é presumivelmente familiar a estudantes e a leitores de primeira viagem (ou seja, os diálogos de Platão e a figura de Sócrates). Além do mais, ela proporciona uma percepção útil em muitos dos elementos estranhos e contraintuitivos do pensamento de Kierkegaard que, de outra forma, seriam difíceis de explicar. A dimensão socrática também ajuda a proporcionar um grau de continuidade ao longo dos muito heterogêneos escritos de Kierkegaard, pois ela está presente do início ao fim de sua autoria.

Este trabalho difere significativamente dos diversos textos introdutórios a Kierkegaard mais tradicionais. Muitos deles abordam Kierkegaard introduzindo seu pensamento nos termos dos chamados "estágios da existência": o estético, o ético e o religioso. Essa estrutura tem sido o alicerce das introduções a Kierkegaard por quase um século, e tem sido usada tão frequentemente que hoje em dia é um clichê. O problema é que ela é demasiadamente esquemática e não faz justiça à riqueza do pensamento de Kierkegaard. Além disso, não é possível determinar em que medida o próprio Kierkegaard concebeu sua obra como um todo dessa maneira, e a importância desse famoso esquema de desenvolvimento pode, em certo sentido, ser considerado como um simples resultado de sua constante repetição na literatura secundária.

Ademais, as introduções tradicionais também tendem a separar a vida de Kierkegaard de seu pensamento ao apresentarem sua biografia, na melhor das hipóteses, em um capítulo inicial para, em seguida, tratarem de seu pensamento como algo separado e distinto de sua vida. A presente obra, pelo contrário, integra o aspecto biográfico com a exposição do pensamento e dos escritos de Kierkegaard. Isto permite ao leitor apreciar suas obras de maneira mais completa por vê-las no contexto concreto de sua época e lugar. Frequentemente, parte do mistério sobre uma obra de Kierkegaard desaparece quando se vê como seu pensamento se desenvolveu em resposta a um texto ou ideia específicos de um de seus contemporâneos.

Por fim, há uma longa tradição apologética de Kierkegaard nos livros introdutórios. Os estudiosos sentem-se naturalmente, e com razão, obrigados a defender Kierkegaard contra enganos na interpretação de seu pensamento, mas isto frequentemente vai longe demais, e o pensador dinamarquês é colocado em um pedestal. O presente trabalho, por sua vez, tenta lançar um olhar sóbrio sobre Kierkegaard e vê-lo pelo que ele foi: um ser humano com seus defeitos e fraquezas. Tenta-se aqui fazer uma avaliação equilibrada, destacando o gênio singular de Kierkegaard, sem porém ignorar os outros aspectos de seu caráter. Este livro tenta sublinhar a natureza radical e contraintuitiva do pensamento de Kierkegaard que é muitas vezes eliminada nas leituras apologéticas.

Não se iluda: Kierkegaard é um autor profundamente complexo, e nenhuma introdução será capaz de, sozinha, cobrir todos os aspectos de seu pensamento. Qualquer tentativa de se apresentar um panorama dele vai invariavelmente enfatizar certos aspectos em detrimento de outros. Alguns especialistas podem objetar dizendo que a abordagem escolhida aqui deixa de fora certos elementos importantes do pensamento de Kierkegaard, ou que algumas de suas principais obras receberam pouca atenção. Eles podem reclamar que foi gasto muito tempo com uma das primeiras obras de Kierkegaard, *O conceito de ironia*, às custas de suas obras mais maduras. Mas isto é uma *petitio principii*, já que pressupõe antes do tempo quais são os aspectos centrais do pensamento de Kierkegaard e presume que *O conceito de ironia* é simplesmente uma peça da juventude que pode ser rapidamente deixada de lado. Assim, o verdadeiro teste para qualquer introdução a Kierkegaard é o quanto ela consegue fazer com que as abordagens escolhidas iluminem a totalidade de seu pensamento. O presente trabalho faz uma forte defesa da importância de Sócrates e, desta maneira, oferece ao estudante de Kierkegaard iniciante as premissas básicas de seu pensamento. Isto permite ao estudante uma orientação básica no pensamento de Kierkegaard que mais tarde facilitará o estudo independente. O objetivo é proporcionar aos leitores algumas categorias e ferramentas básicas para que eles possam ler Kierkegaard de maneira frutífera e autônoma, e assim descobrir por si mesmos novos aspectos e dimensões de seu pensamento que não poderiam ser tratados aqui de modo mais profundo.

Reconheço explicitamente minha confiança em um punhado de extraordinários estudos acadêmicos sobre as relações entre Kierkegaard e Sócrates, tais como os de Howland, Kloeden, Himmelstrup,

Scopetea e Muench[1]. O presente trabalho não acrescenta nada às recentes pesquisas sobre este tema, mas faz uso dessas pesquisas anteriores para introduzir Kierkegaard de um jeito novo. Igualmente, eu de jeito nenhum afirmo ter sido pioneiro em minha leitura de *O conceito de ironia*, e fico feliz em reconhecer minha dívida com o trabalho de estudiosos como K. Brian Söderquist[2]. Se o presente trabalho traz algo de novo, isto se deve à aplicação desse material em uma introdução. O objetivo não é apresentar novas pesquisas, mas sim abrir a porta para novos leitores começarem a compreender o gênio de Søren Kierkegaard.

---

1. HOWLAND, J. *Kierkegaard and Socrates*: A Study in Philosophy and Faith. Nova York: Cambridge University Press, 2006. • KLOEDEN, W. *Kierkegaard und Sokrates* – Sören Kierkegaards Sokratesrezeption. Rheinland-Westfalen-Lippe: Evangelische Fachhochschule, 1991 [*Schriftenreihe der Evangelischen Fachhochschule Rheinland-Westafalen-Lippe*, vol. 16]. • HIMMELSTRUP, J. *Søren Kierkegaards Opfattelse af Sokrates* – En Studie i dansk Filosofis Historie. Copenhague: Arnold Busck, 1924. • SCOPETEA, S. *Kierkegaard og græciteten* – En kamp med ironi. Copenhague: C.A. Reitzel, 1995. • MUENCH, P. "The Socratic Method of Kierkegaard's Pseudonym Johannes Climacus: Indirect Communication and the Art of 'Taking Away'". In: HOUE, P. & MARINO, G.D. (eds.). *Kierkegaard and the Word(s)*: Essays on Hermeneutics and Communication. Copenhague: C.A. Reitzel, 2003, p. 139-150. • MUENCH, P. "Kierkegaard's Socratic Pseudonym: A Profile of Johannes Climacus". In: FURTAK, R.A. (ed.). *Kierkegaard's Concluding Unscientific Postscript*: A Critical Guide. Cambridge: Cambridge University Press, 2010, p. 25-44. Cf. tb. os artigos em STEWART, J. & NUN, K. (eds.). *Kierkegaard and the Greek World* – Tome I: Socrates and Plato. Aldershot: Ashgate, 2010 [*Kierkegaard Research: Sources, Reception and Resources*, vol. 2]. Cf. tb. as referências.

2. SÖDERQUIST, K.B. *The Isolated Self*: Irony as Truth and Untruth in Søren Kierkegaard's On the Concept of Irony. Copenhague: C.A. Reitzel, 2007 [*Danish Golden Age Studies*, vol. 1].

INTRODUÇÃO

No século XXI vivemos em um mundo complexo que muda rapidamente. A experiência de cada nova geração difere radicalmente da que a antecedeu. Na geração dos meus pais, por exemplo, ninguém tinha computador ou celular, mas hoje virtualmente todos possuem esses objetos. Pergunte a si mesmo: Para quantas coisas você usa seu computador e seu celular, e quanto tempo você gasta com eles? Você terá uma ideia de como sua vida é diferente daquela da geração anterior. Nossas experiências e percepções sobre o mundo diferem radicalmente daquelas de pessoas que cresceram há apenas 40 ou 50 anos atrás. No passado, mudanças radicais desse tipo ocorriam ao longo de séculos. Agora, com o ritmo acelerado do desenvolvimento tecnológico, elas ocorrem em poucos anos. Essas constantes mudanças ao longo do tempo fazem as pessoas se sentirem desconfortáveis ou inseguras. Certas práticas ou coisas tradicionais que as pessoas fizeram por toda a vida subitamente tornaram-se obsoletas. Isso nos conduz a uma experiência de desorientação e alienação em relação à vida moderna. Tudo que é estável parece tornar-se fugidio, e parece que não existe algo fixo a que possamos nos apegar. Esta é a situação que enfrentamos no século XXI.

O filósofo e pensador religioso dinamarquês Søren Kierkegaard viu essas mudanças ocorrendo no século XIX, e fez uma brilhante análise delas. Mesmo que Kierkegaard nunca tenha ouvido falar da internet, do iPad ou da câmera digital, ele, não obstante, compreendeu muito bem a Modernidade. Hoje podemos ler suas obras, e elas podem nos ajudar a entender o mundo à nossa volta e nosso lugar nele.

Neste livro examinaremos o pensamento de Søren Kierkegaard, uma figura singular que tem inspirado, provocado, fascinado e irritado as pessoas desde o tempo em que caminhava pelas ruas de Copenhague. Em nossos dias, especialistas discutem se Kierkegaard era um filósofo, um teólogo, um escritor inspirado, um autor literário, um psicólogo, ou qualquer outra coisa. No fim das contas, ele foi um pouquinho disso tudo, e sua forma de escrever extremamente criativa faz com que seja difícil dizer exatamente que gênero literário ele estava usando, ou a que área acadêmica ele pertencia.

Essa característica de sua escrita se reflete na complexa história da recepção de seu pensamento. Suas obras têm sido enormemente influentes em vários campos como, por exemplo, na filosofia, na teologia, na ciência da religião, na teoria literária, na estética e na psicologia. O fato de um único pensador conseguir atrair pessoas de tantas disciplinas diferentes é, por si só, interessante. Mas o que, de fato, é singular nessa recepção de Kierkegaard é que ele tem despertado o interesse de pessoas que discordam radicalmente entre si, e que representam posições conflitantes. Kierkegaard tem sido visto como defensor tanto de visões políticas progressistas quanto de reacionárias. Tem sido celebrado tanto como um existencialista quanto como um essencialista. Tem sido saudado tanto como crítico do Idealismo Alemão quanto como seguidor dele. Uma explicação para esse aspecto singular da sua recepção é a de que existe algo de indeterminado ou aberto nos escritos de Kierkegaard. Isto permite que ele, de certa forma, fale a todos, e parece que em suas obras, ricas e diversas como são, os leitores sempre conseguem achar algo que lhes proporcione uma percepção especial de suas próprias vidas e condições.

Neste livro exploraremos a maneira como Kierkegaard lida com os problemas associados ao relativismo, à falta de sentido e à crise da fé religiosa típicos da vida moderna. Em sua famosa obra *O conceito de ironia*, de 1841, Kierkegaard analisa as diferentes formas de subjetivismo e relativismo tais como elas eram concebidas, ou seja, como críticas da cultura tradicional. O que queremos dizer com estes termos, subjetivismo e relativismo? Dizemos, por exemplo, que certa lei ou costume é meramente relativo no sentido de que só são aceitos em uma cultura ou sociedade, mas rejeitados em outras. Quando fazemos esse tipo de afirmação, ela é geralmente crítica e tem a intenção de solapar a validade da lei ou costume em questão. Em outras palavras, se algo é *meramente* relativo, então não tem validade ou autoridade absolutas e, portanto, podemos escolher se o seguimos ou não. É assim que estamos acostumados a falar sobre coisas como relativismo e subjetivismo.

Folha de rosto de *O conceito de ironia*.

Kierkegaard se refere a estas diferentes tendências sob o título: ironia. Por que ele usa esse termo? Às vezes, quando atualmente se diz que algo é irônico, se quer dizer que ocorreu um evento infeliz ou uma fatalidade. Nesse sentido, por exemplo, se pode dizer "isso é irônico" quando algo ruim acontece a uma pessoa má. Mas não era isso o que Kierkegaard queria dizer. Em vez disso, quando somos irônicos sobre alguma coisa, dizemos o oposto do que realmente queremos dizer, e o contexto faz o ouvinte ficar atento a esse fato. Por exemplo, quando o tempo está ruim em Copenhague, com chuva forte ou muita neve, posso dizer: "que tempo maravilhoso o de hoje!" Visto que meu interlocutor sabe que o tempo naquela hora está, de fato, muito ruim, ele imediatamente percebe que não quero dizer literalmente o que estou dizendo, mas que estou sendo irônico. Essa é a maneira como a ironia é usada comumente. Mas a ironia pode também ser usada de uma maneira crítica. Por exemplo, na política, se discordo de um ato político específico ou de um projeto de lei, posso dizer: "que ótima política!" ou, "que ótima lei!", querendo assim dizer exatamente o contrário. Esse sentido crítico da ironia é o tipo de coisa que Kierkegaard tem em mente quando a associa ao subjetivismo e ao relativismo. Com esse tipo de ironia é possível criticar os costumes, as práticas aceitas e, de fato, absolutamente qualquer coisa.

Em *O conceito de ironia*, Kierkegaard compara a ironia tal como utilizada pelo antigo filósofo grego Sócrates com a ironia moderna, representada pelos românticos alemães em sua própria época. Em ambos os casos é feita uma tentativa de se usar a reflexão crítica para se questionar crenças e modos de pensar tradicionais. Como crítico dos românticos, Kierkegaard tem Sócrates em alta conta. Com efeito, ele toma Sócrates como seu modelo na tentativa de criticar sua própria cultura dinamarquesa e seu conceito de religião no século XIX. Por outro lado, os românticos eram vistos como representantes de uma típica variedade moderna dos problemas que acabamos de mencionar: subjetivismo, relativismo, niilismo, alienação, falta de sentido, e por aí vai. Como os movimentos modernos do existencialismo, pós-estruturalismo e pós-modernismo revelam, as questões que Kierkegaard abordava naquela época estão ainda hoje entre os problemas centrais da filosofia.

O presente trabalho foi concebido como uma introdução à vida e ao pensamento de Søren Kierkegaard para leitores sem conhecimento prévio sobre o tema. Tenho um triplo objetivo. Em primeiro lugar, quero explorar a análise e a compreensão de Kierkegaard acerca de questões prementes para a Modernidade, e tentar estabelecer um consenso quanto à relevância de suas perspectivas para nossas vidas hoje. Em segundo lugar, examinarei como Kierkegaard, de maneira quase paradoxal, procurou o auxílio de um filósofo antigo, Sócrates, para compreender essas questões modernas. Quero tentar entender por que Kierkegaard fez uso de Sócrates como um modelo para sua própria obra. Em terceiro lugar, mesmo que este livro não tenha sido concebido como uma biografia, pretendo expor aspectos da vida de Kierkegaard e de suas relações com seus contemporâneos, usando os dois primeiros tópicos como chaves interpretativas.

Darei ênfase a *O conceito de ironia* como um texto de importância crucial no início da carreira literária de Kierkegaard. Esse é um livro que tem sido, de certa forma, negligenciado nos estudos sobre Kierkegaard, e algumas pessoas acreditam que o próprio Kierkegaard o menosprezava como se fosse uma obra insignificante dos seus primeiros tempos de escritor. Contudo, pretendo mostrar que isso não é verdade, e que, pelo contrário, ele é um texto absolutamente essencial para a compreensão do pensamento de Kierkegaard como filósofo e pensador religioso. Embora esse tenha sido apenas o segundo livro que ele escreveu, ainda assim desempenhou um papel determinante no desenvolvimento subsequente dos escritos de Kierkegaard. Pode-se dizer, de fato, que em *O conceito de ironia* ele estabeleceu as bases para muito do que viria a ser exposto em suas obras posteriores mais famosas como *Ou/*

ou e *Temor e tremor*. Estudando aquela obra, seremos capazes de obter uma compreensão da vida, dos escritos e da relevância de Kierkegaard para nosso mundo atual, heterogêneo e velozmente cambiante. Descobriremos que, apesar de Kierkegaard ter morrido em 1855, ele ainda tem algumas percepções preciosas para nós que vivemos no século XXI.

1 A VIDA E A OBRA DE KIERKEGAARD COMO UMA "TAREFA SOCRÁTICA"

No fim de sua vida, Kierkegaard, avaliando sua própria obra, escreveu que seu trabalho foi uma "tarefa socrática"[1]. Além disso, ele diz: "A única analogia que eu tenho diante de mim é Sócrates"[2]. O que ele queria dizer com isto? Parece que ele adotou Sócrates, ou talvez sua própria versão de Sócrates, como modelo pessoal em sua vida. Em seus escritos, ele considerava estar fazendo algo semelhante ao que Sócrates fazia com sua filosofia. Portanto, para entender o que Kierkegaard queria dizer com isso, precisamos primeiramente ver como ele compreendia Sócrates e o que Sócrates representava para ele. Assim que tivermos identificado os elementos-chave da compreensão de Kierkegaard sobre o caráter e a filosofia de Sócrates, poderemos perceber como ele tentou fazer uso deles em sua própria obra. O ponto de partida óbvio é o livro *O conceito de ironia*, que contém sua mais detalhada exposição sobre a figura do filósofo grego.

Neste primeiro capítulo, iniciaremos com um vislumbre do início da vida de Kierkegaard, seus antecedentes familiares e sua educação na Escola da Virtude Cívica em Copenhague. Em seguida nos voltaremos para *O conceito de ironia* e tentaremos compreender sua estrutura e estratégia argumentativa. Finalmente, faremos um exame de dois dos diálogos de Platão, *Eutífron* e *Apologia*, nos quais veremos

---

1. KIERKEGAARD. *The Moment and Late Writings*. Princeton: Princeton University Press, 1998, p. 341 [Trad. de Howard V. Hong e Edna H. Hong].
2. Ibid.

retratados alguns dos elementos-chave da filosofia de Sócrates. Mais especificamente, vamos abordar os seguintes temas: a ironia de Sócrates; a habilidade de Sócrates de reduzir seu interlocutor à chamada *aporia*, ou ficar sem palavras; a relação de Sócrates com os sofistas; a autocompreensão de Sócrates como o moscardo de Atenas; o "dáimon", ou espírito pessoal, de Sócrates; e, finalmente, a maiêutica, ou arte do parto, de Sócrates. Nosso objetivo aqui é entender essas ideias no contexto original do pensamento de Sócrates, tal como retratadas por Platão, para então prosseguirmos e ver como Kierkegaard as compreende e se apropria delas para seus próprios fins.

I – A família de Kierkegaard e a Escola da Virtude Cívica

Søren Kierkegaard nasceu em Copenhague em 5 de maio de 1813. Ele veio ao mundo em uma casa situada na praça chamada Nytorv, ou mercado novo. A casa foi demolida em 1908, mas podemos vê-la retratada em pinturas da época. A construção ficava ao lado do principal edifício da praça, o tribunal, com suas grandes colunas neoclássicas.

Nytorv, em Copenhague. A casa indicada é a de Kierkegaard.

Kierkegaard viveu durante um período muito rico na vida cultural de seu país, frequentemente chamado de Era de Ouro dinamarquesa, que abrange a primeira metade do século XIX. Entre seus contemporâneos estão o autor de contos de fada Hans Christian Andersen (1805-1875), o físico Hans Christian Ørsted (1777-1851) e o escultor Bertel Thorvaldsen (1770-1844). Copenhague era uma cidade relativamente pequena na época, com aproximadamente 115.000 habitantes[3]. Isso significa que quase todos os escritores, poetas, cientistas e artistas importantes se conheciam pessoalmente, e enriqueciam mutuamente as obras uns dos outros. Um exemplo disso é o primeiro livro de Kierkegaard, *Dos papéis de alguém que ainda vive*, que foi publicado em 1838 como crítica a um romance de Hans Christian Andersen.

Apesar de ter sido um período culturalmente rico para a Dinamarca, economicamente Copenhague era, na época em que Kierkegaard nasceu, uma cidade pobre em um país empobrecido. Essa situação teve como uma de suas principais causas a malfadada aliança da Dinamarca com Napoleão, que resultou no bombardeio da cidade pelos britânicos em 1807 e que destruiu a frota dinamarquesa. Em 1813, o ano do nascimento de Kierkegaard, o Estado Dinamarquês foi à bancarrota. Apenas poucas pessoas conseguiram preservar seu patrimônio naqueles tempos difíceis, e o pai de Kierkegaard, um homem chamado Michael Pedersen Kierkegaard, foi um desses poucos. Ele havia comprado a casa em Nytorv em 1809, alguns anos antes do nascimento do filho. Michael Pedersen Kierkegaard veio de uma família muito pobre, e mudou-se da Jutlândia para Copenhague quando tinha 12 anos de idade para tornar-se aprendiz no comércio de lã de seu tio. Após mais ou menos dez anos ele abriu seu próprio negócio e, com o passar do tempo, ficou rico.

A mãe de Kierkegaard, Ane Sørensdatter Lund, foi a segunda esposa de seu pai. Ela era a criada na casa de Michael Pedersen e eles se

---

3. Cf. KIRMMSE, B.H. *Kierkegaard in Golden Age Denmark*. Bloomington/Indianápolis: Indiana University Press, 1990, p. 25.

casaram em 1797, 13 meses após a morte da primeira esposa. Naquela época, Ane já estava grávida de sua primeira filha, que nasceu cinco meses depois do casamento. Ao longo dos 15 anos seguintes eles tiveram sete filhos, sendo Søren o caçula. É surpreendente o silêncio de Kierkegaard sobre sua mãe e sobre o papel dela em sua criação.

O pai de Kierkegaard era um homem profundamente religioso e criou o filho na tradição do cristianismo luterano. Isso marcou o caráter da família toda. Peter Christian Kierkegaard (1805-1888), irmão mais velho de Søren, estudou Teologia e se tornou um importante pastor, e mais tarde bispo, na Igreja Dinamarquesa. Dizia-se que o pai de Kierkegaard tinha uma personalidade depressiva, motivada por sua obsessão com os próprios pecados. Acredita-se que seus filhos herdaram esse traço de personalidade.

Quando Kierkegaard era criança, seu apelido em casa era "O Garfo". Isso porque, um dia, quando lhe perguntaram o que queria ser quando crescesse, respondeu: um garfo. Quando lhe perguntaram o porquê desse apelido, ele respondeu: "Assim eu poderei espetar qualquer coisa que quiser à mesa de jantar". Quando então lhe perguntaram: "Mas e se corrermos atrás de você?", ele respondeu: "Então espetarei vocês"[4]. Essa história evidencia o fato de que o jovem Kierkegaard era um menino provocador que gostava de ter sempre a última palavra.

Quando criança, Kierkegaard frequentou a Escola da Virtude Cívica, onde aprendeu latim e grego, e desenvolveu interesse pelos clássicos. Originalmente fundada em 1787, a escola foi dividida em duas em 1789: uma em Copenhague e outra nas proximidades, em Christianshavn. De 1821 até sua admissão na universidade, em 1830, Kierkegaard frequentou a escola em Copenhague, localizada na Rua Klareboderne, bem perto da casa de sua família. Era uma instituição educacional respeitável para os filhos das famílias bur-

---

4. KIRMMSE, B.H. (trad. e ed.). *Encounters with Kierkegaard*: A Life as Seen by His Contemporaries. Princeton: Princeton University Press, 1996, p. 3.

guesas abastadas. A escola era intensiva e dava ênfase à educação clássica em latim, grego e hebraico. Durante o período em que a frequentou, Kierkegaard apaixonou-se pela cultura e literatura grega. Suas leituras em grego incluíam a *Ilíada* e a *Odisseia* de Homero, um pouco da *História* de Heródoto e partes do Novo Testamento[5]. O mais importante, porém, foi que ele leu também alguns dos diálogos do filósofo grego Platão, especificamente o *Eutífron*, a *Apologia* e o *Críton*. Ele ainda leu outra importante fonte sobre a vida e os ensinamentos de Sócrates, a *Memorabilia* de Xenofonte[6]. A escola, portanto, lhe proporcionou um conhecimento amplo sobre Sócrates, filósofo pelo qual seria fascinado durante o resto de sua vida.

Porém, ao lembrar-se de seu tempo de escola, Kierkegaard provavelmente não teria recordações tão boas. Pelo que tudo indica, não tinha amigos, e muitas vezes implicavam com ele por causa de suas roupas esquisitas. Suas grossas meias de lã lhe renderam o apelido nada invejável de "Søren Meião". Mas o jovem Kierkegaard não se permitia ser antagonizado passivamente se pudesse evitar. Pelo contrário, relatos de sua época são unânimes em informar que, com seu intelecto superior, ele tinha tendência a irritar e antagonizar seus colegas. Kierkegaard gostava de demonstrar sua esperteza fazendo seus colegas parecerem tolos. Infelizmente, por não ser o maior garoto da turma, suas provocações tinham a consequência negativa de fazer com que ele às vezes apanhasse dos outros por causa da humilhação que sofriam em suas mãos[7]. Mesmo assim, essas experiências negativas não o impediram de retornar à escola mais tarde para ensinar latim.

---

5. Ibid., p. 15, e a nota na p. 273.
6. Cf. OLESEN, T.A. "Kierkegaard's Socrates Sources: Eighteenth-and Nineteenth--Century Danish Scholarship". In: STEWART, J. & NUN, K. (eds.). *Kierkegaard and the Greek World* – Tomo I: Socrates and Plato. Aldershot: Ashgate, 2010, p. 221s. [*Kierkegaard Research* Sources, Reception and Resources, vol. 2].
7. *Encounters with Kierkegaard*, p. 4-5, 7, 10.

Todos os irmãos e irmãs de Kierkegaard morreram bem jovens, com exceção de seu irmão mais velho, Peter Christian. A morte precoce de seus irmãos fez com que uma sombra de melancolia pairasse sobre o lar de sua família. Em 1834, quando Kierkegaard tinha só 21 anos, restavam apenas ele, seu irmão Peter Christian e seu pai. Todos os outros – cinco irmãos e irmãs, e sua mãe – estavam mortos.

II – Introdução a *O conceito de ironia*

Após concluir seus estudos na Escola da Virtude Cívica, Kierkegaard foi admitido como aluno na Universidade de Copenhague. Lá ele escreveu *O conceito de ironia* como tese de mestrado. O livro é dividido em duas grandes partes. A Parte I se intitula "O ponto de vista de Sócrates concebido como ironia". Nessa parte, o jovem autor compara as imagens de Sócrates apresentadas pelas três principais fontes antigas: Platão, Xenofonte e o escritor cômico Aristófanes. Como sabemos, Platão e Xenofonte foram ambos alunos de Sócrates e escreveram diálogos nos quais apresentaram seu amado professor como principal interlocutor. Já Aristófanes fez paródia de Sócrates de maneira humorística na comédia *As nuvens*. Ao comparar e contrastar essas fontes antigas, Kierkegaard pretende chegar à imagem verdadeira de Sócrates. A perspectiva que Kierkegaard constantemente realça ao longo de sua análise é a de que Sócrates não tinha nenhuma doutrina ou teoria filosófica, mas simplesmente refutava o que outros diziam, sem apresentar qualquer alternativa construtiva. Nesse sentido, Sócrates representa uma força negativa e destrutiva. Kierkegaard não quer dizer que Sócrates é negativo no sentido que usamos hoje para nos referirmos a alguém que tem um temperamento negativo, isto é, alguém pessimista. Sócrates é negativo porque solapa a posição dos outros, mas ele mesmo se recusa a apresentar uma tese ou doutrina positiva. Na primeira parte da obra, Kierkegaard quer deixar claro que essa interpretação de Sócrates é bem fundamentada nas fontes antigas.

À primeira parte de *O conceito de ironia* segue-se um apêndice intitulado "A visão de Hegel sobre Sócrates". Ele se refere ao tratamento dado a Sócrates pelo filósofo alemão G.W. F. Hegel em suas lições. A interpretação de Hegel sobre o pensamento do pensador grego e seu papel no desenvolvimento da filosofia e da cultura foi profundamente influente na época. Kierkegaard sabia disso e estudou cuidadosamente os diversos argumentos de Hegel sobre Sócrates, os quais ele expôs de maneira crítica em sua tese de mestrado. Assim, para entender a imagem que Kierkegaard faz de Sócrates, também temos que conhecer um pouco da interpretação de Hegel e da resposta de Kierkegaard a ela. Este será o tema do segundo capítulo.

A Parte II da obra de Kierkegaard se intitula simplesmente "O conceito de ironia". É aqui que Kierkegaard aborda as formas modernas de ironia nos românticos. Ele analisa o pensamento dos escritores alemães Friedrich von Schlegel, Ludwig Tieck e Karl Wilhelm Ferdinand Solger. Embora a ironia socrática tenha sido tratada de forma geralmente positiva, os românticos foram criticados por usar a ironia a serviço do relativismo ou do niilismo. O objetivo deles é simplesmente solapar a sociedade burguesa, mas não há qualquer verdade ou sentido mais profundo que eles queiram propor para substituí-la.

A curta seção final de *O conceito de ironia* é intitulada "A ironia como um elemento controlado, a verdade da ironia". Essa seção tem gerado muita controvérsia na literatura secundária. Ela parece ser a apresentação de Kierkegaard de sua própria perspectiva sobre o uso adequado e apropriado da ironia. Era impossível para Kierkegaard retornar à antiga Atenas e usar a ironia do mesmo jeito que Sócrates usava, já que o contexto histórico e cultural mudou radicalmente desde aquela época. Da mesma forma, a ironia romântica também não era uma alternativa viável, considerando a crítica que Kierkegaard faz a ela nas páginas que precedem a essa última seção. Então, em vez disso, ele sugere uma forma limitada de ironia que acredita ser a mais apropriada em seu próprio tempo. É o que ele chama de "ironia controlada".

III – Ironia socrática e ignorância

O centro da atenção na maior parte de *O conceito de ironia* é sem dúvida Sócrates. Mas não foi só em *O conceito de ironia* que Kierkegaard examinou os ensinamentos desse filósofo. Ele era fascinado pela figura de Sócrates, a quem retornava constantemente ao longo de sua vida. O que havia no antigo filósofo grego que tanto interessava a Kierkegaard? E o que significa "ironia socrática"?

Sócrates viveu na antiga Atenas no século V a.C. e, como mencionado acima, sua obra foi registrada na forma de diálogos por seu aluno Platão. Em 399 a.C. Sócrates foi alvo de acusações de seus conterrâneos atenienses e foi condenado à morte. O diálogo *Apologia* é um relato desse julgamento, e o diálogo *Fédon* é um relato de suas últimas horas e de sua execução por ingestão de cicuta. Sócrates passava muito tempo andando pela cidade e falando com as pessoas. Ele se dirigia às pessoas que alegavam saber alguma coisa sobre algum assunto, e fazia perguntas sobre ele. Alegando ser ignorante, Sócrates pedia a seus interlocutores que o iluminassem sobre qualquer tópico que alegassem conhecer. Assim, ele dava início a um diálogo com eles.

A chamada "ironia socrática" geralmente surge no início dessas conversas, quando Sócrates pede a seu interlocutor que lhe explique algo, ou que lhe dê uma definição de alguma coisa. Pode-se ver um exemplo disso no diálogo *Eutífron*. Nessa obra, Sócrates vai ao tribunal em Atenas para cuidar dos trâmites do processo movido contra ele, e lá encontra Eutífron, um conhecido. Os dois se saúdam e perguntam um ao outro que assuntos os levam ao tribunal. Para espanto de Sócrates, Eutífron explica que está processando seu próprio pai. Nem é preciso dizer que isso é muito incomum, especialmente na Grécia antiga onde o respeito filial era um valor consagrado. Sócrates percebe imediatamente a óbvia contradição entre o amor e o respeito devido ao pai e a ação de Eutífron. Mas em vez de apontar essa contradição, ele finge presumir que deve haver algo que *ele* não entendeu, e que Eutífron deve ter algum conhecimento especial sobre esse assunto. Sócrates exclama: "Céus! é claro que a maioria não faz ideia, Eutífron, do que é correto nesses casos. Penso que agir direito neste caso não é para qualquer um, mas apenas para aquele que é mais adiantado em sabedoria"[8]. Isso soa como um elogio aos ouvidos de Eutífron, que não percebe a ironia. E assim ele responde com autoconfiança: "Adiantado mesmo, Sócrates"[9].

Eutífron continua a falar e assegura a Sócrates que é de fato um perito no assunto, e Sócrates parece concordar com isso. É possível também perceber a ironia socrática no fim do diálogo quando Eutífron, cansado de ver Sócrates refutar todas as suas respostas, subitamente vai embora fingindo ter um compromisso urgente. Quando Eutífron começa a se afastar, Sócrates finge estar muito desapontado, e afirma que pensava que aprenderia alguma coisa sobre piedade com seu interlocutor. Parece que Sócrates deixa Eutífron quase constrangido, dizendo que sem sua instrução ele estaria condenado a viver na ignorância de suas próprias visões pelo resto da vida.

Ao alegar que ele mesmo nada sabia e ao levar Eutífron a se vangloriar por possuir grande conhecimento, Sócrates fica a vontade para fazer perguntas a Eutífron fingindo querer aprender com ele. Eutífron pareceria tolo se, depois de alegar ser um especialista no assunto, se recusasse a responder. O que Sócrates percebeu foi que era fácil fazer as pessoas falarem quando são lisonjeadas por seu conhecimento. O diálogo socrático se inicia assim. A ironia de Sócrates é o fator-chave nesse processo. À primeira vista, ele parece ser irônico, em primeiro lugar, por dizer que nada sabe, já que, claramente, a discussão subsequente demonstra que ele de fato sabe alguma coisa sobre o tema; e, em segundo lugar, por admitir que Eutífron sabe alguma coisa ou que é um especialista no assunto.

---

8. PLATO. "Euthyphro". In: *The Last Days of Socrates*. Harmondsworth: Penguin, 1954, p. 22 [Trad. de Hugh Tredennick].
9. Ibid.

Kierkegaard era fascinado por isso, pois via muitas pessoas como Eutífron em sua própria sociedade dinamarquesa do século XIX, que alegavam ter conhecimento acerca de assuntos sobre os quais elas eram, de fato, ignorantes. Ele observou o uso que Sócrates fazia da ironia como isca para fisgar essas pessoas. Assim, logo que começavam a explicar o que pensavam haver entendido, elas podiam ser refutadas. Kierkegaard estudou cuidadosamente o método de Sócrates e pensou sobre as possíveis maneiras de usá-lo em seu próprio favor nas discussões de sua época.

IV – Sócrates e a *aporia*

Além da ironia, outro importante elemento do diálogo socrático para Kierkegaard é a chamada *aporia* (ἀπορία). Essa é uma palavra grega que significa simplesmente "ficar sem palavras", ou "ser incapaz de responder". Sócrates traz Eutífron e seus outros interlocutores para um estado de *aporia* ao longo do diálogo. Sócrates pede uma definição de piedade, e Eutífron dá. Porém, diante das indagações de Sócrates, ambos concordam que ela não é satisfatória, e então Sócrates pede uma definição melhor. O mesmo ocorre com a segunda definição, com a terceira, e assim por diante, até que no final nenhuma definição ou resultado real é obtido. Perdendo a paciência com Sócrates, e vendo que começava a parecer cada vez mais tolo, Eutífron de repente alega que tem um compromisso urgente e vai embora apressadamente. Assim, o próprio diálogo termina em *aporia*, pois nenhuma definição de piedade é estabelecida. Por essa razão se diz que ele é um dos diálogos "aporéticos" de Platão, ou seja, um dos diálogos que terminam sem conclusão definitiva para a questão examinada.

Normalmente, quando se escreve um tratado ou um artigo filosófico, o objetivo é demonstrar uma tese específica, ou estabelecer um ponto específico. O que se faz é estabelecer uma tese no início e apresentar argumentos sobre ela no corpo do texto. O procedimento de Sócrates é, sob esse aspecto, muito incomum já que não estabelece nada. Em vez disso, o resultado é puramente negativo. Tudo o que o leitor aprendeu foi que um punhado de definições de piedade propostas estão incorretas, mas ninguém sabe ainda o que é piedade. Nenhuma definição positiva sobreviveu ao processo de exame crítico.

Esse processo era muito fascinante para Kierkegaard, e ele gostava de ver em Sócrates um pensador da negatividade nesse sentido. O objetivo de Sócrates não era estabelecer uma doutrina positiva, mas sim levar os outros a reconsiderarem suas opiniões estabelecidas, mostrando que elas se sustentavam em fundamentos frágeis. Cinco anos depois de *O conceito de ironia*, Kierkegaard voltou a esse aspecto de Sócrates ao filosofar em seu *Diário JJ*, onde escreveu: "O fato de vários dos diálogos de Platão terminarem sem resultado tem uma razão muito mais profunda do que eu pensava anteriormente... [Isso torna] o leitor ou o ouvinte ativo perante si mesmo..."[10]

---

10. CAPPELØRN, N.J. et al. (eds.). *Kierkegaard's Journals and Notebooks*. Vols. 1-11. Princeton: Princeton University Press, 2007, vol. 2, p. 276, JJ: 482. Em *Pós-escrito conclusivo não científico* [Trad. bras.: *Pós-escrito às migalhas filosóficas*. Vol. 2. Petrópolis/Bragança Paulista: Vozes/Edusf, 2016, p. 104 [Trad. de Álvaro Valls]], ele escreve: "...o máximo que uma pessoa pode fazer pela outra é torná-la inquieta" (KIERKEGAARD. *Concluding Unscientific Postscript*. Vols. 1-2. Princeton: Princeton University Press, 1992, vol. 1, p. 387 [Trad. de Howard V. Hong e Edna H. Hong]). • Alguns termos dos textos originais kierkegaardianos em dinamarquês foram traduzidos para o inglês e para o português com palavras que não são equivalentes nessas últimas duas línguas. Isso ocorre, geralmente, porque Kierkegaard fazia constantes referências a textos bíblicos que foram traduzidos de maneiras bem diferentes para o inglês e para o português. O exemplo mais evidente dessa situação é o termo dinamarquês *Forargelse*, do Evangelho de Lucas (7,23). Na tradução portuguesa da Bíblia, de João Ferreira de Almeida, o termo grego original foi traduzido como "escândalo". Já na tradução inglesa "King James", o mesmo termo foi traduzido como *offense*. É por tal motivo que tradutores anglófonos de Kierkegaard, como Howard Hong e Edna Hong, seguem a "King James Version", enquanto tradutores lusófonos, como Álvaro Valls, seguem João Ferreira de Almeida. Considerando que Jon Stewart faz uso das traduções dos Hong, entre outras, seu texto fará sempre menção a "ofensa" em vez de "escândalo". Por tal motivo, e para manter a coerência entre os textos kierkegaardianos citados e o texto do próprio Jon Stewart, esta edição brasileira trará, no corpo do texto,

Kierkegaard era fascinado pelo fato de que Sócrates, apesar de fazer algo apenas negativo, tornava as outras pessoas reflexivas e as fazia reconsiderar certos aspectos de suas crenças e de suas vidas. Por meio de seu questionamento, Sócrates conduzia seus interlocutores ao processo do pensamento filosófico, já que eles não podiam ser simplesmente recebedores passivos de ensinamentos dados por ele ou por qualquer um. Kierkegaard ficou então inspirado a tentar imitar em seus próprios textos esse aspecto do método socrático.

V – Sócrates e os sofistas

No século V a.C. houve em Atenas vários estudiosos de retórica itinerantes que, por dinheiro, lecionavam para os filhos das famílias ricas. Essas figuras eram conhecidas como sofistas. Alegavam ser capazes de ensinar habilidades úteis como oratória, raciocínio lógico e argumentação, além de lições de conhecimentos gerais em diversas áreas. Possuir tais habilidades na democracia ateniense, onde questões políticas eram constantemente debatidas, era importante.

Mesmo que os sofistas tenham sido bem-sucedidos em atrair alunos e em sustentar-se com essas atividades, eles nem sempre eram populares com todo mundo. Como alguns advogados hoje em dia, eles tinham uma reputação meio sombria por serem capazes de distorcer as palavras e de ganhar causas a partir de posições implausíveis ou até mesmo injustas. Possuíam personalidades carismáticas e eram oradores eloquentes que conseguiam seduzir as pessoas com a linguagem. Dizia-se que eles estavam menos interessados na verdade do que em ganhar as discussões.

Como Sócrates era frequentemente visto nas ruas e parecia instruir os jovens, muitas pessoas em Atenas o associavam aos sofistas.

---

a tradução em português das traduções em inglês dos textos de Kierkegaard. Contudo, quando já houver traduções diretas publicadas dos textos kierkegaardianos originais para o português, como as de Álvaro Valls, elas serão também transcritas e referenciadas em nota de rodapé [N.T.].

Assim, uma das acusações levantadas contra ele foi a de que ele tornava mais forte o argumento mais fraco, pois os sofistas eram conhecidos por fazerem isso. Mas Sócrates rejeitava com veemência essa associação[11] afirmando que, ao contrário dos sofistas, ele não alegava saber alguma coisa, e por isso não ensinava nada. Os jovens vinham ouvir suas discussões simplesmente porque achavam divertido vê-lo interrogar as pessoas à sua maneira peculiar. Já que Sócrates nada ensinava, ele nunca exigia nenhum tipo de pagamento, ao contrário dos sofistas que viviam dos valores que recebiam por suas lições.

Kierkegaard estava atento a essa polêmica de Sócrates com os sofistas retratada em muitos dos diálogos de Platão. Ele via muitas pessoas na Copenhague de sua própria época, as quais considerava versões modernas dos sofistas. Elas alegavam que conheciam o cristianismo e que o ensinavam, ao mesmo tempo em que se beneficiavam materialmente de suas posições na Igreja. Enquanto gozavam uma vida de conforto e de segurança financeira, elas ensinavam uma versão de cristianismo que Kierkegaard achava profundamente problemática. Além do mais, ele também considerava sofistas os acadêmicos e os cientistas pelo fato de afirmarem ter descoberto a verdade definitiva sobre todas as coisas, mas, ainda assim, não possuírem a devida humildade em relação ao conhecimento. Kierkegaard então decidiu usar o método de Sócrates para expor as fraquezas dessas pessoas excessivamente confiantes e presunçosas.

VI – A missão de Sócrates e o moscardo

O procedimento de Sócrates de questionar as pessoas irritou alguns de seus concidadãos que se sentiram publicamente humilhados, especialmente quando Sócrates os refutava em frente a uma multidão de jovens perplexos. Essa foi uma das razões pelas quais alguns de seus inimigos lhe fizeram acusações e o forçaram a se defender em um tribunal. Quando lhe pediram que explicasse por que perambulava por

---

11. PLATÃO. "Apologia". In: *The Last Days of Socrates*, p. 48.

Atenas e atormentava seus concidadãos desse jeito, Sócrates contou a história de um amigo seu que foi ao Oráculo de Delfos[12]. Na sociedade grega antiga, o oráculo era uma instituição religiosa reverenciada. Acreditava-se que o deus Apolo falava através das sacerdotisas de lá. Sempre que alguma decisão importante precisava ser tomada, fosse sobre um assunto privado ou sobre uma questão mais importante de Estado, era costume alguém ir ao oráculo para perguntar ao deus se o plano proposto teria sucesso. O amigo de Sócrates perguntou ao deus se havia alguém mais sábio do que Sócrates, e, pela boca da sacerdotisa, o deus respondeu que não havia ninguém.

Quando seu amigo voltou a Atenas e contou essa história, Sócrates ficou perplexo pela resposta, pois não conseguia pensar em alguma coisa sobre a qual tivesse algum conhecimento em especial. De fato, ele via muitas pessoas ao seu redor que considerava muito mais sábias do que ele em vários aspectos. Então ele passou a perguntar a essas pessoas sobre aquilo que elas sabiam. Como se viu, à medida que ia de uma pessoa a outra, cada uma delas queria, como Eutífron, mostrar que era um grande especialista em algo. Mas afinal, depois do questionamento de Sócrates, era evidente que elas não sabiam nada. Sócrates chegou então à conclusão de que era o mais sábio, no sentido de que ele pelo menos sabia que não sabia, ao contrário dos outros que, erroneamente, afirmavam que sabiam alguma coisa[13]. Isso, ele pensou, deve ser o que o oráculo queria dizer. O conhecimento de Sócrates não era um conhecimento positivo sobre alguma esfera concreta de pensamento ou de atividade, mas sim um conhecimento *negativo*. Paradoxalmente, o conhecimento de Sócrates é que ele não sabe nada.

Considerando que essa ideia veio do deus e do oráculo, Sócrates passou a acreditar que uma missão divina lhe foi dada, e que era seu dever religioso perambular por Atenas e testar as pretensões

---

12. PLATO. *Apology*, p. 49ss.
13. Ibid., p. 50.

de conhecimento das pessoas. Essa foi a explicação que ele deu aos jurados sobre suas atitudes. Sócrates usa a imagem de um moscardo como analogia para suas ações. Um moscardo fica rodeando e irritando o cavalo, zumbindo constantemente e pousando aqui e ali. Sócrates se vê fazendo o mesmo com seus concidadãos atenienses. Platão cita seu mestre: "Parece que o deus me vinculou a esta cidade para desempenhar o papel do moscardo; o tipo de pessoa que nunca para de provocar, de persuadir e de repreender cada um e todos vocês o dia todo, em todos os lugares"[14]. Sócrates então se descreve como *o moscardo de Atenas* que exerce a função benéfica, ainda que irritante, de evitar que as pessoas caiam na complacência, de constantemente mantê-las em guarda quanto às suas pretensões de conhecimento. Sócrates considerava seu trabalho uma vocação religiosa. Ele não interrogava as pessoas na rua porque gostava de fazê-lo, ou porque pessoalmente pensava que isso seria uma boa ideia, mas sim porque ele se via como seguidor de um comando do deus. Era seu dever religioso fazê-lo.

Essa era uma imagem que Kierkegaard apreciava, e ele passou a pensar em sua própria tarefa como semelhante à de Sócrates. Kierkegaard acreditava que, por meio de seus escritos, poderia de fato tornar-se *o moscardo de Copenhague*, evitando assim que seus concidadãos caíssem na autocomplacência[15]. Ele acreditava que as pessoas da sua época tinham uma concepção errada do cristianismo e precisavam de um moscardo para forçá-las a examinar criticamente e revisar suas próprias perspectivas. Seu objetivo não era convencer as pessoas de alguma doutrina positiva por meio de argumentos discursivos voltados à persuasão de leitores céticos. Da mesma forma, o objetivo que tinha com seus textos não era tornar-se popular ou fazer amigos. Pelo contrário, seu objetivo era seguir o exemplo de Sócrates, de provocar e irritar as pessoas de tal maneira que isso as fizesse perceber os erros de suas crenças.

---

14. Ibid., p. 63.
15. *Kierkegaard's Journals and Notebooks*. Vol. 2, p. 275, JJ: 477.

VII – O dáimon de Sócrates

Uma das acusações levantadas contra Sócrates foi a de que ele adorava deuses estrangeiros que não eram cultuados em Atenas. Essa acusação se refere ao que Sócrates chamava de seu "dáimon" (δαιμόνιον). Esta é uma palavra grega que significa literalmente "um deus" ou "um espírito". Em muitos dos diálogos platônicos, o dáimon de Sócrates é mencionado como um tipo de espírito pessoal ou voz interior que o aconselhava. Estudiosos modernos têm dificuldade em compreender o sentido disso. Alguns tentam interpretá-lo como a voz da consciência, enquanto outros o consideram um tipo de anjo da guarda. Em seu julgamento Sócrates explica o dáimon assim: "Eu estou sujeito a uma experiência divina ou sobrenatural... Ela começou na minha infância – um tipo de voz que vem a mim e, quando vem, sempre me dissuade de fazer alguma coisa, e nunca me impele"[16]. Assim, Sócrates alega ter uma voz interior particular que o impede de se meter em problemas dizendo-lhe para não fazer coisas impensadas que possam ter consequências ruins. Mas assim como o próprio Sócrates, o dáimon nunca lhe dá quaisquer sugestões positivas sobre o que ele deveria fazer.

Sócrates acreditava que o dáimon estava lhe ajudando a cumprir sua missão divina. Quando os jurados o condenaram e o sentenciaram à morte, ele afirmou que não estava preocupado, pois, ao longo de todo o julgamento, seu dáimon jamais levantou objeções a qualquer coisa que ele dizia ou fazia. Para ele, tudo estava ocorrendo de acordo com a vontade divina[17]. Portanto, ele concluiu que não havia nada a temer.

Essa também era uma ideia com a qual Kierkegaard se identificava. Na tradição cristã, estamos acostumados a falar de conceitos como a divina providência ou da ideia de que Deus guia o universo

---

16. PLATO. *Apology*, p. 63ss.
17. Ibid., p. 74.

com um propósito específico em mente. Em sua obra *O ponto de vista da minha obra como escritor*, na qual reflete sobre sua vida e sua carreira literária, Kierkegaard explica sua convicção de que sua vida tem sido guiada por um "controle" (*Styrelse*) invisível, divino. Deus tinha um plano para sua vida, o qual Kierkegaard percebeu involuntariamente. Embora ele nem sempre compreendesse o plano divino, Kierkegaard sentia que Deus estava, em certo sentido, guiando-o em seus escritos, do mesmo jeito que o dáimon guiava Sócrates. Kierkegaard percebia seu próprio trabalho como um tipo de missão divina, da mesma maneira que Sócrates. Kierkegaard acreditava que Deus o conduziria na direção certa, assim como Sócrates acreditava que o dáimon o manteria longe do perigo.

VIII – A maiêutica de Sócrates

Outro aspecto do pensamento de Sócrates é a chamada "maiêutica" ou a arte da parteira. A palavra maiêutica vem do adjetivo grego μαιευτικός que significa "do ou sobre o parto". Sócrates explicava que sua mãe era uma parteira, e que dela aprendeu sua arte. Quando ele questiona as pessoas, seu objetivo é fazê-las chegar à verdade por si mesmas. Ele acreditava que elas tinham a verdade dentro de si implicitamente, mas sem saber disso de forma consciente. Contudo, esse conhecimento pode ser trazido à luz com o tipo de interrogatório dirigido que Sócrates empreende.

Um famoso exemplo disso é a ocasião em que Sócrates questiona, no diálogo *Mênon*, um menino escravo pouco instruído. Simplesmente questionando, sem estabelecer algo positivo, ele é capaz de levar o menino à compreensão de alguns dos princípios básicos de geometria. Todos os presentes ficaram admirados pelo fato de o menino aparentemente saber geometria sem jamais ter recebido quaisquer lições sobre ela. Isso é condizente com a repetida afirmação de Sócrates de que ele não ensinava nada. Ele apenas afirmava que era a parteira que auxilia o nascimento das ideias, mas que não as produz. Sócrates simplesmente ajuda os outros a produzi-las e, em seguida, a avaliá-las. As ideias jazem ocultas nos próprios indivíduos, sem que eles se deem conta de sua presença. (Isso leva Sócrates à doutrina das ideias inatas, ou seja, a noção de que nascemos com certas ideias desde o começo, e de que conhecemos as coisas antes de realmente termos qualquer experiência do mundo. A tarefa do questionador é, portanto, simplesmente nos ajudar a lembrar do que já sabíamos antes, mas tínhamos esquecido.)

A maiêutica de Sócrates é um tema que Kierkegaard também usa em seus escritos. Ele não pretendia afirmar explicitamente o que ele pensava que o cristianismo era. Em vez disso, com seus textos Kierkegaard queria ajudar os outros a chegar à sua própria concepção de cristianismo. Kierkegaard queria evitar dar a impressão de que ele pretendia ensinar as pessoas, e de que elas só precisavam seguir suas instruções. Acreditava que o cristianismo só tinha sentido se o próprio crente tivesse uma experiência com ele. Portanto, uma crença vicária baseada somente na autoridade dos ensinamentos de outra pessoa era insuficiente e até mesmo enganadora. Em vez disso, Kierkegaard insistia que o cristianismo se refere totalmente a uma relação interior de cada indivíduo, e seu objetivo, então, era ajudar as pessoas a encontrar essa relação em si mesmas. Portanto, assim como Sócrates, Kierkegaard acreditava que ele poderia facilitar esse encontro, mas, em última instância, era a outra pessoa quem estaria tendo o trabalho de descobrir a verdade, ou a relação interior, por si mesma.

IX – O Sócrates de Copenhague

Um dos poucos amigos que Kierkegaard teve durante sua vida foi um homem chamado Emil Boesen, que era pastor da Igreja Dinamarquesa. Ele lembrou-se da importância da tese de mestrado de Kierkegaard para o desenvolvimento posterior do filósofo, explicando: "Foi... muito provavelmente enquanto [Kierkegaard] estava escrevendo *O conceito de ironia*... que pela primeira vez obteve uma compreensão clara do que ele mesmo queria fazer e de quais eram suas habilidades"[18]. Boesen sugere que havia algo na obra de Kierkegaard nesse contexto que o ajudou a decidir tornar-se um autor, e o ajudou a descobrir que tipo de autor ele queria ser especificamente. E o que era isso? Muitas evidências sustentam a afirmação de que Sócrates foi o elemento-chave para Kierkegaard. Todos os pontos que abordamos aqui foram importantes para ele, de um jeito ou de outro: ignorância, *aporia*, os sofistas, o moscardo, o dáimon, a maiêutica e, é claro, a ironia de Sócrates.

Em muitas das mais importantes obras da sua autoria, Kierkegaard volta à figura de Sócrates. Ele é discutido com alguma profundidade em *Migalhas filosóficas* como representante de uma forma de aprendizado que contrasta com o cristianismo. De maneira semelhante, Sócrates é mencionado na obra satírica *Prefácios*, de 1844. Uma seção extensa do livro *Estágios no caminho da vida*, intitulada "In vino veritas", é construída à semelhança do diálogo *O banquete*, de Platão. Ao longo dos discursos edificantes de Kierkegaard, Sócrates é mencionado indiretamente como "o sábio simples da Antiguidade". Sócrates também aparece em passagens esparsas do *Pós-escrito conclusivo não científico*. Além disso, é discutido em conexão com uma teoria da ética cristã no livro *As obras do amor*. Kierkegaard também invoca Sócrates em *A doença para a morte* como uma alternativa à era moderna. Finalmente, Sócrates é mencionado como um tipo de modelo na última edição de *O Instante*, pouco antes da morte de Kierkegaard. Em suma, Sócrates é uma presença constante em sua obra.

Kierkegaard reconheceu, na Dinamarca do século XIX, problemas análogos aos confrontados pelos gregos no século V a.C. Sendo a natureza humana o que é, ele reconheceu muitos de seus

---

18. *Encounters with Kierkegaard*, p. 29.

próprios contemporâneos nas figuras retratadas nos diálogos de Platão. Kierkegaard chegou à conclusão de que sua própria época precisava de um novo Sócrates. Com isso ele pensava não em alguém que surgisse com uma nova filosofia ou uma nova doutrina, mas alguém que perturbasse e provocasse as pessoas, e que as sacudisse de sua autocomplacência. Esse era o objetivo que ele decidiu estabelecer para si. Ele se tornaria o novo Sócrates – o Sócrates de Copenhague.

2 A VISÃO DE HEGEL SOBRE SÓCRATES

A compreensão de Sócrates por Kierkegaard era, é claro, baseada em sua leitura dos textos de Platão, Xenofonte e Aristófanes, ou seja, as fontes gregas primárias. Mas era também grandemente moldada pela interpretação do famoso filósofo alemão, Hegel, com quem Kierkegaard está em constante diálogo crítico em *O conceito de ironia*. A filosofia de Hegel era muito popular na Universidade de Copenhague no final dos anos de 1830 quando Kierkegaard era estudante e estava escrevendo sua obra. Portanto, neste capítulo exploraremos primeiramente a presença de Hegel na universidade durante a época de Kierkegaard, e então percorreremos a análise que Hegel faz de Sócrates, tratando dos mesmos tópicos que introduzimos antes, ou seja, ironia socrática, *aporia*, o *dáimon* etc. Veremos como Kierkegaard é inspirado e influenciado pelo importante papel histórico que Hegel atribui à pessoa de Sócrates.

I – Martensen e a Universidade de Copenhague na década de 1830

O que significa dizer que somos autônomos? Para a maioria das pessoas hoje, autonomia é só uma palavra pomposa para liberdade. Literalmente, autonomia significa apenas ser capaz de legislar para si mesmo; em outras palavras, poder decidir por si mesmo o que se deseja fazer. Assim, dizer que alguém não é autônomo significa que essa pessoa está sujeita a leis externas que frequentemente contradizem o que ela quer fazer. Então, nesse sentido, todos geralmente pensamos que autonomia é uma coisa boa, assim como pensamos que liberdade é algo bom. Eu não quero alguém me dizendo o que fazer ou impondo regras e regulamentações arbitrárias sobre mim que limitem minha liberdade. Atualmente, a autonomia é vista como algo universalmente positivo, mas nem sempre foi assim. Em algumas sociedades o valor principal não era que as pessoas saíssem e agissem por seus próprios desejos e vontades. Em vez disso, o mais importante para elas era seguir um conjunto de regras que foram ajustadas pela família, cultura ou sociedade. Isto inclui vestir-se de certa maneira ou agir de acordo com normas aceitas. De acordo com essa perspectiva, agir autonomamente é um sinal de arrogância e desprezo pela família ou tradição.

Isso é frequentemente associado à religião. Por exemplo, em cerimônias religiosas se espera que todos façam as mesmas coisas, executem a mesma cerimônia do mesmo jeito. É impossível ser individualista ou não conformista em um contexto cerimonial. De modo semelhante, na religião geralmente há um corpo fundamental de dogmas no qual todos os fiéis devem acreditar. Essa atitude não tem a ver com a criação de alguma nova ideia ou verdade pessoal, mas com a observância de um conjunto estabelecido de crenças que todos seguem. Por essas razões, uma congregação ou comunidade religiosa é, com frequência, um grupo fechado de pessoas com seus próprios valores e modos de pensar em comum.

No cristianismo se pensa que os seres humanos são finitos e pecaminosos. Eles são incapazes de obter a salvação por seus próprios atos, e precisam do auxílio da graça de Deus. Nesse contexto, é considerado não só arrogante, mas até mesmo irreligioso agir como se fosse possível determinar a verdade por si mesmo. Nesse sentido, a autonomia é concebida como algo negativo. Essa questão, que está bem viva ainda hoje, era importante na época de Kierkegaard. Ela foi tema de estudos de um jovem erudito dinamarquês chamado Hans Lassen Martensen.

Hans Lassen Martensen (1808-1884).

Quando Kierkegaard era estudante na Universidade de Copenhague nos anos de 1830, a filosofia de Hegel tornou-se uma forte tendência entre os estudantes. Toda a excitação com o pensamento de Hegel foi criada por Martensen, que era só cinco anos mais velho do que Kierkegaard. Em 1834 Martensen embarcou em uma viagem de dois anos que o levou a Berlim, Heidelberg, Munique, Viena e Paris. Em sua viagem, Martensen encontrou a maioria das figuras principais na Prússia e nos estados alemães que discutiam a filosofia de Hegel na época[1]. Esse evento foi muito importante em sua formação.

Quando voltou a Copenhague em 1836, Martensen iniciou uma ilustre carreira acadêmica. Em 12 de julho de 1837, defendeu sua dissertação, intitulada *Sobre a autonomia da autoconsciência hu-*

---

1. Naquela época, a Alemanha não era um ente político unificado, mas consistia de uma miscelânea de pequenos ducados, principados e reinos autônomos.

mana[2]. Sua defesa oral pública aconteceu na Faculdade Regensen, onde frequentemente ocorriam animadas discussões sobre suas lições entre seus alunos.

Pátio da Faculdade Regensen.

Nessa obra, Martensen abordou criticamente os sistemas dos pensadores alemães Kant, Schleiermacher e Hegel. Ele argumentou que todas essas filosofias representavam sistemas de autonomia que, segundo ele acreditava, enfatizavam unilateralmente o poder do indivíduo. De acordo com Martensen, isso deixa de reconhecer a profunda dependência que os humanos têm de Deus. Com esse tópico pode-se dizer, em certo sentido, que Martensen antecipa o tema da

---

2. Essa obra está disponível em inglês em "The Autonomy of Human Self-Consciousness in Modern Dogmatic Theology". In: *Between Hegel and Kierkegaard*: Hans L. Martensen's Philosophy of Religion. Atlanta: Scholars, 1997, p. 73-147 [Trad. de Curtis L. Thompson e David J. Kangas]. Para uma útil introdução a Martensen, cf. HORN, R.L. *Positivity and Dialectic*: A Study of the Theological Method of Hans Lassen Martensen. Copenhagen: C.A. Reitzel, 2007 [*Danish Golden Age Studies*, vol. 2].

ironia de Kierkegaard. Em ambos os casos, o que está em questão é o papel do indivíduo ou do sujeito diante da ordem objetiva das coisas. Tanto Martensen quanto Kierkegaard parecem estar de acordo que a subjetividade moderna ou até mesmo o relativismo tinha ido longe demais. O termo-chave de Martensen para isso é "autonomia moderna", enquanto o de Kierkegaard é "ironia", mas, no fim, eles estão falando sobre o mesmo conjunto de questões.

Universidade de Copenhague.

Martensen começou a lecionar na Universidade de Copenhague no outono de 1837. Seus cursos logo se tornaram um assunto muito discutido em toda a universidade. Estudantes de todas as disciplinas se ajuntavam para ouvi-lo, já que, em certo sentido, ele fazia um relato do que havia aprendido em sua viagem sobre os mais recentes desenvolvimentos na filosofia e teologia nos estados germanófonos. Para consternação e assombro do colegiado mais antigo e conservador, Martensen imediatamente tornou-se um tipo de celebridade acadêmica. Para os estudantes, ele era um jovem erudito que entusiasmava e que podia falar-lhes de um jeito que não haviam experimentado antes. Ele lhes apresentava as ideias básicas da filosofia de Hegel, da qual toda a Prússia e a Alemanha estavam falando. Um dos estudantes de Martensen descreveu seu encontro com essas preleções como um "despertar intelectual"[3]. Ele escreve:

> O homem que por suas lições causou tão forte impressão em mim e em muitos outros foi um jovem instrutor que foi indicado para lecionar sobre a história recente da filosofia para nós estudantes do primeiro ano. Era Hans Lassen Martensen. Ele trouxe vida nova ao prédio novo da universidade. Martensen por muitos anos encheu os maiores auditórios com nada além de entusiasmados ouvintes. O que me conquistou imediatamente foi o entusiasmo renovado que o cercava em comparação com outros instrutores. Ele falava precisamente do que eu ansiava ouvir e o fazia às vezes com um fervor que eu achava duplamente impressionante no templo frio das ciências[4].

Entre os estudantes no auditório de Martensen estava o jovem Søren Kierkegaard. Suas anotações sobre o curso de Martensen podem ser encontradas em seu caderno 4[5]. Aqui Kierkegaard pôde testemunhar em primeira mão a sensação de que Hegel e a filosofia alemã estavam causando entre seus colegas estudantes. Ele estava incomodado com o sucesso de Martensen e frustrado pelo ávido interesse que seus colegas mostravam em suas palestras.

Enquanto Kierkegaard claramente sentia-se alienado do grupo de estudantes que seguiam Martensen, ele sabia que tinha que levar

---

3. HOSTRUP, C. *Erindringer fra min Barndom og Ungdom*. Copenhague: Gyldendalske Boghandels Forlag, 1891, p. 80.
4. Ibid., p. 81ss.
5. CAPPELØRN, N.J. et al. (eds.). *Kierkegaard's Journals and Notebooks*. Vol. 3. Princeton: Princeton University Press, 2007, p. 125-142, Not4: 3-12.

a sério o pensamento de Hegel se fosse escrever uma dissertação sobre a ironia, pois Hegel havia tratado a ironia tanto em sua forma socrática quanto em sua forma romântica em diversos de seus textos. Kierkegaard então leu cuidadosamente as lições de Hegel com um olhar especialmente atento a esse tema.

II – Introdução a Hegel

Hegel nasceu em Stuttgart em 1770 e foi um dos nomes principais da tradição filosófica conhecida como Idealismo Alemão. Escreveu diversas obras importantes sobre vários tópicos: a *Fenomenologia do espírito* (1807), a *Ciência da lógica* (1812-1816) a *Enciclopédia das ciências filosóficas* (1817), e a *Filosofia do direito* (1821). Depois de ter vivido em centros culturais importantes como Tübingen, Berna, Frankfurt am Main, Jena, Nuremberg e Heidelberg, a carreira de Hegel chegou ao ápice com um cargo de professor na Universidade Real Friedrich Wilhelm, que hoje é a Universidade Humboldt em Berlim. Ele passou a última década de sua vida em Berlim, onde sua filosofia exerceu grande influência. Lá, suas lições nos anos de 1820 atraíram estudantes de toda a Europa.

G.W.F. Hegel (1770-1831).

Após sua morte em 14 de novembro de 1831, seus alunos formaram uma sociedade dedicada a publicar uma edição completa de sua obra. Eles acreditavam que as lições de Hegel constituíam um aspecto importante de seu pensamento, mas eram desconhecidas fora dos salões acadêmicos; então, em sua edição, decidiram publicar quatro conjuntos das lições mais importantes junto às obras que Hegel havia publicado em vida. Já que o próprio Hegel não havia deixado anotações completas, os editores se encarregaram de coletar e de organizar anotações de alunos para, a partir delas, produzir textos contínuos. Elas foram então publicadas como as *Lições sobre a filosofia da religião*, as *Lições sobre estética*, as *Lições sobre a filosofia da história* e finalmente as *Lições sobre a história da filosofia*. Kierkegaard possuía cópias de todas essas obras e, em *O conceito de ironia*, menciona ou cita diretamente três dessas quatro.

O mais extenso relato que Hegel faz de Sócrates aparece no primeiro dos três volumes das *Lições sobre a história da filosofia*, que foram lançados entre 1833 e 1836, editados por Karl Ludwig Michelet. Podemos olhar para a análise de Hegel e ver o quanto ela é relevante para a compreensão de Kierkegaard sobre Sócrates em *O conceito de ironia*. Em sua investigação, Hegel faz uso das três fontes principais sobre a vida e ensinamentos de Sócrates: o filósofo Platão, o historiador Xenofonte, e o escritor cômico, Aristófanes – as mesmas três fontes que Kierkegaard usou em sua análise da ironia socrática em *O conceito de ironia*.

III – A compreensão de Hegel sobre Sócrates na história da cultura ocidental

Hegel apresentou um relato amplo sobre o desenvolvimento da filosofia e da cultura ocidental, mas fez isso de uma maneira que manteve sempre em foco a relevância dessa história para sua própria época[6]. Esse foi o período da Revolução Francesa e das Guerras

---

6. Para a exposição de Hegel sobre Sócrates, cf. *Lectures on the History of Philosophy*. Vols. 1-3. Londres: K. Paul/Trench, Trübner, 1892-1896 [Trad. de

Napoleônicas, e os alunos estavam fascinados pelo estudo que Hegel fez das forças históricas não apenas porque ele esclarecia algum período particular da história, mas porque ele os ajudava a compreender o desenvolvimento de sua própria época.

Em suas lições, Hegel retrata Sócrates como o que ele chama de um "ponto de virada mental" na história da filosofia e cultura[7]. Os filósofos gregos anteriores a Sócrates, os chamados filósofos pré-socráticos, estavam preocupados em entender o mundo natural. Eram, em certo sentido, os primeiros cientistas da natureza. Tentaram dar explicações naturais sobre o mundo sem apelar a qualquer ação divina. Estavam, portanto, primeiramente interessados no mundo objetivo tal como o encontravam fora de si mesmos. Em comparação, Sócrates foi o primeiro a dirigir o foco para a interioridade, para o reino do pensamento. Ele acreditava que a compreensão sobre como as pessoas pensavam tinha prioridade e era mais importante do que a compreensão sobre o mundo natural, pois para compreendermos o mundo natural devemos primeiro saber o que significa compreender alguma coisa. Kierkegaard estava atento a essa distinção entre o pensamento de Sócrates e as ciências naturais, que ele discute em seus diários[8].

De acordo com Hegel, isso assinala uma ideia revolucionária não só na filosofia grega, mas na cultura grega em geral. Os gregos estavam acostumados a viver de acordo com costumes e hábitos consagrados que consideravam ser sancionados divinamente. Essa é a ampla esfera do que Hegel chama em alemão *Sittlichkeit*, que é comumente traduzido como "ética" ou "vida ética". Com essa expressão, porém, ele se refere não apenas à ética dos costumes que determinado povo como os gregos segue, mas também às amplas esferas da religião, leis, tradições e padrões de interação social esta-

---

E.S. Haldane] [Lincoln/Londres: University of Nebraska Press, 1955, vol. 1, p. 384-448].
7. Ibid. Vol. 1, p. 384.
8. Cf. *Kierkegaard's Journals and Notebooks*, vol. 4, p. 57-73, NB: 70-87.

belecidos. Para Hegel, os gregos antes acreditavam que essa esfera objetiva da ética dos costumes era verdadeira, por assim dizer, por natureza. Em outras palavras, quando agiam de acordo com tradição e costume, isso não era apenas a vontade arbitrária de algum indivíduo específico, mas era verdadeiro por si mesmo. Essas tradições e costumes eram prescritos pelos deuses e eram, *de facto*, verdadeiros. Esse é o início do que é conhecido hoje como a tradição do *direito natural*, isto é, a ideia de que algumas coisas são certas ou erradas por natureza.

Segundo Hegel, a concepção de vida ética tradicional pode ser vista na tragédia *Antígona*, de Sófocles. Nessa obra, surge um conflito entre a jovem Antígona e o rei de Tebas, Creonte. O irmão de Antígona, Polinices, foi morto em uma revolta malsucedida contra o Estado. Creonte decreta que os corpos dos rebeldes não deveriam ser sepultados, mas deveriam ser deixados expostos aos animais selvagens e aos elementos. Qualquer um que fosse flagrado tentando sepultar um dos rebeldes seria punido com a morte. Isso era muito sério para a sociedade grega, pois a questão dos ritos funerários era considerada coisa sagrada.

Antígona considera o decreto de Creonte arbitrário, a opinião corrupta de um tirano. O decreto não era verdadeiro por si mesmo, mas apenas a opinião pessoal do rei. O fato de ele ser rei e, assim, ser acobertado pela sanção da lei não muda essa situação. Para Antígona, há uma lei maior, a prática divinamente sancionada que determina que os membros da família sepultem os seus mortos com as honras fúnebres costumeiras. Em suas lições, Hegel cita essa obra e menciona Antígona, quando ela diz que essas são "as leis eternas dos deuses"[9]. Para Antígona, os ritos fúnebres são absolutos, fatos objetivos da natureza que ela deve obedecer, mesmo que sua ação seja ilegal pelas leis humanas. As leis da natureza são absolutas, enquanto leis humanas são arbitrárias.

---

9. HEGEL. *Lectures on the History of Philosophy*. Vol. 1, p. 386.

Hegel considera isso um exemplo da visão grega anterior a Sócrates. A revolução de pensamento que Sócrates provocou foi transferir essa ênfase na esfera exterior, objetiva, dada pelos deuses como eternamente verdadeira, para a esfera interior do indivíduo. Como Hegel explicou, "o princípio de Sócrates é que o homem deve alcançar a verdade por si mesmo"[10]. Para Sócrates, não se deve aceitar cegamente o costume e a tradição, mas o sujeito precisa examiná-los criticamente e chegar por si mesmo a uma conclusão sobre eles.

Veja, porém, que isso não significa que qualquer coisa que o sujeito venha a pensar seja verdade e tenha validade. Hegel acredita que ainda há uma verdade objetiva, mas ela deve ser alcançada e reconhecida pelo sujeito individual por meio do exame racional. O problema com a visão grega anterior a Sócrates era que a esfera dos costumes e tradições aceitos era, em certo sentido, tirânica. Pensava-se que ela estava além de qualquer questionamento, e a opinião própria pessoal de alguém sobre ela não importava. Para Antígona, é uma verdade absoluta que os familiares sobreviventes devem proporcionar ritos fúnebres aos parentes falecidos, a despeito do que Creonte ou qualquer um pensa a respeito. Isso é simplesmente verdadeiro por si mesmo.

Mas para Sócrates e para a visão moderna cada indivíduo tem o direito de dar seu consentimento à verdade. Essa perspectiva reconhece a racionalidade do indivíduo para conhecer e compreender a verdade. Então, a revolução que Sócrates iniciou no mundo grego e que levou à nossa concepção moderna é que o sujeito é um elemento constitutivo da verdade. Para os gregos, essa era uma ideia nova e chocante que, no fim, custou a Sócrates sua vida.

IV – Uma verdade pela qual viver e morrer

A ideia de uma verdade subjetiva exerceu grande atração sobre o jovem Kierkegaard. No verão de 1835 ele foi para a região norte

---

10. Ibid.

da Zelândia, ao norte de Copenhague, onde visitou cidadezinhas e vilarejos a passeio, e registrou suas impressões dessa breve viagem em seu primeiro diário, chamado simplesmente *Diário AA*. Foi um período importante para o jovem estudante Kierkegaard, que de fato não parecia fazer um progresso particularmente rápido em seus estudos. Uma razão para isso é que talvez ele ainda estivesse meio inseguro sobre o que queria fazer em sua vida. No *Diário AA*, Kierkegaard relata algumas de suas inseguranças e incertezas sobre que rumo tomar. Em 1º de agosto de 1835, na Vila de Pescadores de Gilleleje, ele escreveu: "O que eu realmente preciso é ter clareza sobre *o que vou fazer*, não sobre o que devo saber. É uma questão de entender meu destino, de ver o que a Divindade realmente quer que *eu* faça; o importante é encontrar uma verdade que seja uma verdade *para mim*, encontrar *a ideia pela qual eu esteja disposto a viver e morrer*"[11]. Aqui, o jovem Kierkegaard afirmou explicitamente que precisava descobrir com urgência uma verdade pessoal subjetiva. Como ele diz, "uma verdade para *mim*". Como Sócrates, ele rejeita as verdades objetivas que são aceitas pela sociedade. E continua: "Que propósito haveria nesse caso se eu descobrisse uma assim chamada verdade objetiva ou se eu me dedicasse a explorar os sistemas dos filósofos? E que propósito haveria nesse caso em ser capaz de conceber uma teoria do Estado... na qual eu mesmo não habito, mas meramente exibo para outros verem?"[12] Aqui ele rejeita o conhecimento *objetivo* que, segundo ele pensa, carece de algo fundamental. Como Sócrates, ele acredita que a verdade deve ser encontrada dentro de si mesmo.

É interessante perceber a maneira como Kierkegaard também inclui o cristianismo em sua descrição da verdade objetiva. Ele escreve: "Que propósito haveria em ser capaz de expor o sentido do cristianismo, de explicar muitos fatos isolados, se isso não tiver qualquer sentido mais profundo para *mim* e para *minha vida*?"[13]

---

11. *Kierkegaard's Journals and Notebooks*, vol. 1, p. 19, AA: 12.
12. Ibid.
13. Ibid.

Aqui ele reconhece que o cristianismo pode ser visto como algo externo e voltado para fora, como uma verdade objetiva entre outras. Os campos acadêmicos da teologia, como a dogmática ou a história da Igreja, devem ser vistas nessa categoria. Por exemplo, o que algum concílio da Igreja decidiu é um fato objetivo, mas isso não tem nada a ver com a relação do indivíduo com o próprio fato. De novo, como Sócrates, Kierkegaard acredita que a verdade mais profunda não é a *objetiva*, mas a subjetiva que está na interioridade.

Nessas passagens do seu diário, Kierkegaard, até aquele momento, estava fazendo um relato de suas próprias perspectivas; mas então ele passa a conectar diretamente essa discussão com Sócrates. Para Kierkegaard, como para Sócrates, o conhecimento de coisas externas é irrelevante sem o conhecimento de si mesmo como sujeito. Ele escreve: "Deve-se em primeiro lugar conhecer-se a si mesmo antes de se conhecer qualquer outra coisa... Apenas quando a pessoa compreendeu-se interiormente a *si mesmo*, para então ver o caminho adiante nessa senda, sua vida adquire repouso e sentido"[14]. Kierkegaard afirma que o sujeito deve primeiramente começar com ceticismo ou "ironia" para percorrê-lo, e escreve: "O verdadeiro saber começa com um não saber (Sócrates)"[15]. Depois que a crença de um indivíduo foi abalada pelo método socrático, ele está apto a identificar suas próprias verdades subjetivas. O sujeito deve começar a partir daquilo que Kierkegaard chama de "não saber", para que seja liberto das crenças tradicionais nas quais ele foi criado e com as quais viveu por toda a vida.

Muitos anos depois, em 1846, no *Pós-escrito conclusivo não científico*, Kierkegaard desenvolve essa distinção com mais detalhes. No começo da obra ele explica que "o problema objetivo" é "sobre a verdade do cristianismo"[16]. Essa é a verdade objetiva sobre o cris-

---

14. Ibid., p. 22.
15. Ibid.
16. KIERKEGAARD. *Concluding Unscientific Postscript*. Vols. 1-2. Princeton: Princeton University Press, 1992, vol. 1, p. 17 [Trad. de Howard V. Hong e Edna

tianismo tal como pode ser determinada, por exemplo, pelo registro histórico, pelas fontes etc. Em contraste com a verdade objetiva, há também a subjetiva, que "é sobre a relação do indivíduo com o cristianismo"[17]. A questão da relação pessoal, interior, subjetiva com o cristianismo é, para Kierkegaard, uma verdade muito mais profunda e importante do que todas as verdades externas, objetivas que possam ser estabelecidas. Essa distinção fundamental entre subjetivo e objetivo, discutida no *Pós-escrito*, encontra sua origem nas reflexões de Kierkegaard em Gilleleje em 1835, e tais reflexões estão intimamente relacionadas à revolução do pensamento de Sócrates, que deu as costas ao costume e à tradição externos, e deu validade ao que era interior e subjetivo.

V – A visão de Hegel sobre a ironia e o método socrático

Hegel discute o método de Sócrates e identifica nele dois aspectos importantes[18]. Primeiro, Sócrates caminha em meio a diferentes tipos de pessoas no contexto de suas vidas cotidianas. Então, ele inicia uma conversa com elas sobre suas ocupações ou interesses. Assim, ele consegue trazê-las para um debate, pois é natural que as pessoas gostem de falar sobre seus próprios interesses. Ele então tenta levá-las a passar de sua experiência imediata com casos individuais específicos para uma verdade universal. É esse movimento do particular para o universal que, segundo Hegel, constitui o primeiro elemento do método socrático. Podemos ver isso no diálogo *Eutífron*, onde Eutífron dá a Sócrates certo número de exemplos de piedade, ou seja, casos particulares, e então Sócrates pergunta o que todos os casos particu-

---

H. Hong]. [Trad. bras.: *Pós-escrito às migalhas filosóficas*. Vol. 1. Petrópolis/Bragança Paulista: Vozes/Edusf, 2013, p. 22: "O problema seria então: o da verdade do cristianismo" [Trad. de Álvaro Valls].]

17. Ibid. [Trad. bras., p. 22: "O problema subjetivo é: o da relação do indivíduo com o cristianismo".]

18. Para o que Hegel diz sobre o método socrático, cf. *Lectures on the History of Philosophy*. Vol. 1, p. 397-406.

lares têm em comum[19]. Assim, em vez de ouvir exemplos específicos de piedade, Sócrates quer descobrir o que a essência ou a natureza da piedade é em si mesma. Do mesmo modo, em outros diálogos ele está interessado não em exemplos de beleza, mas na beleza em si; não em exemplos de justiça, mas na justiça em si etc.

O segundo elemento do método socrático é causar confusão entre a ideia ou definição proposta e a experiência real do indivíduo – um conflito entre o universal e o particular. O objetivo implícito de Sócrates é mostrar que seus interlocutores aceitaram irrefletidamente certas coisas como verdadeiras sem examiná-las com cuidado. Assim, ao indicar as contradições em suas visões, Sócrates, de fato, conclama o indivíduo a voltar atrás e a examiná-las criticamente. O ponto-chave nisso é que *o indivíduo*, com sua própria razão, deve testar se o que foi afirmado é verdade.

Hegel também examina a ironia socrática, que foi tão importante para Kierkegaard. Ele explica que Sócrates começa por levar seu interlocutor a dizer algo sobre um assunto baseado na compreensão geralmente aceita das coisas. Para levar a outra pessoa a fazer isso, Sócrates finge que ele mesmo é ignorante sobre o assunto em questão e pede à pessoa que lhe dê alguma explicação sobre ele. Assim que a outra pessoa começa a expor a visão comumente aceita, Sócrates pode entrar em ação e demonstrar as contradições envolvidas nela. Desse jeito, Sócrates acreditava estar ajudando a outra pessoa a perceber que ela nada sabia.

Uma questão-chave sobre o uso da ironia por Sócrates é se ele está ou não falando sério quando diz que nada sabe e que, portanto, precisa ser instruído. Em outras palavras, isso é irônico, ou Sócrates realmente fala sério, já que está verdadeiramente convencido de que nada sabe? É possível suspeitar de sua alegação de que nada sabe, pois, afinal de contas, no curso da discussão subsequente, ele clara-

---

19. PLATÃO. "Eutífron". In: *The Last Days of Socrates*. Harmondsworth: Penguin, 1954, p. 26 [Trad. de Hugh Tredennick].

mente mostra muito mais argúcia intelectual que seu interlocutor. Ele constantemente dá exemplos que parecem revelar seu conhecimento de coisas específicas, ou então ele cita textos como, por exemplo, os de Homero, e isso requer algum conhecimento. Ou então, no mínimo, Sócrates parece ter conhecimento de formas de argumentação, já que ele é tão eficiente em indicar falhas de raciocínio. Mas Hegel diz: "É realmente possível dizer que Sócrates nada sabe, pois ele não alcança a construção sistemática de uma filosofia"[20]. Aqui Hegel se refere à *aporia*, ou seja, o fato de que os diálogos como *Eutífron* não terminam com qualquer resultado positivo. Isso parece provar a alegação de que Sócrates realmente não sabe coisa alguma. Isso implicaria que a ironia consiste não nessa alegação, que afinal é verdadeira, mas na crença fingida de que seu interlocutor sabe a verdade e pode ensiná-la a ele.

Hegel ressalta que, quando usamos termos universais como verdade, justiça e beleza, todos temos alguma vaga ideia do que eles significam, e por causa disso podemos nos comunicar uns com os outros por meio da linguagem que utiliza tais verdades. Mas cada um de nós tem intuições diferentes sobre o que esses termos significam, e assim, para determinar seus significados com mais exatidão, precisamos analisá-los mais detalhadamente. Isso é o que o método de Sócrates tenta fazer. Por meio da ironia, Sócrates tenta levar seu interlocutor a tornar concreto o conceito dado, ou, como diz Hegel, desenvolvê-lo para que deixe de ser vago e abstrato[21].

VI – A interpretação de Hegel sobre a *aporia* e a maiêutica de Sócrates

Hegel também menciona a "maiêutica", ou a arte da parteira, como um elemento importante do método de Sócrates. De acordo com sua interpretação, isso equivale à produção do universal a par-

---

20. HEGEL. *Lectures on the History of Philosophy*. Vol. 1, p. 399.
21. Ibid., p. 400.

tir dos particulares[22]. A mente inexperiente ou destreinada vive no mundo da percepção imediata, o mundo das percepções e impressões sensoriais particulares. Mas esses particulares necessariamente implicam um universal, pois de outro modo não saberíamos o que os particulares são. Por exemplo, alguém vê certo número de cães em particular, mas não conseguiria reconhecê-los como cães se não tivesse a ideia universal de cão na mente. Uma categoria nos é necessária para classificarmos as coisas e assim entendê-las pelo que elas são. Então, quando Sócrates pratica sua maiêutica, ou arte do parto, está ajudando seus interlocutores a alcançar ou a reaver o universal que jaz implicitamente em suas próprias mentes.

Para Hegel, isso é um tipo de processo educacional que ocorre em cada pessoa à medida que elas crescem. Começamos no mundo das percepções e dos casos particulares, dos exemplos e das imagens, e só mais tarde aprendemos a pensar abstratamente e a falar sobre as ideias abstratas, ou universais[23]. Para a mente educada, que já está familiarizada com o reino do pensamento, a corrente constante de exemplos dada nos diálogos platônicos parece tediosa e desnecessária. Mas o importante é que deles se espera que desempenhem uma função didática, e que conduzam o indivíduo não educado ou não reflexivo ao reino do pensamento. Já que cada ser humano possui a faculdade da razão, todos são capazes de pensamento abstrato, mas, pelo mesmo motivo, todos necessitam do benefício da educação ou dos questionamentos socráticos para serem capazes de perceber essa esfera do pensar.

Hegel também discute o conceito de *aporia* ou a conclusão negativa nos diálogos[24]. Ele ressalta que Sócrates tenta levar seus interlocutores à confusão ao mostrar que há contradições nas perspectivas deles. Sócrates frequentemente os leva a dar uma definição

---

22. Ibid., p. 402.
23. Ibid., p. 403.
24. Ibid., p. 404-406.

preliminar de algo, e então ele segue mostrando que essa coisa é justamente o oposto do que a definição proposta estabelece. Depois de esse processo ocorrer algumas vezes, o interlocutor de Sócrates fica frustrado e desiste, abandonando a discussão sem resultado positivo. Portanto, temos um diálogo *aporético*. Hegel observa que é da natureza da filosofia começar com um enigma ou um quebra-cabeça a ser resolvido. Portanto, dessa maneira Sócrates preparou o caminho para a filosofia.

Mas o ponto crítico implícito de Hegel é que Sócrates parou bruscamente no negativo, e não percebeu o elemento positivo ou construtivo que se encontra na negação. Hegel dá o exemplo da contradição entre ser e nada[25]. Estamos acostumados a pensar essas duas ideias como absolutamente independentes uma da outra: o ser existe de maneira independente, por conta própria, e não tem nada a ver com o nada. E vice-versa: quando pensamos sobre o nada, ele é um conceito que existe por si mesmo, independente do conceito de ser. Portanto, ambos os termos – ser e nada – são pensados como termos isolados, independentes e irredutíveis. De fato, o ser contradiz o nada, e vice-versa. Onde um existe, o outro não existe. Mas Hegel argumenta que, quando examinamos esses conceitos mais atentamente, percebemos que não podemos pensar o conceito de ser sem o conceito de nada, e vice-versa. Um necessariamente implica o outro. Assim, em vez de serem dois conceitos atômicos, isolados, eles na verdade constituem um único conceito complexo mais elevado: *devir*. O devir contém tanto o ser quanto o nada. Algo *devém*, ou se torna, quando vem a ser, e igualmente *devém*, ou se torna, quando perece e deixa de ser. Assim, do que inicialmente parecia ser uma contradição insolúvel, emerge um novo conceito positivo. O movimento parecia inicialmente estar preso em contradição e negação, como se fosse aporético: a contradição entre ser e nada. Mas, em última instância, provou-se que isso

---

25. Ibid., p. 404.

é só um estágio transitório, e que no fim resultou em algo positivo e construtivo. Essa é uma ideia fundamental na metafísica de Hegel. O conceito de negação não contém simplesmente algo sem eficácia, mas constitui a fundação para um desenvolvimento positivo. Assim, Hegel é crítico de Sócrates porque ele para na negação ao invés de reconhecer os desdobramentos positivos que resultam da contradição.

Mas isso é exatamente o que atraiu Kierkegaard para Sócrates. O filósofo grego não tentou ir adiante e desenvolver algo positivo, mas intencionalmente permaneceu no negativo, no contraditório. Kierkegaard critica constantemente, entre outros, os alunos entusiasmados de Martensen por seu desejo de "ir mais longe", ou especificamente, de "ir além de Sócrates". Essa crítica tem sua origem nesse ponto em Hegel. Para Hegel, Sócrates preparou o terreno para a filosofia por meio da negação. Ele superou as crenças equivocadas para que a filosofia pudesse trabalhar começando do zero. Mas o próprio Sócrates nunca passou da negação. Ele falhou em reconhecer a dimensão positiva da dialética. Portanto, o que era preciso era ir além de Sócrates e prover o elemento positivo, e assim começar a construir uma teoria ou posição filosófica. Mas, para Kierkegaard, o que importa em Sócrates é a negação, e toda essa conversa de ir além dele era um absurdo. Assim, ainda que Hegel e Kierkegaard concordem que Sócrates representa uma posição de negação, suas avaliações normativas dessa questão são completamente diferentes.

VII – A interpretação de Hegel sobre Sócrates, o Bem e os sofistas

Sócrates tenta definir o conceito abstrato do Bem[26]. De acordo com Hegel, a grande contribuição de Sócrates no desenvolvimento do pensamento humano é a compreensão de que o Bem deve

---

26. Para a exposição de Hegel sobre Sócrates e o Bem, cf. ibid., p. 406-425.

ser desenvolvido pelo indivíduo e não pode simplesmente ser aceito cegamente como algo dado pela cultura, pela tradição estabelecida, pela família etc. Mas isso não significa que Sócrates seja um relativista como os sofistas, que não reconhecem qualquer verdade absoluta ou exterior. Hegel cita o famoso dito do sofista Protágoras: "O homem é a medida de todas as coisas"[27]. Para Hegel, isso quer dizer que cada indivíduo tem sua própria verdade. Isso é uma afirmação de relativismo. Mas essa não é a posição de Sócrates. Na sua perspectiva, o Bem é algo absoluto e universal, ainda que haja um elemento subjetivo envolvido nele. Para Sócrates, ainda existe uma verdade objetiva, mas o fundamental é que ela deve ser alcançada pelo indivíduo por meio da racionalidade e da reflexão crítica. Nas palavras de Hegel, para Sócrates, "o homem tem esse exterior dentro de si"[28]. A verdade objetiva não é para ser simplesmente encontrada na esfera exterior que nos cerca, mas também nas mentes de cada indivíduo. Enquanto os sofistas usam a reflexão crítica para justificar suas próprias afirmações arbitrárias feitas em proveito próprio, Sócrates acredita que esse instrumento pode ser usado para alcançar uma verdade objetiva com a qual todos possam concordar.

Com Sócrates há um movimento da exterioridade para a interioridade, mas a noção de verdade é sempre mantida. Hegel chama isso de a "unidade do subjetivo e do objetivo"[29]. O indivíduo deve buscar a verdade ou o universal da ética em si mesmo por meio do pensamento e da razão. Mas pensamento e razão são universais que outras pessoas racionais também podem alcançar. Nesse sentido, a ética também é algo exterior e público. Hegel então afirma que há uma relação entre o universal interior e o universal exterior. Ainda que ambas possam estar em contradição, elas também podem se alinhar e estar em consonância uma com a outra. Enquanto o lado subjetivo for baseado na racionalidade, ele será mais do que um ca-

---

27. Ibid., p. 406.
28. Ibid., p. 387.
29. Ibid.

pricho arbitrário ou uma disposição de ânimo. Como explica Hegel: "Sócrates contrapôs à interioridade contingente e particular a verdadeira e universal interioridade do pensamento. Sócrates despertou essa consciência real, pois ele não disse apenas que o homem é a medida de todas as coisas, mas que o homem como ser pensante é a medida de todas as coisas"[30]. Os sofistas são relativistas, pois a subjetividade para eles significa a contingência do indivíduo, ou seja, sentimentos, caprichos, humores etc. Mas para Sócrates, subjetividade e interioridade têm a ver com o pensamento, e já que o pensamento tem a ver com os universais, ele também é algo que pode nos conectar com os outros e com uma verdade "objetiva".

A dimensão revolucionária da filosofia de Sócrates foi que ele introduziu a moralidade refletida (*Moralität*) em contraste com a ética ou moralidade estabelecida (*Sittlichkeit*). A moralidade refletida envolve os indivíduos que refletem por si mesmos, e de forma consciente, sobre o que é o bem em vez de meramente aceitá-lo acriticamente de seus pais, de seus ancestrais ou da sociedade. Para Hegel, isso marcou uma das principais mudanças históricas que deu início a um movimento de pensamento inteiramente novo, e que continua até o dia de hoje: "Na consciência universal, no espírito do povo ao qual Sócrates pertence, vemos o voltar-se natural à moralidade refletida. O espírito do mundo aqui começa a mudar, uma mudança que mais tarde é levada à sua completude"[31]. Porém, como a maioria dos movimentos revolucionários, ele era assustador para o povo da época. Para os gregos antes de Sócrates, a ética sempre foi algo estabelecido pelas tradições, pelos costumes, e pelo Estado. A reflexão do indivíduo sobre ela, ou sua concordância com ela, não desempenhavam nenhum papel. Mas então veio Sócrates, que começou a fazer perguntas críticas sobre esses tipos de coisas e a afirmar a importância do indivíduo. Para os gregos, isso era aterrorizante, pois ameaçava solapar todas as tradições, costumes e verda-

---

30. Ibid., p. 411.
31. Ibid., p. 407.

des que eles sempre prezaram acima de tudo. Portanto, Sócrates foi considerado não só um aborrecimento, mas uma ameaça real e séria à vida grega.

A verdade da ética era anteriormente considerada visível na esfera exterior do Estado e da sociedade. Agora, contudo, Sócrates afirma que ela deve ser buscada interiormente, no indivíduo. Isso é um pensamento radical e novo. Não é mais possível ser complacente sobre a moralidade e simplesmente acatar o que o costume e a tradição ditaram. Agora, cada indivíduo deve ser crítico e refletido, e deve iniciar sua própria jornada para alcançar a verdade da ética. Mesmo que essa revolução socrática seja destrutiva, já que significa a falência da moralidade pública, ela também é uma libertação, pois livra as pessoas da tirania dos costumes. Ninguém precisa mais seguir um costume apenas porque ele é costume. Agora é possível questionar os costumes e rejeitar aspectos dele com os quais não é possível concordar. Esse é o princípio moderno que Sócrates iniciou na Antiguidade.

A crítica da moralidade pública pode ser vista como coerente com a alegação de Sócrates de que ele não ensina nada. No que diz respeito à ética e moral, nada do que vem da exterioridade pode ser aprendido. Essa é toda a esfera da moralidade pública, que, por assim dizer, se impõe a partir de fora. Hegel usa o exemplo da impressão de um selo de cera para ilustrar o modo como aprendemos a moralidade pública quando somos jovens[32]. Mas isso não é o essencial sobre a ética. Pelo contrário, o que é essencial é a dimensão interior. Aqui os indivíduos devem trabalhar sozinhos. Eles devem encontrar a verdade da ética interiormente. É isso o que Sócrates os ajuda a encontrar, por assim dizer, como uma parteira, mas ele mesmo não ensina nada e nem proporciona algo de positivo.

---

32. Ibid., p. 410.

VIII – A interpretação de Hegel sobre o dáimon de Sócrates

Hegel interpreta o dáimon de Sócrates nos termos do papel revolucionário que Sócrates desempenhou na vida grega[33]. Ele ressalta que o dáimon é diferente da vontade da inteligência do próprio Sócrates[34]. O dáimon frequentemente lhe diz que não faça coisas que poderia, de outra forma, estar inclinado a fazer. Hegel traça a analogia entre o dáimon, que Sócrates consultava em assuntos pessoais importantes, e o Oráculo de Delfos, que os gregos consultavam em importantes assuntos de Estado. Hegel explica, contudo, que a diferença é que o oráculo é público, ou seja, está abertamente disponível e objetivo. Por sua vez, o oráculo daimônico de Sócrates é interior. É como se ele tivesse dentro de si seu próprio oráculo pessoal que fala somente a ele. Era essa ideia que ofendia as sensibilidades religiosas de seus conterrâneos atenienses.

Para os gregos, as leis e costumes eram sancionadas pelos deuses. Não eram decisões pessoais ou subjetivas de indivíduos. Na verdade, o indivíduo não desempenhava ali qualquer papel. Similarmente, quando uma decisão de peso tinha que ser tomada sobre um curso de ação, tanto em questões privadas quanto em um assunto do Estado ou da comunidade, ela não era considerada um assunto para o indivíduo privado decidir, mas sim algo que só os deuses poderiam determinar. Os gregos não possuíam o que Hegel chama de "liberdade subjetiva", ou seja, a ideia de que o indivíduo tem o direito de decidir por si mesmo sobre assuntos importantes. Portanto, quando um indivíduo específico alegou ser capaz de tomar tais decisões por si mesmo, e quando afirmou ter seu próprio oráculo pessoal que ninguém mais podia ver ou ouvir, sentiram-se impactados por uma ideia que lhes pareceu altamente arrogante e inapropriada. Isso é precisamente o que Sócrates aparentava fazer ao afirmar a autoridade de seu dáimon acima da lei e do costume tradicionais.

---

33. Para a exposição de Hegel sobre o dáimon, cf. ibid., p. 421-425.
34. Ibid., p. 422.

Segundo Hegel, o dáimon de Sócrates representa uma posição intermediária entre a externalidade do oráculo e a interioridade da mente humana do indivíduo. É uma forma transicional da moralidade objetiva para a subjetiva. Por um lado, o dáimon é algo interior, e não exterior, como o Oráculo de Delfos. É como se o oráculo tivesse sido transferido da esfera objetiva externa para a esfera interior da pessoa de Sócrates. Mas, por outro lado, embora o dáimon seja algo interno, algo que está dentro do sujeito, ele não é idêntico à vontade do próprio Sócrates. O dáimon se opõe a Sócrates quando ele quer fazer algo de forma impensada. Assim, a própria subjetividade de Sócrates o guiará em uma direção, mas o dáimon a contradiz e o guia em outra. Nesse sentido, o dáimon, embora seja algo interno, é também exterior e distinto da sua vontade. É uma autoridade externa que corrige sua vontade, e o aconselha sobre o que fazer. Nesse sentido, o dáimon determina um ponto médio: não é objetivamente externo, como o oráculo, nem é uma afirmação direta da vontade subjetiva de Sócrates.

Segundo Hegel, o dáimon pode ser visto como um movimento do externo para o interno, mas o movimento ainda não é completo. Sócrates representa a grande revolução de pensamento que mostra o valor infinito e irredutível do subjetivo. Mas nenhuma revolução começa e termina em um só dia. Sócrates marcou o início dela, mas o curso subsequente da história teve que levar seu desenvolvimento adiante. Sócrates ainda não estava em posição de apresentar e defender sua própria vontade privada como a verdade, e assim recorreu ao dáimon que apontava para o subjetivo e para o lado interior de sua personalidade, mas que não chegava a ser idêntico à sua vontade. Apenas no mundo moderno chegamos ao ponto em que celebramos a verdade e validade da vontade do indivíduo, mas foi preciso mais de 2.000 anos de desenvolvimento cultural e histórico depois de Sócrates para se chegar a esse ponto. Sócrates só começou o movimento revolucionário, mas não o finalizou.

IX – A análise de Hegel sobre o julgamento de Sócrates

Em *O conceito de ironia*, Kierkegaard examinou o relato do julgamento de Sócrates na obra *Apologia*, de Platão. Kierkegaard discorre longamente sobre a análise de Hegel desses mesmos eventos em suas *Lições sobre a história da filosofia*[35], e então é por lá que devemos começar. Em seu relato do julgamento de Sócrates, Hegel menciona o historiador da filosofia Wilhelm Gottlieb Tennemann, que também é uma da mais importantes fontes de Kierkegaard para a filosofia antiga. Para Hegel, Tennemann representa a visão predominante na época, ou seja, a ideia de que Sócrates era uma pessoa moralmente justa e elevada, e que sua condenação foi uma brutal injustiça que exemplificou o modo como a ralé ou as diversas facções podem exercer poder nas democracias. Por anos, Sócrates tinha sido reverenciado dessa maneira por eruditos simpáticos a ele. Hegel considera essa visão ingênua, pois ela não compreende o importante papel revolucionário de Sócrates na sociedade grega.

A primeira acusação contra Sócrates é a de que ele não honra os deuses nacionais de Atenas, mas em vez disso introduz novos deuses[36]. Isso se refere à alegação de Sócrates de ter um dáimon. Para a mente grega, Sócrates estava, de certo modo, querendo substituir o oráculo pela sua própria autoconsciência privada. Ele aparentava colocar suas visões e sua opinião acima das do deus. O famoso dito, "conhece-te a ti mesmo", significava para Sócrates que cada indivíduo deve olhar dentro de si para descobrir o que é verdadeiro. Isso implicava que se deveria desconsiderar a moralidade pública tradicional que era sancionada pelos deuses. Sócrates parecia estar negando a validade dela e encorajando o indivíduo a procurar pela verdade não exteriormente, mas interiormente. Segundo a perspectiva de Hegel, essas ideias eram revolucionárias. A noção de um dáimon pessoal em contraste com o oráculo ou os deuses do Estado

---

35. Para a exposição que Hegel faz do julgamento, cf. ibid., p. 425-448.
36. Ibid., p. 432-435.

equivalia à introdução de um novo deus. Hegel conclui que, nesse ponto, Sócrates é, de fato, culpado da acusação.

A segunda acusação é que Sócrates corrompia a juventude[37]. Essa acusação se refere à alegação de que Sócrates levou o filho de um certo Ânito a desobedecê-lo quando disse ao filho que ele era capaz de algo melhor do que a profissão que seu pai havia planejado para ele. Ânito era um curtidor por profissão, e esse tipo de trabalho era considerado inferior entre os gregos. Ânito tinha planos de que seu filho o seguisse nessa profissão, mas o filho relutava em fazê-lo, pois, com o encorajamento de Sócrates, sentia que ser curtidor estava abaixo de suas capacidades, e que tinha talentos e intelecto que o tornavam apto a trabalhos muito mais prestigiosos.

Hegel crê que, baseada nesse testemunho, a acusação também era bem fundamentada. Ele ressalta que, na sociedade grega da época, o vínculo entre os pais e seus filhos era algo sagrado. A obediência aos pais era um dos valores mais elevados. Sócrates tinha solapado tal valor ao encorajar o filho de Ânito a seguir a ideia de que ele, em seu papel como indivíduo com dons e talentos específicos, era mais importante do que em seu papel como filho com obrigações e deveres claramente definidos. Enquanto em nosso mundo moderno não nos ofendemos pelas ações de Sócrates, já que também prezamos a importância do indivíduo, na antiga Atenas isso era uma séria violação da ética e dos costumes. Isso também era parte da revolução que Sócrates representava: o indivíduo foi colocado acima da tradição e dos costumes estabelecidos.

Hegel também analisa o episódio final do julgamento de Sócrates. De acordo com as leis atenienses, após o réu ser declarado culpado e sentenciado preliminarmente, ele podia propor uma pena alternativa[38]. Esse procedimento permitia ao júri ser clemente se per-

---

37. Ibid., p. 435-438. A história de Ânito e seu filho não consta na *Apologia*, de Platão, mas no relato paralelo de Xenofonte. Cf. XENOPHON. *Socrates' Defense* in *Conversations of Socrates*. Harmondsworth: Penguin, 1990, p. 48-49 [Trad. de Hugh Tredennick e Robin Waterfield].

38. HEGEL. *Lectures on the History of Philosophy*. Vol. 1, p. 440-445.

cebesse algum grau de contrição por parte do réu. Ao propor uma pena alternativa a pessoa condenada admite assim sua culpa e reconhece a legitimidade e a autoridade do tribunal. Mas Sócrates, na verdade, caçoou da situação ao propor de um modo aparentemente irônico que recebesse refeições gratuitas e apoio financeiro do Estado pelo serviço público que estava proporcionando. De acordo com Hegel, ao fazer isso, Sócrates se recusou a reconhecer a validade da decisão do tribunal e, portanto, sua própria culpa. Aqui Hegel novamente considera a posição de Sócrates problemática. Nenhum Estado pode permitir que indivíduos se coloquem acima da lei ou que julguem a si mesmos apenas baseados em suas próprias visões privadas em oposição ou contradição aos costumes, tradições e leis estabelecidas pela sociedade. Considerando-se isso, não surpreende que os atenienses tenham perdido a paciência com Sócrates e tenham mantido a sentença de morte original.

Quando Hegel alega que Sócrates era mesmo culpado das acusações levantadas contra si, ele não queria dizer que não tinha simpatia ou compreensão por Sócrates nessa situação, mas estava dizendo que, visto pela perspectiva histórica, consideradas as tradições e valores da sociedade grega da época, as acusações contra Sócrates eram bem fundamentadas. Hegel explica o conflito assim: "O Espírito dos atenienses em si, sua constituição, toda sua vida repousava em um fundamento moral, na religião, e não poderia existir sem essa base absolutamente segura. Portanto, porque Sócrates faz a verdade repousar no julgamento da consciência interior, ele entra em uma luta com o povo ateniense sobre o que é certo e verdadeiro"[39]. O que Sócrates estava fazendo era solapar as tradições, a moralidade pública e os valores do Estado. Sócrates iniciou uma revolução que levou ao reconhecimento do indivíduo como algo absoluto e irredutível. Nesse sentido, ele é o precursor de alguns dos valores do nosso mundo moderno. Então é natural que, da nossa perspectiva contemporânea, nós o consideremos uma figura simpá-

---

39. Ibid., p. 426.

tica. Hegel nos lembra, porém, que isso não deveria fazer com que perdêssemos de vista a radicalidade da mensagem de Sócrates em seu próprio tempo.

X – O conflito entre tradição e liberdade individual

Algumas pessoas podem perguntar por que essas questões que Hegel aborda em conexão com sua interpretação de Sócrates são tão importantes. Como essas questões são relevantes para nós hoje? Tanto Hegel quanto Kierkegaard reconheceram na história do conflito de Sócrates com a sociedade grega um importante precursor dos problemas da Modernidade. Em outras palavras, a história de Sócrates não é só a história do destino de um homem na Atenas do século V a.C., mas é a história da existência moderna.

Todos nós crescemos em um mundo que muda rapidamente, e essas mudanças têm frequentemente resultado em conflitos com os costumes e práticas tradicionais. Não é preciso pensar com muito esforço para se identificar na contemporaneidade questões controversas acerca do papel do indivíduo e das exigências da cultura. No mundo todo há conflitos entre as tradições culturais e a autonomia individual. Alguns consideram condenável que jovens sejam obrigados a seguir a profissão de seus pais, que mulheres sejam obrigadas a cobrir seus cabelos em público, que pais decidam o casamento de seus filhos ou que certas classes de pessoas sejam proibidas de fazer certos tipos de trabalho. Nos dias de hoje, é para nós chocante e condenável que pessoas sejam constrangidas a seguir a multidão quando isso significa agir contra suas próprias consciências. Diz-se que práticas desse tipo são uma usurpação da liberdade do indivíduo. Essas tensões atingem o âmago daquilo que Hegel entende como conceito de liberdade subjetiva. Ele acredita que há algo de único e irredutível em cada um e em todos os indivíduos, que deveria ser respeitado. Os indivíduos deveriam possuir o direito de usar sua racionalidade para consentir com as práticas e valores que herdam de sua cultura.

O nascimento da liberdade subjetiva foi um dos maiores pontos de virada na história do mundo, mas a revolução da liberdade continua até hoje à medida que tentamos negociar a difícil relação entre os direitos do indivíduo e as exigências da sociedade e da tradição. Aqui podemos ver que as questões às quais Hegel dá atenção quando pensa sobre Sócrates são, de fato, de central importância em nosso mundo hoje. Sócrates representou os direitos do indivíduo contra a voz do costume estabelecido. Ele pediu às pessoas que questionassem suas crenças comuns e que olhassem para dentro de si mesmas em busca da verdade. O conflito entre Sócrates e o Estado ateniense foi o precursor de inúmeros conflitos posteriores que continuam a ocorrer até hoje.

Kierkegaard tomou para si essa ideia de liberdade subjetiva de Hegel e a desenvolveu à sua própria maneira como uma teoria do indivíduo no contexto tanto da sociedade quanto da religião. Assim como aconteceu com Hegel, o interesse de Kierkegaard em Sócrates não foi pura ou primariamente histórico. Sócrates foi um símbolo para a constelação de problemas modernos acerca da liberdade, da alienação e do relativismo – os problemas do nosso mundo no século XXI.

3 A VISÃO DE KIERKEGAARD SOBRE SÓCRATES

No capítulo anterior examinamos a análise de Hegel sobre a importância de Sócrates para a cultura grega e para a história do mundo. Kierkegaard estudou cuidadosamente os textos de Hegel, e em *O conceito de ironia* responde quase ponto por ponto ao filósofo alemão. Nosso objetivo neste capítulo é estabelecer a compreensão de Kierkegaard sobre Sócrates e ver onde ele concorda com Hegel e onde discorda. Veremos a análise de Kierkegaard do dáimon de Sócrates, seu julgamento e condenação e sua relação com os sofistas e com as escolas de filosofia posteriores. Também veremos que Kierkegaard estava muito incomodado com Hans Lassen Martensen em suas preleções na Universidade de Copenhague. Exploraremos a reação de Kierkegaard ao artigo de Martensen sobre o *Fausto*, e os dois trabalhos satíricos de Kierkegaard dirigidos a Martensen e seus alunos, quais sejam, *O conflito entre os velhos e os novos depósitos de sabão*, e *Johannes Climacus ou De omnibus dubitandum est*. Finalmente, queremos também apresentar uma figura dinamarquesa menos conhecida, Andreas Frederik Beck, que escreveu uma perspicaz resenha de *O conceito de ironia*, que nos proporciona um vislumbre da forma como o livro era percebido naquela época.

I – A visão de Kierkegaard sobre o dáimon de Sócrates

Kierkegaard inicia sua argumentação sobre o dáimon debochando das tentativas de compreensão do fenômeno na literatura secundária[1]. Ele passa então rapidamente a uma análise das fontes antigas, nas quais encontra uma discrepância importante. Segundo Platão, o dáimon era puramente negativo: ele advertia Sócrates para que não fizesse certas coisas, mas nunca propôs ou exigiu ações positivas. Segundo o relato de Xenofonte, porém, o dáimon também era positivo, incitando e ordenando Sócrates a fazer coisas específicas. Kierkegaard foi então obrigado a fazer algum tipo de julgamento sobre qual das fontes antigas seguir nesse ponto, e aqui ele endossa apaixonadamente a visão de Platão: "O que eu... gostaria de ressaltar para o leitor é relevante para a concepção completa de Sócrates: que esse dáimon é representado somente como advertência, e não como comando – ou seja, como negativo e não como positivo"[2]. Kierkegaard assim acredita que Sócrates é uma figura fundamentalmente negativa, e que é um erro querer atribuir algo de positivo a ele.

Isso é importante para Kierkegaard, já que ele quer ver a ironia de Sócrates como sua característica determinante. Ironia é, em sua essência, negativa ou destrutiva. Ela nega e critica vários elementos da ordem estabelecida. Kierkegaard acredita que Xenofonte não compreendeu apropriadamente essa importante missão negativa de Sócrates, e por tal razão atribui erroneamente algo de positivo ao dáimon de Sócrates. Em comparação, Platão foi o aluno mais perspicaz, que reconheceu a importância do elemento negativo em Sócrates.

Kierkegaard concorda com a compreensão de Hegel sobre o dáimon como uma parte da subjetividade de Sócrates que se opõe aos valores tradicionais e à ética costumeira de Atenas. Ele levan-

---

1. Para o relato de Kierkegaard sobre o dáimon, cf. *The Concept of Irony*. Princeton: Princeton University Press, 1989, p. 157-167 [Trad. de Howard V. Hong e Edna H. Hong]. [Trad. bras.: *O conceito de ironia*. Petrópolis: Vozes, 1991, p. 127-133 [Trad. de Álvaro Valls].]

2. Ibid., p. 159. Aqui e abaixo eu substituí o termo "daimonion" na tradução do texto de Kierkegaard por "daimon", que é a versão mais usada. [Trad. bras.: *O conceito de ironia*. Op. cit., p. 128-129: "o que eu... preciso pedir que o leitor observe é um ponto da maior importância para toda a concepção de Sócrates: que este demoníaco é apenas apresentado como advertindo e não como dando ordens, i. é, como *negativo e não como positivo*".]

ta a questão: "Estava Sócrates, como alegavam seus acusadores, em conflito com o Estado e a religião ao apresentar o seu dáimon?"[3] Concordando com Hegel, ele respondeu: "Obviamente ele estava. Por um lado, era uma relação inteiramente polêmica com a religião grega do Estado colocar algo completamente abstrato no lugar da individualidade concreta dos deuses"[4]. Ele também concorda com Hegel quando vê no dáimon uma alternativa privada ao oráculo público que os gregos reverenciavam[5]. Ainda que ele seja geralmente bastante crítico em relação à literatura secundária de sua época

---

3. Ibid., p. 160. [Trad. bras.: *O conceito de ironia*. Op. cit., p. 129: "...a questão de saber, como insistiam seus acusadores, se ele estava *em conflito com a religião do Estado,* em se entregando a este demoníaco".]

4. Ibid. [Trad. bras.: *O conceito de ironia*. Op. cit., p. 129: "Pois é evidente que ele estava. Por um lado, era, com efeito, uma relação totalmente polêmica frente à religião grega do Estado, o colocar algo de inteiramente abstrato no lugar da individualidade concreta dos deuses".]

5. Ibid.: "Por outro lado, era uma relação polêmica com a religião do Estado substituir um silêncio no qual uma voz admoestadora era audível apenas ocasionalmente, uma voz que... nunca teve nada a ver com os interesses substanciais da vida política, que nunca disse uma palavra sobre eles, mas que lidava apenas com os assuntos completamente privados e particulares de Sócrates e, quando muito, de seus amigos – substituir isso pela vida grega permeada, mesmo nas mais insignificantes manifestações, por uma consciência dos deuses, substituir um silêncio dessa divina eloquência ecoada em todas as coisas". [Trad. bras.: *O conceito de ironia*. Op. cit., p. 129-130: "E por outro lado, era uma relação totalmente polêmica frente à religião do Estado o colocar no lugar desta eloquência divina, que repercutia em toda parte, característica da vida grega, perpassada pela consciência de deus, em todas as manifestações, até as mais insignificantes; colocar um silêncio, no qual apenas ocasionalmente se ouvia a voz que advertia, uma voz... que jamais se ocupava com os interesses substanciais da vida do Estado, jamais se manifestava a este respeito, porém só tinha a ver com os assuntos de Sócrates e no máximo com os assuntos privados e particulares de seus amigos".] Cf. tb. a exposição de Kierkegaard da interpretação de Hegel, ibid., p. 163ss: "Em vez do oráculo, Sócrates tinha agora o seu dáimon. O daimônico que se assenta agora neste caso na transição da relação externa do oráculo com o indivíduo para a completa interioridade da liberdade, como se ainda estivesse nessa transição, é um objeto para a representação". [Trad. bras.: *O conceito de ironia*. Op. cit., p. 131: "*No lugar do oráculo* Sócrates tem agora o seu *demônio.* Este demoníaco situa-se então na passagem entre a relação exterior do oráculo para o indivíduo e a interioridade plena da liberdade, e, como algo que ainda está em transição, aparece justamente para a representação".]

acerca desse tema[6], Kierkegaard cita extensivamente a exposição de Hegel para fundamentar sua própria perspectiva[7].

A conclusão da análise de Kierkegaard deixa claro que seu principal objetivo é demonstrar que o dáimon é condizente com a ironia de Sócrates. Essa é a razão pela qual ele é tão enfático ao ressaltar os aspectos negativos do dáimon nos quais Hegel não parece estar particularmente interessado. O dáimon representava um aspecto da subjetividade de Sócrates e, como tal, permitia-lhe distanciar-se da cultura grega tradicional. O dáimon era assim parte da revolução socrática da subjetividade.

II – O Fausto de Martensen

Durante a adolescência e a juventude de Kierkegaard, a obra do famoso escritor alemão Johann Wolfgang von Goethe era uma obra muito popular na Dinamarca[8]. Em especial, seu drama trágico *Fausto* era frequentemente citado e muito discutido. Trata-se da história de um erudito que vende sua alma ao diabo em troca de conhecimento ilimitado. Quando estava estudando na Universidade de Copenhague, Kierkegaard ficou muito interessado na história e na figura de Fausto. Em 1836, em seu *Diário BB*, ele elaborou uma bibliografia de diferentes interpretações da obra de Goethe e da lenda de Fausto em geral[9]. Estava claro que Kierkegaard planejava escrever sobre

---

6. Nesse contexto ele se refere aos "acadêmicos farisaicos, que se incomodam com um mosquito e engolem um camelo". Ibid., p. 161. [Trad. bras.: *O conceito de ironia*. Op. cit., p. 130: "fariseus eruditos que temos mencionado, que coam os mosquitos e engolem o camelo".]

7. Ibid., p. 161-165. [Trad. bras.: *O conceito de ironia*. Op. cit., p. 130-133.]

8. Sobre o uso que Kierkegaard faz de Goethe e a febre de Goethe na Dinamarca da Era de Ouro, cf. NUN, K. & STEWART, J. "Goethe: A German Classic Through the Filter of the Danish Golden Age". In: STEWART, J. (ed.). *Kierkegaard and his German Contemporaries* – Tomo III: Literature and Aesthetics. Aldershot: Ashgate, 2007, p. 51-96 [*Kierkegaard Research: Sources, Reception and Resources*, vol. 6].

9. CAPPELØRN, N.J. et al. (eds.). *Kierkegaard's Journals and Notebooks*. Vols. 1-11. Princeton: Princeton University Press, 2007, vol. 2, p. 85-99, BB: 12-15.

Fausto, e talvez ele até tenha pensado nesse tema como um possível tópico para sua tese de mestrado.

De qualquer modo, ele ficou muito aborrecido quando, em junho de 1837, Hans Lassen Martensen publicou um artigo no primeiro número do periódico acadêmico *Perseus* intitulado "Observações sobre a ideia de Fausto com referência ao *Fausto* de Lenau"[10]. Quando soube disso, Kierkegaard escreveu em seu diário: "Oh, quão desafortunado sou, Martensen escreveu sobre o Fausto de Lenau!"[11] Por que Kierkegaard ficou tão perturbado com isso? Antes de tudo, por que ele estava tão interessado na figura de Fausto?

A resposta a essas questões se torna clara quando damos uma olhada no artigo de Martensen. Em vez de abordar a versão mais conhecida do *Fausto*, ou seja, a de Goethe, Martensen escolheu abordar uma versão escrita pelo poeta austro-húngaro Niembsch von Strehlenau, que escreveu sob o pseudônimo Nicolaus Lenau. Em sua viagem, Martensen encontrou Lenau pessoalmente em Viena e ficou interessado em sua obra. Martensen viu na figura do Fausto retratado por Lenau um representante do mundo moderno.

Como visto no capítulo anterior, em sua dissertação *Sobre a autonomia da autoconsciência humana*, Martensen examinou o conceito de autonomia. Ele concluiu que a ideia de seres humanos agindo por conta própria e determinando a verdade por si mesmos era uma noção moderna muito difundida e perigosa, que desviava as pessoas das crenças cristãs. Ele via a figura de Fausto como exemplificadora desse princípio de autonomia e como um símbolo do conhecimento secular moderno. Fausto encarna "o profundo sentimento da corrupção da vontade humana, seu desejo de transgredir a lei divina, sua luta arrogante em busca de seu centro em si mes-

---

10. MARTENSEN, H.L. "Betragtninger over Ideen af Faust med Hensyn paa Lenaus *Faust*". In: *Perseus, Journal for den Speculative Idee*, n. 1, 1837, p. 91-164.

11. HONG, H.V. & HONG, E.H. (ed. e trad.). *Søren Kierkegaard's Journals and Papers*. Vols. 1-6. Bloomington/Londres: Indiana University Press, 1967-1978, vol. 5, p. 100, n. 5.225.

mo, e não em Deus"[12]. Segundo a visão cristã, os seres humanos são por natureza pecaminosos e ignorantes, e nada podem saber sem a ajuda de Deus. São, portanto, apenas o orgulho e a arrogância humanos que acreditam poder descobrir a verdade por conta própria. Fausto pensa que Deus ou o cristianismo não tem serventia, pois ele pode descobrir a verdade por si mesmo, por meio do saber científico secular. Martensen escreveu que Fausto "representa a luta da raça humana para fundamentar um reino de *inteligência* sem Deus"[13].

Fausto também representa o princípio da dúvida. O que não pode ser demonstrado pelas ferramentas da ciência deve ser sujeito ao ceticismo, e isso inclui as doutrinas da religião. Essa visão rejeita crenças tradicionais e expõe tudo ao seu impiedoso ceticismo. Isso, contudo, leva Fausto ao desespero, e ele se torna separado e alienado da sociedade e da ética comumente aceita. Martensen assim retrata Fausto como o modelo para os males do mundo moderno.

A reação irritada de Kierkegaard à publicação do artigo de Martensen pode ser explicada pelo fato de que ele também estava interessado em ver Fausto como um exemplo paradigmático da existência na Modernidade, e Martensen antecipou a sua avaliação crítica da era moderna. Kierkegaard estava interessado em Fausto pela mesma razão que estava interessado em Sócrates: ambos eram figuras negativas que questionavam crenças e valores tradicionais. Tanto Sócrates quanto Fausto acreditavam que o raciocínio crítico de cada indivíduo deve decidir a verdade das questões. Sócrates reduz as pessoas à *aporia* e termina com uma conclusão negativa, assim como o ceticismo de Fausto o leva ao desespero.

Kierkegaard está atento ao fato de que tanto Sócrates quanto Fausto representam algo que está no cerne do espírito moderno. Kierkegaard faz essa conexão explícita em seu *Diário AA* de 1837,

---

12. MARTENSEN. "Betragtninger over Ideen af Faust med Hensyn paa Lenaus *Faust*", p. 94.
13. Ibid., p. 97.

quando Martensen publicou seu artigo, e escreve: "Fausto pode ser visto como paralelo a Sócrates, pois como este expressa a cisão entre o indivíduo e o Estado, assim Fausto, depois da aniquilação da Igreja, retrata o indivíduo separado de sua orientação e abandonado a si mesmo"[14]. Tanto Fausto quanto Sócrates representam uma ênfase no indivíduo às custas de uma instituição ou aspecto maior do mundo objetivo.

III – A análise de Kierkegaard do julgamento de Sócrates

Kierkegaard também faz referência à condenação de Sócrates[15]. Como Hegel, ele é crítico do que chama de "os lamentadores academicamente profissionais e a multidão de humanitários superficiais, mas lacrimosos"[16] que consideravam Sócrates um homem direito e honesto que foi injustamente perseguido pela ralé. Assim como Hegel, Kierkegaard vê o dáimon de Sócrates como algo que claramente o coloca em desacordo com a religião tradicional.

Quanto à questão de Sócrates ser um ateu que rejeitava os deuses do Estado, Kierkegaard alega que isso foi baseado em um mal-entendido. Essa era uma típica acusação contra os antigos filósofos gregos como Anaxágoras, que estavam interessados em explorar os fenômenos da natureza. Os deuses gregos eram concebidos como intimamente relacionados às forças naturais; por exemplo, Zeus com o relâmpago, e Posêidon com o mar e os terremotos. Quando os primeiros filósofos gregos se incumbiram de estudar a natureza, eles se distinguiram da tradição religiosa que via os deuses como agentes causais na natureza. Já que eles não faziam qualquer apelo aos deuses em suas explicações do mundo

---

14. *Kierkegaard's Journals and Notebooks*, vol. 1, p. 44, AA: 41.
15. KIERKEGAARD. *The Concept of Irony*, p. 167-197. [Trad. bras.: *O conceito de ironia*. Op. cit., p. 133-168.]
16. Ibid., p. 167. [Trad. bras.: *O conceito de ironia*. Op. cit., p. 133: "multidão de sábias carpideiras e de filantropos pobres de espírito, mas ricos em lágrimas".]

natural, eles eram frequentemente acusados de não acreditar nos deuses. Kierkegaard conclui que a acusação de ateísmo contra Sócrates surgiu de uma crença equivocada de que ele também estava trabalhando nessa tradição da filosofia natural, quando de fato ele só estava preocupado com o conhecimento humano e com a ética.

O mal-entendido sobre os propósitos de Sócrates foi exacerbado pela sua famosa alegação de ignorância. Quando Sócrates alegava nada saber, isso era erroneamente interpretado como se ele nada soubesse sobre os deuses cultuados pelo Estado. Mas isso, é claro, não era o objetivo da autoproclamada ignorância de Sócrates. Ele evidentemente sabia muitas coisas sobre elementos do mundo ao seu redor, mas alegava não conhecer os universais e estava constantemente tentando levar as pessoas a formular claras definições sobre eles: O que é piedade? O que é justiça? O que é beleza?[17]

Kierkegaard afirma que um elemento importante na condenação de Sócrates foi o que se considerou sua tentativa de alienar os indivíduos do Estado. Ele associa isso à famosa máxima, "conhece-te a ti mesmo". Segundo Kierkegaard, a compreensão de Sócrates desse mandamento era que cada indivíduo deveria buscar a verdade em si mesmo. Isso, porém, significava dar as costas ao mundo da verdade objetiva que incluía a ética tradicional e a religião. Kierkegaard explica: "A expressão 'conhece-te a ti mesmo' significa: separa a ti mesmo do outro"[18]. O indivíduo é assim alienado dos outros indivíduos na sociedade, pois, após a interrogação socrática, é impossível continuar a manter os valores e costumes tradicionais como antes. Por meio desse questionamento sobre tudo, Sócrates destrói a crença do indivíduo em tudo o que mantém a sociedade unida. Isto é, segundo Kierkegaard, corretamente considerado um assunto perigoso: "É óbvio que Sócrates estava em conflito com a visão do Estado – de

---

17. Ibid., p. 169. [Trad. bras.: *O conceito de ironia*. Op. cit., p. 135.]
18. Ibid., p. 177. [Trad. bras.: *O conceito de ironia*. Op. cit., p. 140.]

fato, do ponto de vista do Estado, sua ofensa tinha que ser considerada muitíssimo perigosa, como uma tentativa de sugar seu sangue e reduzi-lo a uma sombra"[19].

Com isso, Kierkegaard concorda com Hegel que o Estado ateniense estava justificado ao condenar Sócrates, já que ele era, de fato, uma figura revolucionária que estava solapando suas fundações[20]. Mas deve ser ressaltado que ele não era revolucionário no sentido de estar formando um partido político específico com uma plataforma positiva. Pelo contrário, sua missão era puramente negativa. Ele separou os indivíduos do Estado e isolou-os uns dos outros ao abalar suas crenças aceitas no costume e na tradição.

Kierkegaard também faz uma avaliação da última parte do julgamento de Sócrates, em que o filósofo grego propõe uma pena alternativa. Kierkegaard chama a atenção para o fato de que, na *Apologia*, Sócrates distingue bem o número específico de pessoas que votaram por sua absolvição e por sua condenação. Ao fazer isto, Sócrates considera o júri como um grupo de indivíduos, e não como uma totalidade coletiva ou um instrumento impessoal do Estado ateniense[21]. Cada um deles individualmente tomou uma decisão e deu seu voto. Sócrates assim reconhece a importância da subjetividade da individualidade de cada pessoa. Mas ele se recusa a reconhecer a autoridade do Estado abstrato ou de qualquer outra unidade coletiva.

Aqui Kierkegaard concorda com o relato de Hegel, que vê a condenação de Sócrates como o resultado de sua recusa em aceitar a legitimidade do tribunal[22]. Kierkegaard explica: "O poder objetivo do

---

19. Ibid., p. 178. [Trad. bras.: *O conceito de ironia*. Op. cit., p. 141: "...saltará aos olhos que Sócrates estava *em conflito* com a *concepção do Estado*, sim, que seu atentado tinha de ser encarado, do ponto de vista do Estado, como uma tentativa de sugar o sangue do Estado e transformar o Estado numa sombra.]
20. Ibid., p. 181ss. [Trad. bras.: *O conceito de ironia*. Op. cit., p. 142ss.]
21. Ibid., p. 194. [Trad. bras.: *O conceito de ironia*. Op. cit., p. 152.]
22. Ibid., p. 193. [Trad. bras.: *O conceito de ironia*. Op. cit., p. 152.]

Estado, sua reivindicação sobre a atividade do indivíduo, as leis, os tribunais, tudo perde sua validade absoluta para ele"[23]. Kierkegaard vê Sócrates ocupando uma posição de completa negatividade para com o Estado[24]. Sócrates aceita a verdade e validade de cada indivíduo singular, mas se recusa a aceitá-la em qualquer grupo coletivo, no Estado, no júri, em um partido político etc. A sociedade ateniense era construída sobre princípios de comunidade e democracia, e questionar isso tudo era algo muito alarmante para a maioria das pessoas. Assim, segundo essa interpretação, a grande ameaça à sociedade grega não vinha de alguma fonte exterior, mas de Sócrates e de seu impiedoso uso da ironia.

IV – A dúvida e *O conflito entre os novos e os velhos depósitos de sabão*

Vimos que Kierkegaard estava irritado pelo grande sucesso de Martensen com os alunos na Universidade de Copenhague, e que Martensen, como Kierkegaard, estava interessado na figura de Fausto. Um aspecto importante do pensamento de Martensen era sua caracterização da filosofia moderna como algo que se inicia com o princípio da dúvida. Enquanto a filosofia antiga e a filosofia medieval eram acríticas e baseavam suas visões na fé, a filosofia moderna que começou com Descartes percebeu que era necessário começar do zero, duvidando de tudo. Descartes percebeu que muitas das coisas que ele e outros consideravam ser verdadeiras, de fato, se provaram erradas sob um escrutínio mais atento. Isso significa que muitas das coisas que pensamos que sabemos são baseadas em um fundamento muito incerto. Em suas *Meditações sobre a filosofia primeira*, Descartes começa sua argumentação fazendo uma tentativa de duvidar de absolutamente tudo que ele conhece ou que lhe foi ensi-

---

23. Ibid., p. 196. [Trad. bras.: *O conceito de ironia*. Op. cit., p. 154: "O poder objetivo do Estado, suas pretensões quanto à atividade do indivíduo, as leis, os tribunais, tudo perde sua validade absoluta para ele..."]

24. Ibid. [Trad. bras.: *O conceito de ironia*. Op. cit., p. 154.]

nado, para que possa tentar determinar desde o início o que pode ser estabelecido firmemente como verdadeiro.

Martensen aproveita essa imagem de Descartes aplicando um método sistemático de dúvida como um modelo para o pensamento filosófico moderno. Ele toma uma frase em latim do texto de Descartes para captar essa ideia: "*De omnibus dubitandum est*", ou "é preciso duvidar de tudo". Martensen usou essa frase repetidamente, e ela tornou-se um tipo de *slogan* entre seus alunos. De início, isso parecia ser não apenas uma caracterização do período da filosofia moderna em contraste com períodos anteriores, que seriam menos críticos. Porém, pela força da repetição, essa frase passou a ter um sentido prescritivo, que de fato equivaleu a um chamado às armas para filósofos modernos aplicarem o método cético de Descartes. Claramente, essa recomendação de Martensen para se duvidar de tudo está intimamente relacionada ao método socrático de questionamento de tudo. Descartes não pretende parar até que tudo tenha sido questionado, tal como Sócrates não quer parar até que tenha obtido uma resposta satisfatória para suas questões.

Kierkegaard escreveu duas obras satíricas sobre Martensen e seus alunos, mas nunca as publicou. Ambas têm a questão da dúvida universal de Descartes como tema principal. A primeira dessas obras é uma comédia intitulada *O conflito entre os velhos e novos depósitos de sabão*, que Kierkegaard escreveu em seu *Diário DD* provavelmente nos primeiros meses de 1838 quando ainda era um estudante. A inspiração para essa peça veio de uma praça em Copenhague, chamada Gråbrødre Torv, onde havia lojas rivais que vendiam sabão na época de Kierkegaard. Ali, uma nova loja de sabão foi instalada no porão de um prédio próximo ao local onde já havia uma loja de sabão em funcionamento. Para evitar perder clientes por causa da confusão provocada pela presença de duas lojas, o estabelecimento mais antigo colocou na rua um sinal indicando que aquela era a loja mais velha e tradicional[25]. Era uma rivalidade engraçada, que chamou a atenção de Kierkegaard.

---

25. *Kierkegaard's Journals and Notebooks*, vol. 1, p. 550ss. Notas explicativas.

A primeira página de *O conflito entre os velhos e novos depósitos de sabão* no Diário DD.

Lembremos que, em seu julgamento, Sócrates propôs como punição que ele fosse sustentado com recursos públicos e que pudesse fazer refeições gratuitas no Pritaneu. Trata-se de um prédio público em Atenas, um tipo de prefeitura, onde pessoas que realizaram grandes feitos para o Estado como, por exemplo, atletas olímpicos vitoriosos, recebiam refeições gratuitas às custas do Estado. Em sua sátira, Kierkegaard faz uso dessa ideia, mas em vez de colocar Sócrates no Pritaneu, como o próprio Sócrates pediu, Kierkegaard

82

coloca Martensen e seus alunos lá. Kierkegaard cria um punhado de personagens engraçados que se ocupam de conversas filosóficas absurdas. Eles usam constantemente frases de efeito como "*de omnibus dubitandum est*" que todos conheciam das preleções e textos de Martensen. Ao colocar esses filósofos cômicos no Pritaneu, Kierkegaard parece sugerir que eles, como Sócrates, estavam prestando algum serviço público importante com seu filosofar e com sua tentativa de duvidar de tudo. Porém, em vez de fazer algo que tenha algum sentido, eles simplesmente se lançavam em confusas e absurdas conversas filosóficas, levando-se muito a sério o tempo todo. Kierkegaard assim ridiculariza Martensen e seus alunos por se acharem muito importantes.

É digno de nota que, durante o período em que essa peça foi escrita, Martensen morava naquela mesma praça, em uma casa em frente aos depósitos de sabão. Em setembro de 1837, ou seja, quando era estudante e quando teve a ideia de escrever essa comédia sobre os depósitos de sabão, Kierkegaard se mudou para um apartamento situado na esquina da Løvstræde com Niels Hemmingsens Gade (no n. 7 da Løvstræde). O apartamento ficava bem perto da praça, e tinha vista para a casa de Martensen.

V – *Johannes Climacus, ou De omnibus dubitandum est*, de Kierkegaard

A outra obra satírica que Kierkegaard escreveu, mas nunca publicou, faz uso do *slogan* de Martensen em seu próprio título, *Johannes Climacus ou De omnibus dubitandum est*. Johannes Climacus é o nome que Kierkegaard usou mais tarde como o autor pseudônimo das obras *Migalhas filosóficas* e o *Pós-escrito conclusivo não científico*. Mas o texto satírico *De omnibus* foi escrito aparentemente em algum momento em 1843, antes desses dois livros pseudonímicos mais conhecidos.

Página manuscrita de *Johannes Climacus, ou De omnibus dubitandum est*.

De omnibus conta a história de um jovem estudante chamado Johannes Climacus, que frequenta palestras na Universidade de Copenhague e fica interessado nas discussões filosóficas sobre a necessidade de se duvidar de tudo como ponto de partida. Kierkegaard claramente pretende que Climacus represente um dos alunos de Martensen, que se vê em meio ao furor de interesse que envolve suas palestras. Boa parte do texto contém uma série de deliberações filosóficas nas quais Johannes tenta determinar exatamente o que se entende com a exigência de que as pessoas duvidem de tudo na filosofia. Há três diferentes variações dessa ideia, que ele explora consecutivamente: "(1) A filosofia começa com a dúvida; (2) para filosofar", deve-se ter duvidado; (3) a filosofia moderna começa com a dúvida"[26]. Cada um desses casos leva a absurdos.

Apesar de Kierkegaard nunca ter terminado essa obra e de ela se interromper bruscamente, a trama aparentemente deveria terminar mostrando como Johannes foi reduzido ao desespero em sua tentativa de seguir o imperativo de duvidar de tudo. Em uma nota, Kierkegaard explica o plano que ele nunca realizou para a obra:

> Johannes faz o que lhe mandam fazer. Ele realmente duvida de tudo. Ele sofre toda a dor de fazê-lo. Quando ele vai nessa direção tão longe quanto pode, e quer voltar, ele não consegue. Agora ele desespera. Sua vida foi desperdiçada. Sua juventude foi gasta nessas deliberações. A vida não obteve nenhum sentido para ele, e tudo isso é culpa da filosofia[27].

Martensen irresponsavelmente conclamou os alunos a duvidar de tudo, mas isso envolveria também duvidar de coisas como a própria religião, a própria relação com a família, a comunidade etc. Questionar tudo isso é isolar-se a si mesmo. Embora o duvidar de tudo pretendesse ser um tipo de exercício acadêmico, os jovens estudantes levaram isso a sério como um modo de vida, e assim acabaram por solapar suas próprias crenças. Mas assim que alguém chega a esse ponto, é impossível voltar. Uma vez iniciado o processo de reflexão crítica, não é mais possível viver em uma intimidade acrítica com suas crenças anteriores. Essa é a visão que é desconfiada do novo conhecimento e temerosa do que ele pode trazer. Assim como aconteceu com Sócrates, ela separa o indivíduo de sua família e comunidade. A conclusão da história de Kierkegaard é que Johannes termina em desespero, destruído pela dúvida filosófica.

---

26. KIERKEGAARD. *Johannes Climacus, or De omnibus dubitandum est*. Princeton: Princeton University Press, 1985, p. 132 [Trad. de Howard V. Hong e Edna H. Hong]. [Trad. bras.: *É preciso duvidar de tudo*. São Paulo: Martins Fontes, 2003, p. 35: "1) A filosofia começa pela dúvida; 2) É preciso ter duvidado para poder filosofar; 3) A filosofia moderna começa pela dúvida" [Trad. de Álvaro Valls e Sílvia Sampaio].]

27. Ibid. Suplemento, p. 234-235.

VI – Os sofistas e o legado de Sócrates

Kierkegaard concorda com a caracterização que Hegel faz de Sócrates como um ponto de virada na história[28]. Ele propõe sua própria avaliação dessa ideia ao analisar primeiro a relação de Sócrates com o movimento dos sofistas que o precederam, e depois sua relação com as diferentes escolas de filosofia que vieram depois dele. Ao ver Sócrates entre esses dois polos, podemos alcançar uma melhor compreensão de seu papel como um ponto de virada no desenvolvimento do pensamento e da cultura grega.

A causa da derrocada da vida grega foi o que Kierkegaard, seguindo Hegel, caracteriza como "a arbitrariedade da subjetividade finita"[29]. Isso é associado aos sofistas, que eram conhecidos por seu relativismo e por sua negação de qualquer verdade absoluta ou duradoura. Kierkegaard explica: "Os *sofistas* representam o conhecimento separando-se, em sua multiplicidade multicolorida, da moralidade substancial por meio da reflexão que desperta. No todo, eles representavam a cultura separada pela qual uma carência foi sentida por todos aqueles para quem a fascinação da imediatidade tinha desaparecido"[30]. Como Sócrates, os sofistas também questionaram e criticaram a cultura grega tradicional, que Kierkegaard chama de "moralidade substancial".

Os sofistas afirmavam que ensinavam um conhecimento prático que seria benéfico aos jovens na política e nos negócios. Mas especificamente, eles ensinavam a arte da oratória e da argumentação pelo uso de recursos que pudessem usar para defender o que quer

---

28. KIERKEGAARD. *The Concept of Irony*, p. 200. [Trad. bras.: *O conceito de ironia*. Op. cit., p. 157-158.]

29. Ibid., p. 201. [Trad. bras.: *O conceito de ironia*. Op. cit., p. 158.]

30. Ibid., p. 201ss. [Trad. bras.: *O conceito de ironia*. Op. cit., p. 158-159: "*Os sofistas* representam *aquele saber que*, em sua colorida variedade, com o despertar da reflexão *se vai arrancando* da eticidade substancial; representam, em geral, a cultura desenraizada, para a qual se sentia impelido todo aquele que se tinha desencantado da imediatidade".]

que percebessem que lhes fosse vantajoso no momento. Mas essa argumentação era sempre em proveito de quem estivesse debatendo, e não no interesse de qualquer verdade maior. Os sofistas eram positivos, pois faziam afirmações sobre o mundo, mas eram negativos porque também questionavam ou ignoravam crenças tradicionais e verdades mais elevadas sempre que essa postura lhes fosse conveniente.

Na ausência de uma verdade absoluta, há apenas uma verdade arbitrária ou contingente, ditada pelo próprio interesse do indivíduo. Os sofistas elevam essas verdades contingentes ao patamar de fins em si mesmas. Na ausência de verdades absolutas, eles e seus seguidores se veem livres para se refestelarem nas verdades contingentes, desde que elas sirvam a seus propósitos. Kierkegaard dá a seguinte explicação sobre isso: "Em sua primeira forma, essa educação [oferecida pelos sofistas] abala a fundação de tudo, mas em sua segunda forma ela possibilita que todo pupilo... torne tudo firme e seguro novamente. O sofista, portanto, demonstra que tudo é verdade"[31]. Os sofistas podem assim dar razões e argumentos para absolutamente qualquer coisa. É nesse sentido que ainda usamos a palavra "sofista" hoje em um sentido pejorativo para nos referirmos a alguém que usa a eloquência ou a razão capciosa para defender comportamentos questionáveis.

Kierkegaard vê Martensen como alguém que age de maneira sofística. Uma das coisas que incomodavam Kierkegaard em Martensen era o fato de que ele aparentava assumir uma postura de ceticismo radical e desiludido com sua conhecida afirmação "*de omnibus dubitandum est*", mas isso era apenas um *slogan* vazio. O que importava para Martensen era, como em Descartes, emergir do ceticismo e começar a estabelecer algo positivo, uma doutrina, um argumento, ou uma afirmação de verdade fundante. Essa era exatamente a maneira como Kierkegaard descreve os sofistas, como

---

31. Ibid., p. 205. [Trad. bras.: *O conceito de ironia*. Op. cit., p. 160: "Na sua primeira forma esta cultura torna tudo vacilante; em sua segunda forma, ao contrário, ela coloca qualquer discípulo aplicado em condições de tornar tudo firme".]

acabamos de ver: eles abalam "as fundações de tudo", mas então "tornam tudo firme de novo". Para Kierkegaard, a profundidade e o gênio de Sócrates se encontra no fato de que ele permanece em ceticismo e negatividade e se recusa a ser arrastado para a construção de uma afirmação positiva de verdade. Kierkegaard assim contrasta Sócrates com os sofistas ao afirmar que Sócrates é puramente negativo, enquanto os sofistas fazem afirmações positivas. Por exemplo, Protágoras afirma saber o que é a virtude e que é capaz de ensiná-la. Sócrates alega não saber o que ela é e que ela não pode ser ensinada[32].

Kierkegaard então argumenta que "a ironia [de Sócrates] tem uma validade histórico-universal"[33]. Para Sócrates, é válido usar a ironia em uma dada situação histórica. Sua ironia dirigia-se contra dois alvos: primeiro, os irrefletidos proponentes da vida tradicional ateniense e, segundo, os autoconfiantes sofistas que faziam várias afirmações positivas infundadas[34]. Quanto aos primeiros, ele os via como presos em tradições que não eram mais úteis ou relevantes. Quanto aos segundos, eles os via como promotores de um relativismo superficial e interesseiro. Ele assim usava a ironia como instrumento para corrigir o que ele percebia como um comportamento desorientado de seus contemporâneos. Esses eram dois aspectos importantes da vida grega na época, e Sócrates, com sua ironia, desempenha um papel histórico fundamental nesse contexto. Ele não emprega a ironia só para ser irreverente ou para irritar ou impressionar alguém; seu uso da ironia era determinado pelos tempos.

Kierkegaard então passa a examinar o outro lado da ideia de Sócrates como ponto de virada, qual seja, o seu legado. Sócrates fez surgir várias escolas de filosofia que competiam entre si a Antiguidade. Kierkegaard levanta a questão de como tantas perspectivas tão diferentes podiam afirmar que tinham suas origens no pensamento de Sócrates.

---

32. Ibid., p. 208. [Trad. bras.: *O conceito de ironia*. Op. cit., p. 162-163.]
33. Ibid., p. 211. [Trad. bras.: *O conceito de ironia*. Op. cit., p. 164.]
34. Ibid., p. 214. [Trad. bras.: *O conceito de ironia*. Op. cit., p. 166.]

Se o filósofo grego tivesse apresentado várias doutrinas diferentes, então estaríamos tentados a pensar que seu legado se deveu ao fato de que essas diferentes doutrinas foram atraentes para escolas filosóficas diferentes. Contudo, Kierkegaard argumenta que, pelo contrário, o legado heterogêneo de Sócrates oferece mais evidências para a alegação de que ele representa a negatividade pura. Se ele tivesse apresentado uma doutrina positiva com um punhado de teses construtivas, elas então teriam sido atraentes para algumas pessoas, mas repelentes para outras. Mas a natureza positiva de suas perspectivas teria invariavelmente tido um efeito limitador sobre o número de seus seguidores. Kierkegaard argumenta que, precisamente por que Sócrates não teve uma doutrina positiva, as pessoas eram livres para ver em seu pensamento aquilo que desejavam[35]. Assim ele pode ser prontamente cooptado por quaisquer perspectivas que uma escola filosófica quisesse promover. Portanto, ainda que Sócrates tenha originado várias escolas filosóficas com diferentes doutrinas positivas, ele mesmo representa o que Kierkegaard, seguindo Hegel, chamou de "negatividade infinita"[36].

VII – Sócrates e Cristo

Na época de Kierkegaard, era uma prática comum comparar Sócrates e seu destino com Cristo. Ambos eram indivíduos eticamente justos, e ambos tinham sido processados legalmente e executados. Havia toda uma literatura sobre essa comparação com a qual Kierkegaard estava familiarizado. Uma das mais importantes era a obra do teólogo alemão Ferdinand Christian Baur, intitulada *Sobre o cristianismo no platonismo: Sócrates e Cristo*, de 1837[37]. Kierkegaard faz várias referências a essa obra em *O conceito de ironia*[38].

---

35. Ibid., p. 215. [Trad. bras.: *O conceito de ironia*. Op. cit., p. 167.]

36. Ibid., p. 216, 218. [Trad. bras.: *O conceito de ironia*. Op. cit., p. 167-168.]

37. BAUR, F.C. *Das Christliche des Platonismus oder Sokrates und Christus* – Eine religionsphilosophische Untersuchung, Tübingen: Ludw. Friedr. Fues, 1837.

38. KIERKEGAARD. *The Concept of Irony*, p. 13-15, 31, 52, 99, 220. [Trad. bras.: *O conceito de ironia*. Op. cit., p. 27-28, 39, 54, 88, 205 (nota 153).]

No Novo Testamento, Cristo é retratado em confronto com os escribas e doutores da lei conhecidos como fariseus, que insistiam na estrita observância das práticas e cerimônias religiosas. Em estudos comparativos como o de Baur, frequentemente se traçava um paralelo entre o conflito de Cristo com os fariseus e o conflito de Sócrates com os sofistas. Kierkegaard faz essa conexão quando diz que "os sofistas são reminiscentes dos fariseus"[39].

Isto nos dá uma importante percepção da significância de Sócrates para Kierkegaard. Inicialmente, não estava claro por que ele estaria tão interessado em Sócrates, um filósofo pagão, se seus objetivos primários tinham algo a ver com uma compreensão e apreciação específica do cristianismo. Aqui a conexão é clara: Sócrates é como Cristo, e os sofistas são como os fariseus. Assim, apesar de Sócrates ser um filósofo pagão, ele apresenta alguns importantes pontos em comum com a mensagem de Cristo que Kierkegaard crê que foram esquecidos. Assim, ao fazer uso de algumas das ideias ou métodos de Sócrates, Kierkegaard acredita que pode trazer alguma luz sobre o que ele considera ser uma compreensão confusa de cristianismo em sua época.

VIII – Andreas Frederik Beck e a primeira resenha de *O conceito de ironia*

Andreas Frederik Beck era estudante na Universidade de Copenhague na mesma época de Kierkegaard. Ele foi influenciado pelo teólogo alemão David Friedrich Strauss, que foi aluno de Hegel em Berlim. Strauss era famoso por seu monumental estudo intitulado *A vida de Jesus criticamente examinada*[40]. Esse trabalho foi controverso no mundo germanófono, pois examinava os textos do Evangelho

---

39. Ibid., p. 213. [Trad. bras.: *O conceito de ironia*. Op. cit., p. 166: "...os *sofistas* recordam os *fariseus*..."]

40. STRAUSS, D.F. *Das Leben Jesu*. Vols. 1-2. Tübingen: C.F. Osiander 1835-1836. [Trad. ingl.: *The Life of Jesus Critically Examined*. Ramsey, NJ: Sigler, 1994 [Trad. de George Eliot; Ed. de Peter C. Hodgson.]

bem detalhadamente e tentava mostrar que as histórias contadas sobre Jesus eram, em grande parte, mitos. O livro custou a Strauss seu cargo na Universidade de Tübingen. Mais tarde, em 1839, depois de a controvérsia aparentemente ter cessado, Strauss foi nomeado para um cargo na Universidade de Zurique, na Suíça. Porém, quando essa notícia veio a público, ela provocou um protesto tão grande que a universidade suíça não pôde prosseguir com sua nomeação e também o destituiu de seu cargo.

Beck estava interessado em trazer a perspectiva de Strauss para a Dinamarca. Na época da dissertação de Kierkegaard em 1841, Beck estava trabalhando em um livro intitulado *O conceito de mito ou a forma do espírito religioso*, que seria publicado no ano seguinte[41]. Beck conhecia Kierkegaard pessoalmente e estava vivamente interessado em *O conceito de ironia*. Durante a defesa pública de uma tese, era possível para as pessoas da audiência fazerem perguntas sobre o trabalho, e Beck foi um desses questionadores. No ano seguinte Beck escreveu uma resenha de *O conceito de ironia*, que foi publicada no periódico *A Pátria*[42].

Hoje reconhecemos *O conceito de ironia* como um importante trabalho para nossa compreensão do mundo moderno. Mas na época ele foi recebido com ceticismo. De fato, todos os cinco membros da banca da dissertação de Kierkegaard reclamaram que o trabalho tinha algumas falhas bem sérias, especialmente no que diz respeito ao estilo. O tom de suas declarações oficiais sobre *O conceito de ironia* soa como se eles estivessem relutantes até mesmo em aprovar o trabalho como uma tese de mestrado, e desejavam que ele tivesse passado por algumas revisões. Quando, porém, Beck resenhou o trabalho, ele parecia ver algo mais nele.

---

41. BECK, A.F. *Begrebet Mythus eller den religiøse Aands Form*. Copenhague: P.G. Philipsen, 1842.
42. BECK, A.F. "[Resenha de] Om Begrebet Ironi, med stadigt Hensyn til Socrates af Søren Kierkegaard". In: *Fædrelandet*, n. 890 e 897, 29/05 e 05/06/1842, colunas 7.133-7.140, 7.189-7.191.

O que Beck viu, e o que lhe permitiu ver, quando outros pareciam cegos a isso?

Beck viu que Strauss estava tentando compreender a vida de Jesus comparando os diferentes relatos dos evangelhos. Onde esses relatos diferiam uns dos outros, era possível levantar questões sobre sua veracidade histórica. Beck viu Kierkegaard usar o mesmo tipo de metodologia em sua tentativa de reconstruir historicamente a figura de Sócrates. Em vez de Mateus, Marcos, Lucas e João, seus evangelhos, por assim dizer, eram Platão, Xenofonte e Aristófanes, que ofereciam, cada um, um retrato diferente de Sócrates. Como Strauss, Kierkegaard tinha que peneirar através de suas fontes para chegar ao Sócrates *real*.

Como seguidor de Strauss, Beck conseguiu ver a importância do tratamento que Kierkegaard deu à história. Ele apreciava a metodologia usada por Kierkegaard de não tratar o conceito abstratamente, mas em seu desenvolvimento histórico concreto. Assim como Kierkegaard, ele sabia que conceitos se desenvolvem e mudam ao longo do tempo. Por causa disso, ele percebeu que a nossa compreensão moderna das coisas era o resultado de um longo período de desenvolvimento que ainda está em curso. Enquanto o mundo antigo aceitava acriticamente as histórias dos evangelhos como verdadeiras, a mente moderna se sente compelida a analisá-las de um modo acadêmico para determinar se elas são ou não verdadeiras. Em outras palavras, a mente moderna quer determinar a verdade por si mesma. Em última instância, isso está em plena consonância com a ênfase que Kierkegaard dá à interioridade e à subjetividade.

Kierkegaard respondeu à resenha de Beck no pós-escrito ao seu artigo "Confissão pública"[43]. Apesar de a avaliação de Beck ser em geral bastante positiva, Kierkegaard é muito sensível às menores críticas, e reage com sátira e ironia a elas. Ele faz objeção ao fato

---

43. KIERKEGAARD. "Public Confession". In: *The Corsair Affair and Articles Related to the Writings*. Princeton: Princeton University Press, 1982, p. 3-12, cf. esp. p. 9-12 [Trad. de Howard V. Hong e Edna H. Hong].

de que o livro de Beck sobre mitologia, que havia sido publicado nesse ínterim, o associa a Strauss e aos hegelianos de esquerda. Estes eram um grupo de pensadores que entendiam Hegel como crítico das crenças religiosas tradicionais e usavam sua metodologia filosófica para tentar destruir o cristianismo. Além de Strauss, escritores influentes como Ludwig Feuerbach e Bruno Bauer também pertenceram a esse grupo. Kierkegaard sempre tentou evitar ser afiliado a grupos e presumivelmente discordava da compreensão predominantemente secular do cristianismo defendida pelos hegelianos de esquerda. Ele queria que *O conceito de ironia* fosse reconhecido como uma obra original, independente e externa a qualquer escola específica de pensamento. Além disso, Kierkegaard reagiu negativamente à reclamação de Beck de que certas referências feitas na obra eram difíceis de entender. Ele sarcasticamente respondeu que, se Beck não conseguiu compreender alguma coisa, isso era uma falha dele e não deveria ser considerada uma crítica ao livro. Apesar do fato de que a resenha de Beck tenha sido tanto positiva quanto perspicaz, Kierkegaard não foi capaz de apreciar os elementos elogiosos dirigidos à sua obra.

IX – O conhecimento como uma espada de dois gumes

Que relevância tem a compreensão de Kierkegaard sobre Sócrates para a vida contemporânea? Temos falado sobre conhecimento, dúvida e valores tradicionais, e muitos desses assuntos se resumem a uma questão fundamental sobre a natureza e o *status* do conhecimento, e seu papel na vida humana. Essa é uma das questões mais antigas em toda a história humana. De fato, é possível vê-la em uma das mais antigas histórias que chegaram até nós: a história da Queda no Gênesis, Antigo Testamento. Ela nos conta que os primeiros seres humanos, Adão e Eva, viviam em um jardim maravilhoso, que lhes proporcionava tudo o que precisavam para satisfazer suas necessidades. Eles estavam em harmonia com a natureza e com o mundo ao seu redor. Mas havia uma coisa que eles não tinham: conhecimento. Viviam em um tipo de beatitude ignorante. Deus lhes diz que podiam desfrutar de tudo o que gostassem no jardim, mas não podiam comer da árvore do conhecimento[44]. Como sabemos, segundo a história, Adão e Eva, seduzidos pela serpente, desafiaram essa proibição, comeram da árvore, e assim obtiveram conhecimento. Subitamente tudo muda, e eles veem o mundo com olhos diferentes. Pela primeira vez percebem que estão nus, e sentem vergonha. Não estão mais em harmonia com o mundo. Em vez de se sentirem em casa no jardim, eles são alijados dele. Deus os pune por violar seu comando, e os expulsa do jardim para o mundo selvagem a "leste do Éden"[45]. O que essa história nos diz é que o conhecimento é uma coisa perigosa. Deus sempre soube disso, e por essa razão disse a Adão e Eva que não comessem daquela árvore. Deus sabia que o conhecimento termina em vergonha, medo e alienação. Uma vez que os humanos tenham dado este passo, não podem voltar atrás. A moral dessa história é que os seres humanos não deveriam ter conhecimento. Eles são mais felizes sem ele.

A história do Gênesis é constantemente reencenada no processo de crescimento e amadurecimento de cada indivíduo. Quando somos crianças, vivemos em harmonia imediata com nossa família, nossa cultura e nossa sociedade. Mas então, ao crescermos, chegamos a um ponto em que naturalmente começamos a questionar certas coisas que aceitávamos sem questionamentos quando éramos jovens. Acabamos por perceber que nossos pais e nossos líderes são de fato falíveis, e que nossa cultura tem seus problemas. Esse conhecimento começa a nos alienar do mundo ao nosso redor. Figuras como Sócrates, Fausto, e Johannes Climacus buscaram o conhecimento dando suas costas às verdades estabelecidas de suas respectivas culturas. Mas essa busca os alienou do mundo. O conhecimento é uma coisa perigosa, e os defensores de valores e instituições tradicionais o temem.

---

44. Gn 2,16-17.
45. Gn 3,24.

Outra perspectiva sobre esse assunto que vem do iluminismo. Segundo essa visão, todos os seres humanos, como diz Aristóteles, desejam, por natureza, saber. Conhecimento é o que nos separa dos animais, e a nossa própria humanidade repousa em nossa habilidade de pensar racionalmente e de examinar nossas crenças criticamente. Como o próprio Sócrates diz: "Uma vida não examinada [racionalmente] não vale a pena ser vivida"[46]. Devido à aquisição de conhecimento, os seres humanos têm a habilidade de remodelar seu ambiente natural para torná-lo mais propício à vida humana, e o conhecimento tornou possível os grandes avanços tecnológicos e sociais da história. Ao longo de toda a história, os seres humanos têm lutado para melhorar as coisas por meio de sua habilidade de adquirir novos conhecimentos. Por exemplo, tem havido grandes avanços em muitos campos diferentes da ciência que contribuíram para melhorar concretamente as vidas das pessoas; esses avanços incluem a erradicação de doenças como varíola e pólio, os avanços em odontologia e anestesiologia, e é possível continuar exemplificando indefinidamente. O propositor dessa visão alega que seria completamente absurdo tentar negar esses avanços, e que todo o peso da história humana sustenta o famoso provérbio de que conhecimento é poder. De acordo com isso, qualquer um que deseje tentar suprimir o conhecimento está cegado por uma superstição retrógrada.

Hoje em dia a maioria de nós provavelmente concorda com essa visão iluminista. Nós lemos livros sobre Søren Kierkegaard para adquirir um novo *conhecimento* que não tínhamos antes. Valorizamos o conhecimento e acreditamos que tê-lo é importante. O volume constantemente crescente de informação disponível gratuitamente na internet é uma evidência de uma forte demanda por ele e de uma cultura que prioriza a sua disseminação. Parece incontroverso pensar que todos deveriam ter a oportunidade de aprender e de adquirir novos conhecimentos.

---

46. PLATO. "Apology". In: *The Last Days of Socrates*. Harmondsworh: Penguin 1954, p. 72 [Trad. de Hugh Tredennick].

Ainda que isso pareça ser muito correto, nosso mundo moderno torna esse quadro bem problemático. O conhecimento é uma espada de dois gumes, e a mesma cultura ocidental que se orgulha de coisas como arranha-céus e vacinas também produziu campos de concentração e armas biológicas. Temos hoje grandes problemas ambientais como o aquecimento global e a destruição da camada de ozônio, que são causados pelos subprodutos da tecnologia humana. Conquanto seja verdade que o conhecimento e a tecnologia tenham nos ajudado a melhorar nosso ambiente, eles estão se revelando igualmente eficientes em destruí-lo.

Até mesmo a questão do acesso aberto ao conhecimento não é isenta de problemas. Eu posso compartilhar conhecimentos sobre o pensamento de Søren Kierkegaard com os leitores deste livro, e não parece haver qualquer problema nisso. Mas alguém pode entrar na internet e encontrar pessoas dividindo conhecimento sobre, por exemplo, como construir uma bomba. Esse tipo de *conhecimento* nos deixa a todos muito preocupados. Ele deveria ser livremente acessível a todos?

Uma vez que seres humanos tenham se lançado na estrada da razão, ciência e tecnologia, não há volta. É uma via de mão única. O gênio está fora da garrafa e não pode ser colocado de volta. Como Kierkegaard diz de seu personagem Johannes Climacus, uma vez que tenha começado a duvidar, e uma vez que tenha iniciado esse processo e se tornado alienado do mundo ao seu redor, ele não pode retornar ao seu estado anterior de inocência. Com considerações desse tipo, podemos começar a ver a questão por trás da história da Queda no Gênesis. O mundo a leste do Éden é perigoso e desconfortável. Igualmente, as histórias de Sócrates, Fausto e Johannes Climacus não são só contos de um passado distante. Ao contrário, são a história do nosso perigoso mundo no século XXI.

4 KIERKEGAARD, HEIBERG E A HISTÓRIA

Em nossos dias, ocasionalmente ouvimos falar sobre o descaso para com os valores tradicionais e sobre a falta de sentido da vida moderna. Por que isso é um problema tão difundido atualmente? No passado se pensava que a Terra era o centro do universo e que tinha sido criada expressamente para a acomodação da raça humana. A humanidade e os indivíduos que a compõem eram a principal preocupação de Deus. As pessoas daquele tempo obviamente estavam bem cientes da doença, do sofrimento e da morte. Mas, em face disso, era um grande conforto pensar que a Terra estava em um lugar absolutamente único e especial pelo qual Deus se interessava pessoalmente. Deus se importava com o destino e os esforços dos indivíduos.

O desenvolvimento histórico e científico alterou essa visão para muitas pessoas. Geólogos hoje nos dizem que um dia a rocha derretida no núcleo da Terra irá se resfriar. A Terra cessará de girar sobre seu eixo e perderá seu campo magnético. Quando isto acontecer, sua atmosfera protetora será dispersada no espaço pelo vento solar, e nessa altura a Terra se tornará inabitável, já que estará diretamente exposta aos perigosos raios do Sol. Os astrônomos nos dizem que, um dia, o Sol começará a ficar sem o combustível que o alimenta, e entrará nos seus estágios finais de vida. Quando isso acontecer, o Sol rapidamente se expandirá, tornando-se uma gigante vermelha; ela então vai engolir e vaporizar a Terra. Nosso amado planeta deixará de existir. Algum tempo depois, o próprio Sol explodirá em um evento chamado Nova. Com isso, nosso sistema solar não mais existirá, e será como se nós nunca tivéssemos existido.

Em contraste com a visão mais antiga, esse quadro oferece pouco conforto. Se a história humana é apenas um episódio efêmero e insignificante em um universo vasto e indiferente, qual é o sentido da minha vida? No palco cósmico dos planetas, estrelas e galáxias, que importância poderiam ter as minhas esperanças, os meus sonhos, os meus esforços e as minhas conquistas? O universo parece ser cruelmente indiferente às coisas que mais me importam pessoalmente. Como Macbeth diz, o som e a fúria de toda a vida humana resulta em nada. Na perspectiva mais ampla, a existência humana é só uma centelha de uma pequena vela.

Essa nova visão pode levar ao niilismo, a crença de que a vida não tem propósito nem sentido. Quando olhamos para as coisas a partir desse ponto de vista, então é fácil adotar uma visão crítica dos eventos e costumes que compõem nossas vidas cotidianas. Pessoas que se levam muito a sério, ou que levam muito a sério as ações em suas vidas, subitamente parecem ter perdido o rumo. Parecem correr atrás de objetivos banais em suas vidas banais, sempre fingindo que estão conquistando algo grandioso e monumental. Não conseguem ver que, no fim, todos os seus esforços resultam em nada. Esta é a perspectiva do niilista moderno.

Kierkegaard preocupou-se com o problema da falta de sentido da vida, que ele considerava um importante fenômeno moderno que deve ser levado a sério. A segunda parte de *O conceito de ironia* aborda as diferentes formas do que ele chama de "ironia moderna". As posições que ele examina nesse contexto são muito semelhantes às daquilo que agora chamamos de niilismo moderno. Agora, então, consideraremos essa análise para ver que ideias ela pode oferecer diante do problema moderno da ausência de sentido no nosso mundo do século XXI.

I – A introdução de Kierkegaard à parte dois

Na introdução da parte dois de *O conceito de ironia*, Kierkegaard reitera que o objetivo da obra é examinar o desenvolvimento da ironia em suas formas históricas. Como ele salientou na Introdução ao livro[1], dois elementos são necessários para esta análise: primeiro, a ideia ou conceito de ironia, e segundo, sua manifestação real no mundo[2]. Por um lado, precisamos do conceito para que possamos reconhecer casos específicos dela. Sem o conceito de ironia em nossas mentes, seria impossível para nós determinarmos casos concretos de ironia no mundo. Por outro lado, também precisamos do fenômeno empírico da ironia, pois sem ele nosso conceito ou ideia de ironia iria simplesmente pairar no ar e não teria contato com o mundo real. Então Kierkegaard afirma que devemos continuar a operar com o conceito de ironia, mas devemos estar atentos aos seus casos específicos na realidade. Os dois aspectos estão entrelaçados: o conceito é definido pelo fenômeno e o fenômeno pelo conceito.

O primeiro fenômeno da ironia que Kierkegaard explorou na primeira parte da obra foi, é claro, o de Sócrates. Ele usou a ironia e introduziu a noção de subjetividade no mundo. Segundo Kierkegaard, que segue Hegel nesse ponto, ela marcou um grande passo no desenvolvimento do pensamento humano. Depois de Sócrates, a ideia de subjetividade não desapareceu simplesmente. Ao contrário, ela consagrou-se, e no decorrer do tempo tornou-se cada vez mais importante. As pessoas começaram a perceber a significância e o valor da subjetividade em comparação com o costume e a tradição.

Kierkegaard diz agora que, no mundo moderno, uma nova forma de ironia é introduzida, mas não é idêntica à ironia socrática. Desde a época de Sócrates, a subjetividade teve muitos séculos para se desenvolver. O mundo moderno aceita o papel da subjetividade, e nisso ele se difere dos antigos gregos, que, com a exceção de Sócrates, a rejeitaram. Então, quando a ironia surge no mundo moderno, ela

---

1. KIERKEGAARD. *The Concept of Irony*. Princeton: Princeton University Press, 1989, p. 9-12 [Trad. de Howard V. Hong e Edna H. Hong]. [Trad. bras.: *O conceito de ironia*. Petrópolis: Vozes, 1991, p. 23-26 [Trad. de Álvaro Valls].]
2. Ibid., p. 241ss. [Trad. bras.: *O conceito de ironia*. Op. cit., p. 209ss.]

o faz em um contexto inteiramente diferente, com um ponto de partida inteiramente diferente. Em cada caso, a ironia é uma afirmação da subjetividade. Mas já que no mundo moderno a subjetividade já está estabelecida, ela deve afirmar-se de uma maneira ainda mais radical. Kierkegaard escreve: "Para um modo novo de ironia ser capaz de surgir agora, ele deve resultar de uma afirmação da subjetividade em uma forma ainda mais alta. Ele deve ser subjetividade elevada à segunda potência, uma subjetividade da subjetividade, que corresponde à reflexão da reflexão"[3].

Kierkegaard associa a ironia moderna com o movimento do romantismo alemão, que é representado por figuras como Friedrich von Schlegel, Ludwig Tieck e Karl Wilhelm Ferdinand Solger. Cada uma dessas três figuras tentou empregar a ironia em sua área específica. Kierkegaard também observa que Hegel fez uma crítica importante aos românticos, e deseja levá-la em consideração em sua própria análise. É para essas formas de ironia moderna que nos voltamos agora.

II – O romantismo alemão

O romantismo alemão é um movimento intelectual difícil de definir em poucas palavras, pois é muito diversificado e contém muitos elementos diferentes. Geralmente se pensa que o romantismo é o movimento que surgiu na França, Inglaterra e nos estados alemães na segunda metade do século XVIII como reação ao iluminismo. Enquanto o iluminismo enfatizava a faculdade da razão para criticar a Igreja e a monarquia absoluta, o romantismo enfatizava o sentimento e a emoção. O iluminismo era considerado a força politicamente progressiva na época, que erradicava a superstição e

---

3. Ibid., p. 242. [Trad. bras.: *O conceito de ironia*. Op. cit., p. 212: "Se doravante deve ser possível que se mostre uma nova forma de aparição da ironia, isso tem de acontecer de maneira que a subjetividade se faça valer em uma forma ainda mais alta. Tem de existir *uma segunda potência da subjetividade*, uma subjetividade da subjetividade, correspondente à reflexão da reflexão".]

as práticas e instituições obsoletas. Mas as principais figuras do romantismo perceberam algo de abstrato e estéril no iluminismo.

A faculdade da razão é algo compartilhado por todos. O progresso na ciência e na matemática depende de evidência objetiva e de provas. Cientistas são capazes de, pelo menos em teoria, avaliar a verdade ou a falsidade baseados em critérios puramente racionais, sem consideração pelas suas preferências e preconceitos individuais. Todos somos capazes de compreender a matemática do mesmo jeito, já que todos nós possuímos a faculdade da razão. Em certo sentido, minha opinião sobre essas coisas não importa, pois elas são verdadeiras independentemente de mim. Posso reconhecer sua verdade quando emprego minha razão. Segundo os românticos, isso significa que para compreender algo eu preciso, de fato, abstrair-me de mim mesmo. Na minha faculdade racional, não há nada de especial ou único sobre mim como uma pessoa específica. Ao contrário, isso é o que eu compartilho com todo mundo. Os românticos argumentam que é apenas no sentimento e na emoção que meu verdadeiro eu emerge realmente. Só eu tenho o conjunto específico de sentimentos que possuo em qualquer ponto no tempo. Isso é o que define minha subjetividade e é o que deveria ser cultivado. A adulação da razão pelo iluminismo, pensavam eles, ignora o indivíduo compreendido dessa maneira.

Os românticos, portanto, tentaram opor-se ao iluminismo celebrando a individualidade. Isso significava criticar a ênfase do iluminismo na ciência e na razão. Também significava a rejeição dos diversos tipos de conformismo na sociedade. Portanto, eles empreenderam um ataque agressivo à vida e aos valores burgueses. Friedrich von Schlegel, por exemplo, escreveu um livro intitulado *Lucinde*, com o qual chocou a sociedade de classe média da época com suas alusões a atos sexuais livres fora do casamento. Os românticos sonhavam com um mundo em que cada indivíduo pudesse expressar seu verdadeiro eu. Em sua crítica do iluminismo e da sociedade em geral, os românticos frequentemente usavam a ironia.

O romantismo também foi uma tendência importante na Dinamarca durante a época de Kierkegaard. O filósofo dinamarquês Henrik Steffens viajou pela Prússia e pelos estados alemães de 1798 a 1802, e permaneceu por um longo período em Jena, o centro mais importante do movimento romântico alemão naquela época. Ele se encontrou pessoalmente com August Wilhelm von Schlegel, Friedrich von Schlegel, Ludwig Tieck, Novalis, Goethe, Schiller e Fichte. Após retornar a Copenhague em 1802, ele deu início a uma série de preleções na Faculdade Ehler, com as quais introduziu as obras dos românticos alemães na Dinamarca. Essas preleções foram frequentadas por alguns dos nomes mais ilustres da Era de Ouro. A partir daquele momento, o romantismo desempenhou um papel importante na literatura, na arte, na filosofia e no pensamento religioso dinamarqueses.

III – As "Observações para orientação", de Kierkegaard

Os românticos enfatizavam diretamente o valor e a integridade do indivíduo. A ironia é algo que separa os indivíduos e solapa o conjunto da sociedade. Por que é assim? Kierkegaard salienta que o uso da ironia como ferramenta estratégica é uma ação que requer cuidadosa reflexão. O ironista percebe a forma como a maioria das pessoas usa a linguagem e astutamente introjeta a ironia na conversa. Kierkegaard afirma que há "uma certa superioridade"[4] nisso, no ironista se considerar mais esperto do que a pessoa comum, e no seu uso da linguagem (com ironia) ser mais sutil e sofisticado do que o falar cotidiano comum. O ironista se alegra em usar a ironia para então esperar para ver quem a percebe na conversa. Ele se alegra especialmente quando outras pessoas não conseguem percebê-la e pensam que ele está expressando diretamente suas opiniões. Ele se sente superior a

---

4. Ibid., p. 248. [Trad. bras.: *O conceito de ironia*. Op. cit., p. 216: "...*uma certa nobreza*..."]

elas. O ironista moderno é crítico da vida burguesa e gosta de criticá-la. Ele menospreza as outras pessoas que considera como irrefletidamente aprisionadas nas pequenas coisas desse tipo de vida. Diferentemente delas, ele acredita que só ele vê o vazio da existência burguesa e tem a coragem de expor suas falhas. Essa disposição separa o ironista da maioria das outras pessoas. Ele não se considera como parte da média, o que significaria solapar sua individualidade, mas sim como um solitário, um forasteiro. Essa é, aos seus olhos, a única vida autêntica.

O objetivo da ironia moderna é, em certo sentido, o mesmo da ironia socrática: expor as pessoas que são autocomplacentes ou excessivamente confiantes. O ironista finge concordar ao lidar com tais pessoas, mas o tempo todo ele, sutil e indiretamente, solapa suas afirmações e disposições arrogantes com a ironia. Desse jeito, o ironista, que pode estar em uma posição social menos respeitável, pode contudo provar-se superior às pessoas que são geralmente consideradas os pilares da sociedade burguesa. O ironista assim tem especial prazer em enganar as pessoas que são louvadas ou que ocupam posições de prestígio na vida.

A maioria das pessoas está presa a certos costumes e convenções da sociedade que determinam suas ações. O ironista, ao contrário, rejeita todos esses costumes e convenções estabelecidos. Ele se considera livre deles, pois consegue ver além das suas fachadas de legitimidade. Ele sabe que as convenções sociais não são aplicáveis fora da sociedade que as exige, e considera tais exigências arbitrárias. Nas palavras de Kierkegaard, "a realidade perde sua validade" para o ironista[5]. Já que ele enxerga além de tais práticas costumeiras, é livre para ignorá-las e agir como lhe aprouver. Kierkegaard descreve isso usando a expressão "liberdade subjetiva", de Hegel, e escreve: "O aspecto saliente da ironia é a liberdade subjetiva que a todo tempo tem em seu poder a possi-

---

5. Ibid., p. 253. [Trad. bras.: *O conceito de ironia*. Op. cit., p. 220: "a realidade efetiva perde em tais instantes sua validade para ele".]

bilidade de começar e não é lesada por situações prévias"⁶. Quase todo o nosso comportamento segue o padrão de comportamentos e situações prévios, e esse comportamento é governado por costumes e tradições, já que o ironista não acredita neles, ele é livre para começar de novo, ou *ex nihilo*, a cada momento. Ele é subjetivamente livre quando age baseado em suas próprias decisões e inclinações, e não de acordo com algum critério que vem de fora, ou seja, o costume ou a tradição.

Kierkegaard descreve muitas formas diferentes de ironia, mas a forma-chave é a que ele chama "ironia no sentido eminente"⁷. Alguém pode ser irônico sobre coisas específicas que desaprova em sua cultura. Dessa forma, aponta-se a ironia para um alvo específico como, por exemplo, uma instituição corrupta ou um indivíduo hipócrita. Mas a ironia em sentido eminente não se volta apenas contra algo específico, mas contra toda uma cultura ou modo de vida. Na perspectiva de Kierkegaard, os românticos alemães não queriam apenas criticar elementos específicos da vida burguesa e manter o resto, mas queriam solapar a sociedade como um todo. Ele afirma que essa forma de ironia "é dirigida não contra esta ou aquela entidade existente particular, mas contra toda a realidade dada em certo tempo e sob certas condições"⁸. Ele toma emprestada uma frase de Hegel e se refere a essa forma de ironia como "negatividade infinita absoluta"⁹. A ironia é, por sua própria natureza, algo que critica ou que *nega* alguma coisa. Essa forma de ironia é *infinita*, pois não se satisfaz em criticar ou negar so-

---

6. Ibid. [Trad. bras.: *O conceito de ironia*. Op. cit., p. 220: "Mas o que, nestes casos e em outros semelhantes, aparece na ironia, é a *liberdade subjetiva*, que a cada instante tem em seu poder a *possibilidade de um início*, e não se deixa constranger por relações anteriores".]

7. Ibid., p. 254. [Trad. bras.: *O conceito de ironia*. Op. cit., p. 221: "a *ironia sensu eminentiori* (no sentido mais elevado, mais próprio)".]

8. Ibid. [Trad. bras.: *O conceito de ironia*. Op. cit., p. 221: "...não se dirige contra este ou aquele existente individual, ela se dirige contra toda a realidade dada em uma certa época e sob certas condições".]

9. Ibid., p. 254, 259, 261. [Trad. bras.: *O conceito de ironia*. Op. cit., p. 222, 226.]

mente coisas específicas finitas, mas quer criticar tudo. Ela é *absoluta* no sentido de que considera tudo que critica como mera convenção finita. O ironista moderno, como os sofistas, considera todas as verdades relativas. Elas são arbitrárias e não são fundamentadas em nada mais do que no costume. Contrastando com isso, a própria posição do ironista é absoluta. De fato, ela é o único absoluto que diz que não existem absolutos e que toda verdade é relativa[10].

Kierkegaard percebe uma estranha convergência entre a crença religiosa e a ironia moderna. À primeira vista, pode-se pensar que essas duas visões são exatamente o oposto uma da outra, já que a religião representa uma parte das tradições e convenções da sociedade que o ironista tenta constantemente solapar. Mas Kierkegaard nos convida a olhar mais de perto. Ele nos lembra as palavras do Eclesiastes: "tudo é vaidade"[11]. Esta perspectiva diz que todos os assuntos da vida humana são vãos e transitórios em comparação com o que é realmente importante, ou seja, Deus. A ironia chega à mesma conclusão sobre o âmbito mundano da sociedade humana. Ela aceita que tudo seja vaidade, mas não porque acredita que Deus seja o absoluto. Em vez disso, seu absoluto é que não existem absolutos. Tanto a crença religiosa quanto a ironia moderna observam a maioria das atividades humanas a partir de uma perspectiva absoluta, que as faz rejeitá-las. Elas concordam que tudo é vaidade, mas a crença religiosa conclui que o mundo é vão porque carece do absoluto divino, enquanto o ironista moderno conclui que ele é vão porque não existem absolutos. O interessante, porém, é que tanto a disposição do piedoso crente religioso quanto a do ironista os separam da sociedade comum na vida diária e no mundo, que nenhum deles leva a sério. Apesar do niilismo do ironista moderno parecer o oposto da fé do crente religioso, isso parece, de modo estranho, ser um caso em que os opostos convergem. Como o crente religioso, o ironista acredita que sua verdade o liberta especificamente da tirania do costume, da tradição, e da hipocrisia no mundo.

---

10. Ibid., p. 261. [Trad. bras.: *O conceito de ironia*. Op. cit., p. 226-227.]
11. Ibid., p. 257. Ecl 1,2. [Trad. bras.: *O conceito de ironia*. Op. cit., p. 224.]

IV – *Sobre a significância da filosofia para o tempo presente*, de Johan Ludvig Heiberg

Uma figura importante para o jovem Kierkegaard durante seus dias de estudante na Universidade de Copenhague foi um homem chamado Johan Ludvig Heiberg. Heiberg veio de uma família intelectual, e foi um importante poeta, dramaturgo e crítico literário na Dinamarca nas décadas de 1830 e 1840[12]. Quando criança, ele viveu por um tempo na chamada Casa da Colina, que pertenceu ao erudito literário Knud Lyne Rahbek, amigo íntimo de seu pai, Peter Andreas Heiberg, que tinha sido exilado do reino dinamarquês. O lar de Rahbek era reconhecido como um dos grandes salões literários da Copenhague da Era de Ouro, e por isso proporcionou a Heiberg a oportunidade de se encontrar com muitos escritores e figuras importantes da cultura naquele período.

Johan Ludvig Heiberg (1791-1860).

---

12. Cf. FENGER, H. *The Heibergs*. Nova York: Twayne, 1971 [Trad. de Frederick J. Marker].

Quando já estava mais velho, Heiberg foi a Paris, onde estudou o vaudeville francês, o qual levou ao palco do Teatro Real em Copenhague quando retornou. Ele foi o editor de um importante periódico sobre estética e crítica da época, o *Kjøbenhavns flyvende Post*, ou *Correio voador de Copenhague*. Foi nesse periódico que Kierkegaard publicou seus primeiros artigos. A esposa de Heiberg, Johanne Luise Heiberg, era a principal atriz da época, e o artigo de Kierkegaard "A crise e uma crise na vida de uma atriz" é dedicado a uma análise de seu trabalho. A mãe de Heiberg, Thomasine Buntzen, conhecida como Madame Gyllembourg, era uma romancista famosa, e a obra de Kierkegaard, *Uma resenha literária*, discute seu romance *Duas eras*[13].

Os muitos interesses de Heiberg também incluíam a filosofia, que ele usava, entre outras coisas, para tentar fundamentar sua teoria da estética. A orientação filosófica de Heiberg veio de sua experiência com a filosofia de Hegel. Ele aprendeu sobre Hegel quando trabalhava como conferencista na Universidade de Kiel, e ficou tão interessado pelo que leu que voltou a Berlim em 1824 para frequentar suas preleções. Esse foi um período empolgante na Universidade de Berlim, quando o poder de Hegel estava no auge, e ele estava cercado por um grande número de alunos que o adoravam, que vinham de toda a Europa. O encontro pessoal de Heiberg com Hegel foi uma das grandes revelações de sua vida.

Heiberg retornou a Copenhague e começou uma campanha para introduzir a filosofia de Hegel aos seus conterrâneos[14]. Como parte dessa campanha, ele pretendia dar uma série de palestras particulares sobre o tema. Para anunciá-las, ele publicou um pequeno texto em março de 1833, intitulado *Sobre a significância da filosofia*

---

13. Para uma exposição geral útil das contribuições da Família Heiberg na Era de Ouro da Dinamarca, cf. FENGER, H. *The Heibergs*. Op. cit.

14. Para uma exposição geral sobre as tentativas de Heiberg de introduzir a filosofia de Hegel na Dinamarca, cf. STEWART, H. *A History of Hegelianism in Golden Age Denmark* – Tomo I: The Heiberg Period: 1824-1836. Copenhague: C.A. Reitzel, 2007 [*Danish Golden Age Studies*, vol. 3].

para a presente era. Esse trabalho apresentava alguns dos fundamentos da filosofia de Hegel e fazia um convite para alunos interessados inscreverem-se nas palestras.

Heiberg começa o tratado afirmando que a era presente está em um estado de crise. Segundo sua teoria hegeliana, há diferentes períodos ou épocas da história, e cada um tem seus próprios valores, tradições e cosmovisões. Cada período oferece às pessoas da época um quadro estável de realidade que elas podem usar para entender o mundo e suas vidas. Contudo, de tempos em tempos, à medida que a história se desenvolve e aparecem novos modos de pensar e novas descobertas científicas, os pontos de orientação estáveis de um dado período começam a ruir. Então começa um período de crise, que resulta no colapso da cosmovisão reinante. Nessa crise, as pessoas começam a sentir-se em dúvida e ansiosas, já que sua velha compreensão do mundo se apoia sobre bases cada vez mais enfraquecidas.

Heiberg identifica sua própria época entre esses períodos de transição. No despertar dos tumultos causados pelo iluminismo no fim do século XVIII, as pessoas perderam suas crenças nas instituições e nas práticas tradicionais. O iluminismo criticou o poder monárquico que dominava a Europa por séculos, e rejeitou crenças religiosas tradicionais como superstição. Segundo Heiberg, o resultado foi subjetivismo, relativismo, e niilismo. As pessoas não sabiam mais em que acreditar. Ele diz que uma crise semelhante ocorreu durante o Império Romano, quando as instituições de eras passadas continuaram a existir após terem deixado de ser úteis ou relevantes. Ele escreve que elas eram "como um fantasma de eras passadas, que perderam todo o sentido no presente"[15]. Nessa condição, as pessoas "sentiam-se abandonadas por

---

15. HEIBERG, J.L. "On the Significance of Philosophy for the Present Age". In: *Heiberg's on the Significance of Philosophy for the Present Age and Other Texts*. Copenhague: C.A. Reitzel's, 2005, p. 90 [Ed. e trad. de Jon Stewart] [*Texts from Golden Age Denmark*, vol. 1].

todos os deuses... pois todo o mundo dos deuses estava morto"[16]. Sua discussão sobre o mundo romano tem a clara intenção de ser uma analogia da sua própria época, na qual ele acredita que as perspectivas tradicionais sobre a religião, a arte e a filosofia se tornaram amplamente irrelevantes. Sua cultura deve urgentemente encontrar uma solução antes que ela colapse em um total relativismo e niilismo. Esse é, para Heiberg, o grande desafio da época.

V – "A validade histórico-universal da ironia", de Kierkegaard

O capítulo de Kierkegaard, "A validade histórico-universal da ironia", assume a compreensão de Heiberg do desenvolvimento da história por períodos de estabilidade e crise. Ele segue Heiberg ao afirmar que as cosmovisões de cada período da história são transitórias e mutáveis. Ele escreve: "A realidade dada em certa época é a realidade válida para a geração e para os indivíduos naquela geração"[17]. Mas então, quando a velha cosmovisão deixa de ser plausível, "essa realidade deve ser substituída por outra realidade, e isso deve ocorrer através de, e por, indivíduos e pela geração"[18]. Assim como Heiberg, Kierkegaard conclui que as mudanças nas cosmovisões ocorrem com os indivíduos deixando de acreditar nos elementos-chave que sustentam a cultura comum.

Ele tenta compreender o uso da ironia historicamente, em épocas em que uma dada cosmovisão está em crise. Em vez de falar sobre uma cosmovisão de um povo ou período específico, Kierkegaard usa as palavras "existência" e "realidade" para captar isso. Ele explica a situação de uma pessoa que usa a ironia em um tempo

---

16. Ibid., p. 91.
17. KIERKEGAARD. *The Concept of Irony*. Op. cit., p. 260. [Trad. bras.: *O conceito de ironia*. Op. cit., p. 225: "A realidade dada a uma certa época é a válida para a geração e os indivíduos na geração".]
18. Ibid., p. 260. [Trad. bras.: *O conceito de ironia*. Op. cit., p. 225: "...é preciso que esta realidade seja desalojada por uma outra realidade, e isso tem de acontecer através de e com os indivíduos e a geração".]

em que as tradições e valores da cultura estão começando a ruir. Em tal situação "toda a existência se tornou alienada para o sujeito irônico, e o sujeito irônico, por sua vez, alienado para a existência", e, consequentemente, "a realidade perdeu sua validade para o sujeito irônico"[19]. O uso da ironia é resultado de um senso de alienação das tradições e valores comuns. O ironista é capaz de ver que essas tradições e valores não têm fundamentos firmes e não têm mais credibilidade. Quando isso diz respeito a muitos aspectos diferentes da cultura de alguém, então este alguém subitamente se sente alienado de tudo ou da "realidade" de seu tempo.

Kierkegaard ressalta que há dois aspectos desse desenvolvimento: "o novo deve avançar", e "o velho deve ser substituído"[20]. Há pessoas em qualquer época de crise que percebem a crise muito claramente. Kierkegaard segue Heiberg nesse ponto, pois Heiberg separa os intelectuais da época das massas comuns, afirmando que as grandes mentes do período são as que conduzem a vanguarda da humanidade para fora da crise e para dentro da nova era. Eles têm alguma intuição sobre o novo período que emergirá da crise. Isso é o que Kierkegaard descreve como o "indivíduo profético"[21]. Heiberg os chama de pessoas "educadas" ou "cultas", e em sua própria época ele identifica duas figuras como os líderes da humanidade, conclamando todos a abraçar uma nova cosmovisão: Goethe e Hegel.

Para Kierkegaard, o ironista é aquele que percebe claramente a crise presente. Mas o ironista não tem uma imagem clara do que o futuro trará. Ele só tem intuições vagas. Portanto, seu objetivo é menos construir o futuro do que expor as contradições do presente. O ironista aponta para o futuro sem saber exatamente o que ele tra-

---

19. Ibid., p. 259. [Trad. bras.: *O conceito de ironia*. Op. cit., p. 224: "...*toda a existência* se tornou estranha ao sujeito irônico e este por sua vez se torna estranho à existência, que o próprio sujeito irônico, na medida em que *a realidade* perdeu sua validade para ele...".]

20. Ibid., p. 260. [Trad. bras.: *O conceito de ironia*. Op. cit., p. 226: "...o novo deve vir à luz, por outro lado, o velho deve ser desalojado".]

21. Ibid. [Trad. bras.: *O conceito de ironia*. Op. cit., p. 226.]

rá[22]. Kierkegaard segue o que Heiberg descreve no começo de *Sobre a significância da filosofia para a época presente*, quando ele fala sobre a cultura comum dirigindo seus esforços "poderosamente adiante em múltiplas direções" sem que ninguém realmente saiba para onde ela levará[23].

Kierkegaard fala sobre o ironista como "um sacrifício que o processo do mundo requer"[24]. Com isso, ele quer dizer que em qualquer época de crise haverá pessoas que usam a ironia para tentar se separar da estrutura decadente do presente. Os profetas da nova era não são honrados em seu próprio tempo, pois eles encontram resistência dos membros menos perceptivos de suas culturas que ainda estão envolvidos pela tradição. Tais pessoas serão invariavelmente alvo de ressentimento e desdém dos seus contemporâneos que tentam agarrar-se com firmeza à estrutura do presente. Consequentemente, tais ironistas proféticos são frequentemente sujeitos à perseguição.

Kierkegaard descreve o ironista como "negativamente livre"[25] no sentido de ser livre das demandas comuns do costume e da tradição. De fato, o ironista considera o resto da sociedade escravos não reflexivos dos padrões costumeiros de comportamento. Ele se sente liberto por acreditar que não é mais sujeito a tais coerções da sociedade, e que um vasto universo de possibilidades permanece aberto. Ele pode vestir-se, falar e agir como quiser, sem dar atenção às normas sociais. Isso encoraja a sua intuição de que algo de novo está em curso, no processo de substituição dos antigos modos de ser.

O ponto-chave para Kierkegaard é que o ironista deve sentir essa noção de liberdade em face da ordem estabelecida das coisas.

---

22. Ibid., p. 261. [Trad. bras.: *O conceito de ironia*. Op. cit., p. 226.]
23. *Heiberg's On the Significance of Philosophy for the Present Age and Other Texts*, p. 87.
24. KIERKEGAARD. *The Concept of Irony*. Op. cit., p. 261. [Trad. bras.: *O conceito de ironia*. Op. cit., p. 226: "uma vítima exigida como sacrifício pelo desenvolvimento do mundo".]
25. Ibid., p. 262. [Trad. bras.: *O conceito de ironia*. Op. cit., p. 227.]

Ele escreve: "Face a face com a realidade dada, a subjetividade sente seu poder, sua validade e sentido"[26]. Isso é o que Hegel mencionou como "liberdade subjetiva". Deve-se perceber o absoluto e irredutível valor do indivíduo. Essa percepção advém gradualmente de um processo de desenvolvimento histórico. Nossa compreensão do que os seres humanos são como indivíduos mudou radicalmente ao longo do tempo, e o princípio da liberdade subjetiva veio a ser percebido. Isso leva Kierkegaard a concluir: "Enquanto esta ironia for justificada universal e historicamente, a emancipação da subjetividade é efetivada a serviço da ideia"[27]. Assim, para Kierkegaard, a questão da ironia não é simplesmente zombar das pessoas ou empreender a ironia pela própria ironia. Em vez disso, a justificação para a ironia, em uma perspectiva histórica, é que ela é usada para enfatizar e desenvolver o princípio da liberdade subjetiva. Ela está "a serviço" dessa ideia. Essa era a missão de Sócrates. De fato, a interpretação de Hegel é que Sócrates foi o primeiro a começar a desenvolver historicamente a liberdade subjetiva.

VI – A crítica de Kierkegaard a Hegel sobre a ironia socrática e a romântica

Hegel contrasta a ironia socrática com a ironia dos românticos alemães, e aqui vemos uma ideia-chave por trás da obra de Kierkegaard. Hegel ressalta que, ainda que os românticos alegassem que Sócrates era sua inspiração, seu uso da ironia era significativamente diferente do que o filósofo grego fazia. Hegel associa a ironia romântica ao escritor Friedrich von Schlegel, ao filólogo Friedrich Ast e ao filósofo Johann Gottlieb Fichte, os quais são todos discutidos por

---

26. Ibid., p. 263. [Trad. bras.: *O conceito de ironia*. Op. cit., p. 228: "A subjetividade *sente* a si mesma frente à realidade, sente a sua própria força, sua validade ou significação".]

27. Ibid. [Trad. bras.: *O conceito de ironia*. Op. cit., p. 228: "Contanto que esta ironia esteja justificada historicamente, a libertação da subjetividade é empreendida ao serviço da ideia..."]

Kierkegaard em sua obra[28]. Segundo Hegel, esses autores desejam usar a ironia como uma ferramenta puramente negativa para derrubar qualquer ideia, costume, crença, instituição ou tradição que não seja do agrado deles. Em outras palavras, a ironia pode ser usada a serviço do relativismo ou do niilismo para criticar toda e qualquer coisa. Os românticos estenderam o princípio socrático a um princípio universal[29]. Porém, para Hegel, o objetivo de Sócrates não era destruir pelo puro prazer de destruir, mas para alcançar a verdade.

Para Hegel, é um erro entender Sócrates como o originador desse tipo de ironia[30]. É verdade que Sócrates enfatizou o indivíduo e a subjetividade, mas esta era muito diferente da compreensão de subjetividade nos românticos. Hegel vê os românticos como relativistas cujos ataques à tradição são quase todos motivados pela gratificação de seus egos. Hegel imagina um defensor dessa posição dizendo: "Sou eu quem, por meio de meus pensamentos educados, posso anular todas as determinações do direito, da moralidade, do bem etc., porque sou claramente o mestre deles, e sei que, se qualquer coisa me parece boa, posso facilmente subvertê-la, porque as coisas são verdadeiras apenas para mim na medida em que me agradam agora"[31]. O romântico pode então mudar sua visão a vontade quando ela não lhe agradar mais.

Conquanto seja verdade que, para Sócrates, o indivíduo deve alcançar a verdade por si mesmo, isto não significa que a verdade seja algo arbitrário ou relativo para cada indivíduo. Não se justifica um gozo autocomplacente de uma verdade privada às custas de uma verdade publicamente aceita. Sócrates não acredita de forma arrogante que suas visões são superiores àquelas das outras pessoas. Diferente

---

28. HEGEL. *Lectures on the History of Philosophy*. Vols. 1-3. Londres: K. Paul, Trench, Trübner, 1892-1896 [Lincoln/Londres: University of Nebraska Press, 1955, vol. 1, p. 400] [Trad. de E.S. Haldane].

29. Ibid.

30. Ibid., p. 401.

31. Ibid., p. 400ss.

dos românticos, ele não zomba abertamente dos costumes e das tradições. Hegel então conclui que a ironia de Sócrates é um "modo de discursar, uma confraternização prazerosa"[32] ou, na tradução da citação que Kierkegaard faz em *O conceito de ironia*, "um modo de conversação, gracejo sociável"[33]. Isto se coloca em contraste com o "riso satírico ou fingimento" dos românticos, que trata tudo como se "fosse nada além de uma piada"[34].

Kierkegaard ressalta que Hegel geralmente é um crítico bem consistente da ironia, especialmente em sua forma moderna tal como é empregada pelos românticos alemães; com efeito, Hegel é altamente polêmico quando trata de figuras como Friedrich von Schlegel. Kierkegaard parece ter uma avaliação mista dessa posição. Por um lado, ele concorda com a crítica de Hegel, que vê essas figuras como relativistas, e considera que Hegel prestou um serviço importante ao criticá-los. Ele escreve: "É um dos grandes méritos de Hegel que ele tenha interrompido, ou pelo menos tenha desejado interromper, os filhos pródigos da especulação em seu caminho para a perdição"[35]. Mas, por outro lado, ele pensa que a animosidade de Hegel para com os românticos faz com que ele dê pouca atenção aos méritos da ironia em geral. Kierkegaard pensa que, já que Hegel não tem qualquer paciência para com a ironia romântica, ele é incapaz de distingui-la de outras formas de ironia. Em suma, Hegel ajunta todas as formas de ironia em uma só ideia negativa, a qual se põe a criticar. Kierkegaard pensa que a descrição que Hegel faz da ironia como "um modo de conver-

---

32. Ibid., p. 402.
33. KIERKEGAARD. Op. cit., p. 267. [Trad. bras.: *O conceito de ironia*. Op. cit., p. 231: "uma maneira de conversação, uma animação social ou mundana".]
34. HEGEL. *Lectures on the History of Philosophy*. Op. cit. Vol. 1, p. 402.
35. KIERKEGAARD. *The Concept of Irony*. Op. cit., p. 265. [Trad. bras.: *O conceito de ironia*. Op. cit., p. 230: "Um dos maiores méritos de Hegel consiste em ter detido, ou pelo menos ter tentado deter os filhos perdidos da especulação em seu caminho de perdição".]

sação, gracejo sociável"[36] é equivocada, e não é capaz de reconhecer o sentido mais profundo do uso que Sócrates faz da ironia.

Em outras palavras, para Hegel o objetivo da ironia de Sócrates era simplesmente dar início a uma discussão que levaria a uma determinação do conceito ou do universal. Contudo, como mencionado acima, Hegel é crítico em relação a Sócrates por ele nunca ser capaz de determinar o universal ou de construir algo positivo. Para Kierkegaard, porém, a importância de Sócrates era precisamente ser a total negatividade. Seu objetivo não era construir alguma coisa, mas negar.

É importante avaliar o quanto a posição de Kierkegaard é contraintuitiva aqui. Normalmente, se há um problema, nosso instinto imediato é tentar resolvê-lo. Se há uma questão envolvendo um conceito, então nosso objetivo é tentar defini-lo. Ficamos desconfortáveis ao permanecer em uma situação incerta, com problemas não resolvidos. Queremos naturalmente resolvê-los. Mas a posição de Kierkegaard é justamente o oposto. Para Kierkegaard, resolver algo ou construir algo não é benéfico para o indivíduo; antes, pode ser um terrível desserviço. Se alguém cura a dúvida ou ameniza a dor do niilismo fornecendo uma resposta, rouba-se do indivíduo a sua própria responsabilidade subjetiva de buscar a verdade. Isso é ainda pior se o que se constrói e se apresenta como verdade nem mesmo é verdadeiro. Isso é o que Kierkegaard considerava que os sofistas estavam fazendo na época de Sócrates, e o que ele considerava que os sacerdotes e os acadêmicos estavam fazendo em sua própria época. O Sócrates de Kierkegaard é negativo, ou seja, em certo sentido, um "niilista", mas tudo bem: isso liberta o sujeito para buscar a verdade subjetivamente. A diferença crucial entre o Sócrates de Kierkegaard e os românticos de Kierkegaard é que Sócrates não interrompe a busca ou inventa a verdade cinicamente, como fazem os românticos.

---

36. Ibid., p. 267. [Cf. nota 33.]

VII – A crítica de Kierkegaard a Hegel sobre a história e sobre Sócrates

O conceito de ironia tenta rastrear historicamente o uso da ironia para entender como e quando ela surgiu e como se desenvolveu ao longo do tempo. Hoje, esse tipo de estudo seria incluído no tópico "história das ideias." A obra de Kierkegaard é de certa forma um híbrido. Por um lado, não é um trabalho puramente histórico, pois Kierkegaard não está interessado na história *per se*; não está em busca de reis, guerras, expedições de descobrimento e coisas do tipo. Por outro lado, também não é uma obra puramente conceitual. Ele não está apenas interessado no conceito de ironia por si só, separado de seu contexto histórico; sua obra, na verdade, envolve ambos os elementos, e é isso o que ele discute em sua Introdução.

Primeiro, há o elemento do fenômeno histórico, ou seja, o uso concreto da ironia pela pessoa concreta de Sócrates que envolve a compreensão de Sócrates no contexto do mundo grego antigo e da cidade-Estado ateniense. Há então um elemento empírico que é baseado nas fontes remanescentes sobre a vida e o pensamento de Sócrates: Platão, Xenofonte e Aristófanes. Mas, em segundo lugar, há também um elemento conceitual que envolve o pensamento. A história não é simplesmente um catálogo de dados brutos. As fontes precisam ser interpretadas, situações e eventos devem ser reconstruídos, e conexões devem ser inferidas. Certos eventos devem ser considerados centrais e importantes, enquanto outros são desconsiderados e colocados de lado como irrelevantes e pouco importantes. Esse é o trabalho do historiador. Para fazer esse trabalho é preciso invariavelmente usar certas ideias, conceitos ou esquemas organizacionais para facilitar a interpretação dos eventos. Kierkegaard ressalta que ambos esses elementos são necessários para se abordar temas desse tipo. Seria absurdo se alguém mergulhasse apenas nos fenômenos empíricos e ficasse ali, já que isso não proporcionaria nenhum esclarecimento. Os dados empíricos precisam de interpretação antes que possam ter sentido. Igualmente, seria absurdo enfatizar exclusivamente o lado conceitual sem dar ao menos uma olhada nos fenômenos empíricos, pois isso resultaria em completa abstração, e a análise iria, por assim dizer, pairar no ar distante da realidade e da existência real. É preciso tanto a *particularidade* – os dados empíricos brutos da história – quanto a *universalidade* – a ideia ou os conceitos.

Kierkegaard associa o lado empírico com a história, e o lado conceitual com a filosofia. Ele reconhece a importância de ambos para seu estudo: "Ambos devem ter seus direitos para que, de um lado, o fenômeno tenha seus direitos e não seja intimidado e desencorajado pela superioridade da filosofia, e a filosofia, por outro lado, não se deixe ficar enfeitiçada pelos encantos do particular, e não seja distraída pela superabundância do particular"[37]. Ambos os lados têm sua validade, e ambos são necessários para o tipo de estudo que Kierkegaard apresenta. Isto é digno de nota, já que Kierkegaard é frequentemente caracterizado como alguém que é anticonceitual, ou alguém que celebra a existência e a realidade, enquanto rejeita todas as formas de abstração e teoria. Mas aqui fica claro que ele valoriza os conceitos abstratos, mas acredita que eles devem ser fundados na experiência ou nos fenômenos concretos[38]. Por isso, o livro não se chama "o fenômeno empírico da ironia", mas "o *conceito* de ironia".

Em sua exposição da compreensão de Hegel sobre Sócrates, Kierkegaard critica Hegel por dar ênfase demais ao conceito, e ên-

---

37. Ibid., p. 10ss. [Trad. bras.: *O conceito de ironia*. Op. cit., p. 24: "Tais são, portanto, os dois momentos aos quais se deve fazer igualmente justiça, e que constituem propriamente o *ajuste de contas* entre história e filosofia, de maneira que por um lado se faz justiça ao fenômeno e a filosofia não o angustia ou o intimida com sua superioridade, e, por outro lado, a filosofia não se deixa perturbar pelo feitiço do individual nem distrair pela profusão das particularidades".]

38. Cf. CAPPELØRN, N.J. et al. (eds.). *Kierkegaard's Journals and Notebooks*. Vols. 1-11. Princeton: Princeton University Press, 2007, vol. 7, p. 70, NB15: 103: "Não é como se a 'realidade efetiva' fosse desprovida de conceitos – não, de jeito nenhum, o conceito que é encontrado ao ser dissolvido conceitualmente na possibilidade está também presente na realidade efetiva, mas é claro que há algo mais: ele é realidade efetiva".

fase insuficiente ao fenômeno empírico. Ele repreende Hegel por não ser filologicamente exato, no sentido de que ele não faz um estudo minucioso de todas as fontes relevantes, mas em vez disso se apressa muito ao enfatizar o conceito geral de forma abstrata diante da evidência histórica concreta. Kierkegaard sugere que Hegel não está tão preocupado quanto deveria sobre os detalhes da história, mas tenta simplesmente proporcionar um quadro amplo. Hegel parece não estar preocupado se talvez nem todos os detalhes das fontes históricas caibam no quadro amplo que ele tenta apresentar. Kierkegaard caricatura Hegel como o "comandante em chefe do histórico-universal," que se limita a lançar um "olhar régio" sobre as coisas antes de prosseguir em seu caminho[39]. Kierkegaard acredita que isso leva a uma distorção da interpretação de Sócrates, pois Hegel não consegue reconhecer as inconsistências nos relatos sobre Sócrates feitos pelas fontes antigas: Platão, Xenofonte e Aristófanes. Já que Hegel observa Sócrates, por assim dizer, da perspectiva de um pássaro voando, ele não consegue ver alguns detalhes importantes sobre a pessoa de Sócrates que não podem ser reduzidos a uma simples parte de alguma grande narrativa histórica.

A segunda crítica de Kierkegaard a Hegel tem a ver com a compreensão de Hegel sobre Sócrates como o fundador da moralidade. Hegel conta uma longa história sobre o desenvolvimento da filosofia e da cultura ocidental. Ele vê Sócrates como alguém que desempenha um papel importante nesse desenvolvimento, pois o filósofo grego foi a primeira pessoa a perceber a importância da liberdade subjetiva. Isso significou que a moralidade não tinha a ver só com o que já foi fixado e dado exteriormente pela cultura, mas era algo que estava na interioridade, e que diz respeito aos pensamentos, considerações e consciência. Foi um princípio positivo que entrou na his-

---

39. KIERKEGAARD. *The Concept of Irony*, p. 222. [Trad. bras.: *O conceito de ironia*. Op. cit., p. 170: "general comandante da história universal" e "olhar imperial".]

tória naquele tempo. Segundo Hegel, esse foi um passo importante no desenvolvimento da cultura humana, e essa forma de moralidade é um dos aspectos característicos do mundo moderno.

Kierkegaard critica isso, pois ele pensa que é um erro atribuir algum princípio positivo a Sócrates. É um erro pensar que Sócrates fundou alguma escola de filosofia, ou algum movimento social. Em vez disso, Kierkegaard insiste que, historicamente, o serviço de Sócrates foi totalmente negativo. Ele desmantelou criticamente a pretensão dos sofistas e do cidadão ateniense médio. Por um lado, ele mostrou o vazio do relativismo dos sofistas, e, por outro, ele revelou que as ideias das quais seus conterrâneos atenienses se orgulhavam eram sem fundamento e não podiam resistir ao teste da explicação racional. Mas em ambos os casos a contribuição de Sócrates é negativa. Ele, no final, não apresenta alguma visão positiva própria, tanto para os sofistas quanto para seus concidadãos. Ele simplesmente deixa o assunto sem resolução. No final, há negação ou *aporia*, mas não há solução. Kierkegaard diz que precisamos nos apegar a essa imagem de Sócrates e resistir ao anseio de historiadores ou filósofos de incorporá-lo positivamente em uma narrativa mais ampla sobre o desenvolvimento da história ou da filosofia. Hegel atribuiu erroneamente a Sócrates um papel positivo como se estivesse antecipando e prevendo desenvolvimentos posteriores, mas a verdade é que Sócrates não estava olhando à frente, mas olhando para trás. Sócrates estava respondendo criticamente a indivíduos e instituições que já existiam, mas isso parou por ali. Ele fazia negativas sobre a cultura e o pensamento gregos da época, mas nunca pretendeu encontrar a verdade ou apresentar alguma coisa de positivo sobre a qual eras posteriores pudessem edificar.

Sócrates alega estar buscando o conceito de Bem. Ele constantemente pede às pessoas uma definição dele, e recebe respostas que refletem os valores e visões atenienses. Uma a uma ele solapa todas elas. Ainda que Kierkegaard concorde com Hegel nesse ponto, sua posição é a de que a ênfase deveria ser colocada na eterna busca pelo

Bem, e não na chegada a ele[40]. Kierkegaard assim dá ênfase à ironia de Sócrates como uma característica delimitadora, pois esta ironia é puramente negativa. Ela destrói no sentido de que ela é crítica de teses, doutrinas, definições etc. específicas, mas ela não constrói e é destituída de qualquer elemento positivo. Ela assim facilita a interminável busca pela verdade ao não permitir que alguém complacentemente pare ou permaneça em qualquer conclusão positiva.

VIII – A luta moderna pela individualidade

O que Kierkegaard diz sobre os românticos e a ironia moderna soa como um capítulo interessante na história das ideias, mas isso, de alguma forma, realmente importa para nosso mundo moderno hoje? O que ele diz suscita a questão importante sobre quem nós somos como indivíduos. O problema no mundo moderno é que logo que tentamos articular quem somos, imediatamente caímos no problema de que há muitas outras pessoas que compartilham exatamente as mesmas características. Quando eu digo, por exemplo, que sou uma pessoa que gosta de ler sobre filosofia ou uma pessoa que se interessa pelo pensamento de Søren Kierkegaard, eu não disse realmente nada que pudesse definir algo do que sou como um indivíduo, pois há muitas outras pessoas no mundo que compartilham exatamente essas mesmas propriedades. Torna-se então mais urgente a questão de determinar o que é que faz de mim singularmente quem sou.

Frequentemente nos identificamos por nossas roupas, nossos estilos e nossos pertences. Mas pense nisso por um instante. Quando olho para mim mesmo, vejo que estou vestindo esta camisa, estas calças, estes sapatos. Mas nada disso é unicamente meu nem expressa alguma coisa especial sobre mim. Tudo isso é produzido em massa, e se eu fosse às ruas provavelmente não demoraria a encontrar gente vestindo as mesmas peças. Antes da época da produção em massa,

---

40. Ibid., p. 235. [Trad. bras.: *O conceito de ironia*. Op. cit., p. 177-178.]

artigos como esses eram feitos por artesãos. Cada um desses artigos era único, e os indivíduos que os possuíam tinham literalmente algo singular. As técnicas de produção em massa da Revolução Industrial levaram à produção em massa de roupas para a maioria de nós, e as poucas pessoas que ainda têm poder aquisitivo para mandar fazer roupas exclusivas pagam quase sempre somas substanciais pelo privilégio de expressarem sua individualidade assim. Desde a Revolução Industrial, virtualmente tudo é feito em quantidades massivas por máquinas. O mundo hoje é feito, como era então, por máquinas repetidoras que produzem tudo ao nosso redor em formas predefinidas. O perigo é que cada um de nós tenha se tornado só mais um produto dessa máquina. Pense no famoso quadro de Andy Warhol das latas de sopa de tomate Campbel enfileiradas umas em cima das outras. Essa é uma imagem da Modernidade. O medo de muitos de nós é que podemos nos tornar uma dessas latas de sopa.

Muitas pessoas tentam se revoltar contra essa uniformidade e afirmar sua individualidade em face desse tipo de conformidade por meio de penteados, tatuagens, *piercings*, e por aí vai. Mas aquilo que começa como uma expressão individual frequentemente acaba se tornando mais um modismo passageiro: são tantas pessoas usando as mesmas coisas, que nada de único ou individual é expressado. Esse é o nosso problema no século XXI. Os românticos no tempo de Kierkegaard já previam isso há mais de dois séculos. Eles lutavam para afirmar o valor do indivíduo contra as forças da conformidade, mas eles não poderiam imaginar os desafios que enfrentamos hoje. A maioria de nós acredita que há algo de especial e único que faz de nós o que somos. Mas o que é isso, e como podemos expressá-lo? Quando não conseguimos responder essas questões, sentimo-nos desorientados e perdidos no mundo. Sentimo-nos perdidos, pois não podemos obter nenhum consolo na comunidade ou em grupos sociais, já que eles solapam nossa individualidade e nos tornam membros sem rosto de um todo maior. Esse é um problema moderno, onde cada indivíduo é deixado por sua própria conta. O conflito entre a individualidade e a cultura, com o qual Sócrates e Kierkegaard lidavam, está ainda bem presente conosco hoje. É assustador quando pensamos em nós mesmos como meramente um entre 7 bilhões de seres humanos no planeta, e quando, diante disso, tentamos nos afirmar como indivíduos especiais e únicos.

5 KIERKEGAARD E O SUBJETIVISMO ROMÂNTICO

A Modernidade nos apresenta importantes desafios à medida que tentamos compreender a nós mesmos e nosso papel no mundo. Vivemos hoje em sociedades de massa, em cidades anônimas, onde indivíduos podem facilmente sentir-se perdidos, apequenados por multidões de pessoas. Além disso, vivemos em um mundo onde valores e crenças tradicionais foram abalados em suas fundações. Muitas das coisas que costumavam servir como importantes pontos de orientação para as pessoas definirem a si mesmas não são mais opções viáveis.

Quando me olho no espelho e me pergunto: "Quem sou eu?", quero obter respostas claras e diretas. Essa é uma questão importante para mim pessoalmente, como é para todos nós. Bem lá no fundo eu quero acreditar que sou um indivíduo único e especial. Quero acreditar que há algum tipo de alma ou espírito ou mente que faz de mim a pessoa que sou e que me distingue de todas as outras. Eu me conforto com esse tipo de pensamento, pois, ser for verdade, então, a despeito de quantos outros bilhões de pessoas existam no mundo, há só um de mim, e isso é algo especial e importante.

Por que importa tanto para nós acreditar em tais coisas? Essa é uma característica importante do mundo moderno. No passado, a individualidade não era uma coisa tão importante; na verdade, ela era suprimida ou ativamente desencorajada. As pessoas eram levadas a acreditar que a coisa mais importante não eram elas mesmas como indivíduos, porém suas relações com grupos maiores. Por exemplo, em culturas tradicionais era muito importante que alguém pertencesse a uma família específica, e era isso o que constituía o elemento-chave de sua identidade própria. Famílias maiores viviam juntas e funcionavam como uma unidade social maior. Os romanos tinham grandes cultos que celebravam os ancestrais de famílias importantes. Pertencer a uma família específica ditava todos os aspectos da vida: oportunidades de casamento, profissão, orientação política, e por aí vai. Na sociedade moderna de hoje, tudo isso é passado. Famílias maiores não vivem mais juntas, e, na melhor das hipóteses, se tem um núcleo familiar relativamente pequeno, que consiste de um pai, uma mãe, e seus filhos. Mas hoje, com a frequente taxa de divórcio e novo casamento, bem como com o surgimento de formas diferentes de coabitação, o próprio núcleo familiar está se tornando ainda mais fragmentado. Na Modernidade, então, a família se reduz rapidamente a uma série de indivíduos separados e não serve mais à mesma função que costumava servir. Por mais importantes que nossas famílias sejam para nós hoje, é inegável que elas não desempenham mais para nós o mesmo papel que desempenhavam para as pessoas em épocas passadas. O mesmo pode ser dito de outras formas de associação que eram usadas antigamente para se definir a identidade de alguém como, por exemplo, a afiliação a uma tribo específica, uma guilda específica, uma religião específica etc.

Quando todas essas unidades maiores se desfazem, restam os indivíduos dispersos. À medida que a sociedade muda, as pessoas sentem-se inseguras quanto ao afrouxamento dos vínculos tradicionais com essas instituições mais antigas, e o indivíduo é mais pressionado para se definir de uma maneira diferente. Se a autodefinição de alguém não vem de sua afiliação com uma família ou outro grupo maior, então ela deve vir de si mesmo. Essa é a razão para nossa angústia e incerteza modernas: o peso todo é colocado sobre nossos ombros. Devemos nos definir sozinhos, mas como devemos fazê-lo?

Um dos grandes ideais do mundo moderno é a noção de "pessoa que se faz por si mesma", isto é, a ideia de que os indivíduos podem criar para si mesmos uma vida boa em uma economia capitalista baseada exclusivamente em suas próprias habilidades, trabalho duro e determinação. Elas não são dependentes de suas famílias, suas guildas, ou de qualquer outra coisa, para seu progresso. Não importam seus antecedentes, sua raça, sua religião: elas conseguem obter sucesso em virtude de seus próprios méritos. Segundo esse ideal moderno, elas podem, por suas próprias forças, fazer as coisas. Elas podem, em certo sentido, criar a si mesmas.

Esse é um ponto crucial na crítica de Kierkegaard à ironia romântica que examinaremos neste capítulo. Quem somos nós como indivíduos? Podemos realmente nos inventar a nós mesmos? Ou somos, de alguma maneira relevante, fundamentados por outras coisas em nossas vidas sobre as quais não temos controle? Supõe-se que a ideia de uma pessoa que se faz a si mesma seja um ideal positivo que encoraja as pessoas a trabalhar duro, mas ela pode ser também uma perspectiva assustadora. Se eu posso, em certo sentido, criar a mim mesmo e ter sucesso baseado em minhas próprias habilidades, então posso também falhar miseravelmente baseado em minha própria falta de habilidade. Estou sozinho no mundo moderno. Essa é uma perspectiva assustadora que constitui hoje um importante desafio para as pessoas.

I – Introdução a Fichte

Johann Gottlieb Fichte foi um dos mais importantes filósofos alemães no período entre Kant e Hegel. Ele foi profundamente influenciado pela filosofia de Kant e se via, em certos aspectos, como continuador do seu espírito, ao mesmo tempo em que corrigia o que considerava suas falhas. Em 1807, Fichte, fugindo dos avanços franceses nas Guerras Napoleônicas, foi para Copenhague, onde se encontrou com vários intelectuais dinamarqueses importantes.

Johann Gottlieb Fichte (1762-1814).

Fichte foi talvez mais conhecido por sua teoria da subjetividade. Ele tentou começar do zero e encontrar o que poderia ser estabelecido filosoficamente com certeza absoluta. Segundo Fichte, o que conhecemos imediatamente são nossos próprios pensamentos e sensações, isto é, o sujeito, o ego, ou o "Eu", que, como ele diz, *se põe a si mesmo*, já que não há nada anterior a ele. O sujeito é a coisa mais básica que pode ser conhecida, e todos os outros conhecimentos derivam dele. O que ele chama de "o ego" é o absoluto, e tudo mais é secundário. Ao começar pelo sujeito, Fichte segue o famoso ponto de partida de Descartes: "Penso, logo existo". Temos primeiramente conhecimento sobre nós mesmos antes de termos conhecimento sobre o mundo. Embora possamos duvidar da verdade do conhecimento sobre o mundo, nosso autoconhecimento é imediato e indubitável.

A primeira proposição na obra de Fichte, *A ciência do conhecimento*, é que o sujeito é idêntico a si mesmo e não reconhece nada fora de si como possuidor de verdade ou validade últimas. Fichte tenta capturar isto com a formulação "Eu sou Eu", ou "Eu é igual a Eu", que é frequentemente expressa na fórmula abreviada com sinal de igual: "Eu = Eu". Esta fórmula faz referência ao princípio de identidade, um dos princípios fundamentais da lógica que afirma simplesmente que uma coisa é uma coisa, ou A é A. Fichte considera sua proposição "Eu = Eu" como fundamental, pois esta lei na qual ela é baseada é imediatamente clara para todos, e não pode ser questionada. O "Eu sou Eu" de Fichte também se refere ao fato de que há uma unidade da autoconsciência com suas representações da exterioridade, que corresponde à esfera objetiva em geral. "Eu sou Eu" inclui não somente o sujeito, mas também o mundo tal como o sujeito o experiencia. O mundo é determinado pelas representações do sujeito. Eu reconheço que há coisas no mundo que são separadas de mim (Eu ≠ não Eu), mas então também percebo (o que é mais importante) que elas são uma extensão de mim mesmo no sentido de que são representações produzidas por minhas faculdades cognitivas.

Isso dá ênfase ao sujeito, e a negação de qualquer esfera substancial de objetividade era muito atraente para os românticos alemães. Fichte parecia estar proporcionando a eles uma visão metafísica que sustentava a superioridade do sujeito sobre o mundo. A teoria de Fichte enfatizava diretamente o indivíduo e parecia implicar que a esfera objetiva – que inclui a tradição e a cultura burguesa – era algo dependente do sujeito, mas não tinha qualquer fundamentação própria independente.

II – As análises de Hegel e Kierkegaard sobre Fichte

Hegel conclui suas *Lições sobre a história da filosofia* abordando os mais importantes movimentos filosóficos de seu próprio tempo. Nesse contexto, ele examina parte da filosofia de Fichte. Após apresentar a teoria de Fichte, Hegel expõe algumas críticas. O mais importante é que ele argumenta que o "Eu" que Fichte desenvolve representa meramente o aspecto individual da autoconsciência[1]. O que falta é o aspecto social ou universal. O si-mesmo que Fichte esboça só pode se destacar de, e oposto a, outros si-mesmos, pois não há nada que os una. Aqui Hegel se mostra claramente do lado dos defensores da razão e do iluminismo, já que ele afirma que o indivíduo é essencialmente definido pela capacidade universal da razão e não pela individualidade do sentimento ou da percepção dos sentidos. Já que todos compartilhamos a faculdade da razão, podemos compreender as coisas da mesma maneira. Mais que isso, podemos nos relacionar e nos entender mutuamente. Porém, ao carecer da dimensão racional, o sujeito de Fichte é separado dos outros e isolado. Além disso, o sujeito de Fichte é separado da esfera objetiva em geral, que é chamada de o "não Eu". Sem a racionalidade, o indivíduo é incapaz de reconhecer ou de consentir com os elementos universais na esfera social como um todo, por exemplo, leis racionais, costumes e tradições. Hegel diz: "A filosofia fichteana reconhece apenas o espírito finito, e não o infinito; ela não reconhece o espírito como pensamento universal"[2]. A filosofia de Fichte só reconhece uma metade da relação, a metade subjetiva, mas ela falha ao não ver que o sujeito, por meio do pensamento e da razão, tem uma conexão com outras pessoas no mundo da objetividade e realidade.

Os românticos definem a humanidade em termos de sentimento e sentidos, que eles compreendem como sendo únicos para cada indivíduo. Hegel, porém, ressalta que sentimento e sentidos são faculdades que temos em comum com os animais. Essas faculdades não identificam o elemento verdadeiramente humano em to-

---

1. HEGEL. *Lectures on the History of Philosophy*. Vols. 1-3. Londres: K. Paul, Trench, Trübner, 1892-1896 [Lincoln/Londres: University of Nebraska Press, 1955, vol. 3, p. 499] [Trad. de E.S. Haldane].

2. Ibid.

dos nós. Em vez disso, é a faculdade da razão que torna possíveis as ideias, a cultura e a civilização. Além disso, é o que nos une uns aos outros, pois precisamos do reconhecimento de outros seres humanos para sermos quem somos.

Hegel conclui seu argumento identificando a teoria do ego de Fichte como um importante precursor das diversas teorias do subjetivismo e do relativismo encontradas no romantismo alemão. Especificamente, ele vincula a teoria de Fichte do ego autopoiético com a teoria da ironia de Friedrich von Schlegel[3]. O ironista de Schlegel não acredita na verdade de qualquer coisa objetiva. Em vez disso, Hegel diz: "O sujeito aqui sabe que ele mesmo é dentro de si mesmo o absoluto, e tudo mais fora disto é vão"[4]. Mas Hegel percebe que ninguém pode ficar nesse relativismo por muito tempo, e em algum momento precisará de uma verdade fixa ou ponto de orientação. Ele observa que o próprio Schlegel, no fim, abandonou a perspectiva da ironia e, em sua busca por uma verdade fundamental, converteu-se ao catolicismo. Para Hegel, isso é uma demonstração de que o próprio Schlegel, em certo momento, percebeu a implausibilidade dessa posição.

Como Hegel, Kierkegaard vê que a teoria do sujeito de Fichte remonta à epistemologia de Kant[5]. Para Kant, as faculdades da mente humana moldam o mundo que percebemos. Espaço e tempo não são fatos objetivos sobre o mundo, mas são uma parte do aparato humano de percepção. A imagem que Kant apresenta é que recebemos alguns dados sensoriais do exterior, os quais, por si só, são rudimentares, mas então nossas faculdades mentais e perceptuais imediatamente funcionam e transformam essa informação nos objetos

---

3. Ibid., p. 507ss.

4. Ibid., p. 507.

5. Para a exposição de Kierkegaard sobre Fichte, cf. *The Concept of Irony*. Princeton: Princeton University Press, 1989, p. 272-286 [Trad. De Howard V. Hong e Edna H. Hong]. [Trad. bras.: *O conceito de ironia*. Petrópolis: Vozes, 1991, p. 235-247 [Trad. de Álvaro Valls].]

concretos e determinados que estamos acostumados a ver. Kant os chama de "representações", pois eles não são os próprios objetos, mas o resultado de um processo cognitivo que organiza os dados recebidos pelos sentidos.

Assim, surge em Kant uma divisão entre nossa representação de uma coisa e a coisa como ela é em si mesma, separada de qualquer sujeito que a perceba. Kant argumentava que essa coisa-em-si, que Kierkegaard menciona em seu texto pelo termo alemão, *Ding an sich*, não pode ser conhecida, já que não podemos nos abstrair de nossas faculdades cognitivas humanas para representar tal coisa. Essas faculdades são, então, a forma pela qual conhecemos o mundo, mas elas também são em certa medida limitadoras, pois nos impedem de conhecer como as coisas são em si mesmas. Isso causou uma grande controvérsia na recepção da filosofia de Kant, pois suscitou o problema cético de que nunca podemos saber se nossas representações de objetos no mundo são verdadeiras, já que nunca podemos compará-las às coisas em si mesmas.

Fichte respondeu a essas objeções argumentando que a noção de coisa-em-si era supérflua. Ele tentou resolver esse problema reconcebendo o modelo kantiano. Fichte alegava que era absurdo separar conteúdo e forma como na visão de Kant. Em outras palavras, o conteúdo das representações, segundo Kant, vem do objeto desconhecido externo, mas a forma é proporcionada pelas faculdades cognitivas do sujeito. Fichte afirma, em vez disso, que conteúdo e forma estão necessariamente conectados, e assim não há necessidade de se postular algo externo ao sujeito. O sujeito pode, de certa forma, produzir suas próprias representações. É sobre esse fundamento que ele estende sua noção de "Eu é igual a Eu", para que ela passe a significar que o sujeito é idêntico ao mundo exterior, no sentido de que o mundo é um produto dos processos cognitivos humanos. Há uma unidade do sujeito e do objeto.

A objeção de Kierkegaard a essa ideia é quase a mesma de Hegel: quando o mundo simplesmente se torna uma extensão do sujeito humano e de suas faculdades de cognição, então tudo é reduzido à subjetividade e nada de objetivo permanece. Kierkegaard escreve: "Quando Fichte infinitizou o Eu dessa maneira, ele promoveu um idealismo junto ao qual toda realidade empalideceu"[6]. A posição de Fichte representava uma negação radical do mundo da realidade efetiva. O que era verdadeiro e importante era o sujeito, mas o mundo ao nosso redor não tinha qualquer existência independente.

Em certo nível, a posição de Fichte é atraente para Kierkegaard, pois ela representa negatividade, ou seja, uma negação do mundo. Ele considera isso um importante progresso em relação a Kant, que não tinha esse elemento negativo em sua filosofia por causa da doutrina da coisa-em-si, que, embora desconhecida, parecia estabelecer um padrão para a verdade objetiva do mundo à nossa volta. Mas Fichte, por sua vez, nega este mundo e mostra que ele é insubstancial. Como vimos, isso é o que Sócrates fez na antiga Atenas, e Kierkegaard o louvava por sua negatividade. Kierkegaard acredita que essa experiência negativa é importante para todos, e ele sugere um sentido cristão para isso quando parafraseia as Escrituras, dizendo que esse processo de negação é necessário, "pois todos os que desejam salvar sua alma devem perdê-la"[7]. Isso parece implicar que, para alguém ser cristão, é preciso rejeitar ou "negar" o mundo e recolher-se em si mesmo.

III – A apropriação da teoria de Fichte por Schlegel e Tieck

Seguindo novamente Hegel, Kierkegaard ressalta que a teoria de Fichte do ego autopoiético formou a fundação da teoria da ironia em pensadores posteriores, como Friedrich von Schlegel e Ludwig

---

6. Ibid., p. 273. [Trad. bras.: *O conceito de ironia*. Op. cit., p. 236: "Ao infinitizar desta maneira o eu, Fichte fez valer um idealismo, em relação ao qual toda realidade empalidecia".]

7. Ibid., p. 274. [Trad. bras.: *O conceito de ironia*. Op. cit., p. 237: "pois todo aquele que quiser salvar a sua alma perdê-la-á".] Cf. Mt 10,39; Mc 8,35; Lc 9,24; Jo 12,25.

Tieck. Mas segundo Kierkegaard, esses pensadores distorceram a teoria de Fichte ao tentar aplicá-la em um contexto diferente. Kierkegaard faz duas objeções relacionadas a isto: "Em primeiro lugar, o eu empírico e finito foi confundido com o Eu eterno; em segundo lugar, a realidade efetiva metafísica foi confundida com realidade efetiva histórica"[8]. O objetivo primário de Fichte foi criar uma teoria do conhecimento que corrigisse as falhas da filosofia de Kant. Seu "Eu" autopoiético existe então como um conceito abstrato e não como a experiência vivida de um indivíduo. Por comparação, Schlegel e Tieck tomaram essa entidade teórica e a reconceberam como uma pessoa real que vive e respira. Em outras palavras, tentaram empregar este ego abstrato como um modelo de comportamento concreto no mundo real.

Especificamente, Schlegel e Tieck viram na teoria de Fichte um instrumento poderoso com o qual criticar o mundo dos costumes, valores e crenças burgueses. O ego de Fichte não reconhecia a validade de nada fora de si mesmo, e os pensadores românticos posteriores se apropriaram disso como uma forma de solapar o que consideravam visões antiquadas e reacionárias na sociedade de seu tempo.

Mas, de novo, Kierkegaard ressalta que isso é diferente da ironia socrática que, como vimos, era histórica e universalmente justificada. Pelo contrário, ele diz que o uso da ironia pelos românticos "não estava a serviço do espírito do mundo"[9]. Sócrates examinou e solapou crenças específicas que não eram mais historicamente viáveis, mas os românticos usam a ironia para criticar tudo. Seu criticismo era indiscriminado. Seu objetivo era demolir a sociedade, e ao mesmo tempo glorificar o indivíduo capaz de criar-se a si mesmo. É verdade que em qualquer sociedade sempre há coisas que mere-

---

8. Ibid., p. 275. [Trad. bras.: *O conceito de ironia*. Op. cit., p. 238: "Em primeiro lugar, confundiu-se o eu empírico e finito com o Eu eterno; em segundo lugar, confundiu-se a realidade metafísica com a realidade histórica".]
9. Ibid.

cem críticas: corrupção, nepotismo, hipocrisia etc. Mas disso não se segue que a sociedade toda seja corrupta, nepotista ou hipócrita. Assim, os românticos cometeram o erro de universalizar sua crítica de tudo e, por causa disso, eles acabaram criticando coisas que são bem razoáveis e sólidas. Todas as distinções foram apagadas na crítica totalizante dos românticos[10]. Esse tipo de crítica indiscriminada nunca foi o que Sócrates empreendeu. Pelo contrário, em seu julgamento ele enfatizou que é importante seguir as leis e tradições de Atenas, tais como a consulta ao oráculo. Os românticos não criticavam valores e instituições antiquados específicos em busca de uma verdade mais profunda, mas o faziam para celebrar e glorificar o próprio ego subjetivo[11]. Neste ponto, Kierkegaard admite o acerto da crítica de Hegel aos românticos: "Aqui também percebemos que essa ironia era totalmente injustificada e que o comportamento hostil de Hegel para com ela é inteiramente adequado"[12].

Uma característica do ironista romântico é que ele pode, por assim dizer, reinventar-se a qualquer momento. Se a verdade da sua história pessoal (como todo o resto) é totalmente subjetiva, então ele é livre para mudá-la sempre que quiser. Não há nada em sua vida ou em seu passado que seja substancial ou vinculante. Quando contamos a história de nossas vidas, naturalmente tentamos mostrar as coisas de uma forma positiva, ou dar às coisas um viés particular de acordo com nossos interesses no presente. Eventos do passado que pareceram insignificantes na época ganham grande importância quando vistos em conexão com algum fato do presente. Igualmente, outros eventos do passado, que eram bem importantes na época, passam despercebidos, e são esquecidos se parecerem não ter conexão com o presente. Nesse sentido, nosso passado não é um fato

---

10. Ibid., p. 276. [Trad. bras.: *O conceito de ironia*. Op. cit., p. 238-239.]
11. Ibid., p. 283. [Trad. bras.: *O conceito de ironia*. Op. cit., p. 244.]
12. Ibid., p. 275. [Trad. bras.: *O conceito de ironia*. Op. cit., p. 238: "Logo se vê que esta ironia era completamente injustificada, e que a atitude de Hegel frente a ela tem sua razão de ser".]

estático da matéria, mas é, em grande medida, fluido. Os românticos elevam isso a novos patamares ao contar constantemente novas histórias sobre seu passado baseadas em qualquer capricho ou humor que porventura os acometa. Já que eles acreditam que não há realidade objetiva ou exterior, estão livres para interpretar as coisas no mundo e o seu próprio passado de qualquer jeito que queiram.

Kierkegaard assim ressalta que os românticos não estavam interessados na história *per se*, ou seja, em fontes e evidências concretas do que realmente aconteceu. Em vez disso, eles eram fascinados por lendas, mitos e contos de fada[13]. Kierkegaard reconhece novamente a correta compreensão de Hegel da realidade da história e o acerto de sua crítica a Schlegel[14]. Para Hegel, há um sentido objetivo, ou *logos*, no desenvolvimento da história humana que permanece verdadeiro a despeito de diferentes interpretações. Isso é verdadeiro não somente para a história humana, mas também para a vida de um indivíduo.

Kierkegaard faz referência ao *slogan* romântico de "viver poeticamente" para captar a visão do ironista[15]. Ele pode ser entendido como uma pessoa ter bom gosto pela arte e fazer disso uma parte de seu estilo de vida, mas esse não é o sentido principal pretendido aqui. Da mesma maneira, precisamos ser cautelosos neste ponto, pois o "poeticamente" não significa aquilo que comumente queremos dizer quando falamos em poesia. Em vez disso, ser poético nesse sentido significa escrever ficção, ou, neste caso, viver como se a vida fosse uma ficção. Assim, viver poeticamente se refere a alguém constantemente capaz de reinventar sua vida em qualquer momento dado; criar sua vida de novo, como se estivesse contando uma história fictícia. Significa inventar a própria vida com sensibilidade artística, em contraste com a obediência servil e às regras e conven-

---

13. Ibid., p. 277ss. [Trad. bras.: *O conceito de ironia*. Op. cit., p. 239ss.]
14. Ibid., p. 278. [Trad. bras.: *O conceito de ironia*. Op. cit., p. 241-242.]
15. Ibid., p. 280. [Trad. bras.: *O conceito de ironia*. Op. cit., p. 242.]

ções da sociedade. O elemento de ficção é o ponto-chave aqui, pois ele mostra que o ironista romântico não está, de jeito nenhum, vinculado a nada na realidade. Não há elemento factual de sua existência que ele reconheça como possuidor de qualquer validade. Tudo é uma ficção que ele pode interpretar e reinterpretar como desejar. Kierkegaard é um crítico dessa visão, pois ele acredita que há certos fatos irrevogáveis da existência. Por exemplo, que somos seres criados por Deus. Isto não é algo que possamos escolher reinterpretar aleatoriamente. Somos seres criados, e nesse sentido somos dependentes de Deus. Consequentemente, isso dá propósito certo na vida, que os cristãos tentam alcançar. O ironista romântico, contudo, não reconhece essa existência, esses objetivos, e nem algum propósito além dos propósitos finitos que ele mesmo estabelece.

IV – A análise de Kierkegaard sobre Schlegel

Kierkegaard segue adiante examinando alguns detalhes da apropriação que Friedrich von Schlegel faz da concepção de sujeito de Fichte[16]. Kierkegaard acompanha Hegel ao analisar o romance *Lucinde*, de Schlegel, como representativo de suas visões[17]. O romance descreve o amor do jovem Julius e de sua Lucinde. O objetivo de Schlegel era celebrar o amor romântico livre e passional do seu casal ficcional. O amor verdadeiro só pode ser encontrado no êxtase espontâneo não reprimido dos indivíduos, e não pode ser controlado por outros assuntos tais como prudência, respeitabilidade, conexões familiares ou preocupações financeiras. Quando esse livro foi lançado, ele foi fonte de controvérsias, pois foi considerado imoral e ofensivo aos valores burgueses. Suas alusões às relações sexuais de Julius com várias mulheres foram consideradas escandalosas pelos padrões da época.

---

16. Ibid., p. 286-301. [Trad. bras.: *O conceito de ironia*. Op. cit., p. 247-259.]
17. SCHLEGEL, F. *Lucinde* – Ein Roman. Berlin: Heinrich Fröhlich, 1799. Essa obra está disponível em inglês como *Friedrich Schlegel's Lucinde and the Fragments*. Mineápolis: University of Minnesota Press, 1971 [Trad. de Peter Firchow].

Friedrich von Schlegel (1772-1829).

Julius é retratado como alguém que não respeita as regras da sociedade. Ele fala abertamente em seduzir diversas mulheres. Mas esses casos deixam Julius deprimido e desiludido. Só quando ele encontra seu amor verdadeiro, Lucinde, ele é redimido. O romance então quer mostrar como Julius encontra o que pode ser chamado de uma "nova imediatidade", ou seja, como ele pode descobrir a verdadeira e espontânea centelha do amor em um relacionamento maduro com uma mulher que ele respeita. Julius assim reencontra seu lugar no mundo, depois de tê-lo perdido. Ele é salvo, apesar dos seus pecados anteriores.

Schlegel sugere que foi o surgimento da sociedade burguesa que sufocou o amor verdadeiro. Segundo essa visão, houve um período primitivo na história humana quando homens e mulheres se uniam espontaneamente baseados em inclinações naturais. Eles não eram motivados por questões como aumentar sua fortuna, assegurar herdeiros ou aliar-se a famílias ricas e poderosas. Em vez disso, seu amor pessoal pela outra pessoa era sua única preocupação. Kierkegaard considera essa visão meio ingênua e sugere que a abordagem romântica da história tende a subordinar os fatos históricos à ideologia contemporânea. Schlegel e os românticos fingem querer reconstruir uma era idílica passada, mas isso é de fato uma ficção que eles criaram[18]. Nunca houve um tempo em que as motivações humanas fossem tão puras, e é difícil imaginar um tempo em que elas serão assim. Kierkegaard também ressalta que há uma contradição na ideia de Schlegel. Por um lado, supõe-se que a obra *Lucinde* celebra uma concepção ingênua, primitiva, do amor espontâneo e imediato. Mas então, por outro lado, a crítica à moralidade burguesa é baseada em uma elaborada e sofisticada crítica social e por isso não é nem espontânea e nem imediata[19].

Contudo, a crítica principal que Kierkegaard pretende dirigir contra Schlegel é que o romance *Lucinde* não é apenas um ataque a uma ideia ou valor específicos, mas é uma tentativa de solapar *toda* a ética[20]. A visão apresentada é que toda ética e valores herdados da cultura tradicional são, em última instância, arbitrários, e assim o ironista romântico fica a vontade para rejeitá-los e criar os seus. Ademais, a ética burguesa associada ao amor e ao casamento são igualmente repressivos e danosos. Assim, o ironista se vê como líder de uma campanha de libertação contra isto. Mas essa absoluta negatividade é indiscriminada. Já que ela critica a ética em geral, sua crítica se dirige não apenas contra aqueles elementos da ética burguesa que merecem crítica, mas também contra aqueles elementos que são sólidos e verdadeiros. Neste sentido, a crítica de Schlegel é injustificada.

Vemos que Kierkegaard usa a frase, "viver poeticamente" para descrever o ironista, e nessa seção sobre Schlegel ele explica com mais profundidade no que isso implica. Kierkegaard escreve: "Se perguntarmos o que é poesia, podemos dizer em geral que é a vitória sobre o mundo; é por meio de uma negação da realidade

---

18. KIERKEGAARD. *The Concept of Irony*. Op. cit., p. 288ss. [Trad. bras.: *O conceito de ironia*. Op. cit., p. 248ss.]
19. Ibid., p. 289. [Trad. bras.: *O conceito de ironia*. Op. cit., p. 249.]
20. Ibid., p. 290. [Trad. bras.: *O conceito de ironia*. Op. cit., p. 250.]

imperfeita que a poesia abre uma realidade efetiva mais elevada"[21]. Viver poeticamente é rejeitar costumes, valores e hábitos tradicionais considerados falhos e defeituosos, e estabelecer seus próprios. Desse jeito, "nega-se" o mundo da realidade, ou seja, o mundo do costume estabelecido. Além disso, o sujeito cria uma "realidade efetiva mais elevada", ou seja, um conjunto de valores do próprio sujeito.

Segundo Kierkegaard, a tentativa de Schlegel de solapar a ética burguesa em nome de algo maior é, em última instância, fracassada, pois a ética que o livro *Lucinde* parece defender é a do prazer sensual. Mesmo que se reconheça que pode haver problemas com alguns dos aspectos da ética burguesa, o simples esforço pelo prazer imediato dos sentidos dificilmente pode ser considerado um estado ético superior. O apelo ideológico que motiva a obra é o de liberdade e emancipação da repressão da sociedade. Mas, em troca, se obtém em vez disso uma vil escravidão pelos impulsos naturais e a necessidade de se satisfazer os sentidos. Isso dificilmente pode ser visto como uma forma superior de liberdade[22].

É importante mencionar que, enquanto Kierkegaard trabalhava com esse material, ele estava noivo de Regine Olsen, e podemos perguntar em que medida sua leitura das visões de Schlegel sobre o amor e o casamento o influenciaram mais tarde no rompimento do noivado. Em todo caso, essa análise foi altamente influente para Kierkegaard, pois ele viria a tratar da questão dos prós e dos contras do casamento em outras de suas obras posteriores. Por exemplo, em *Ou/ou*, o livro que ele escreveu imediatamente após *O conceito de ironia*, ele usa elementos do caráter do jovem Julius como um modelo para o inominado autor da primeira parte

---

21. Ibid., p. 297. [Trad. bras.: *O conceito de ironia*. Op. cit., p. 255: "Se perguntarmos o que é poesia, poderemos responder com uma caracterização bem geral que ela é: uma vitória sobre o mundo; é através de uma negação daquela realidade imperfeita que a poesia inaugura uma realidade superior".]

22. Ibid., p. 301. [Trad. bras.: *O conceito de ironia*. Op. cit., p. 258-259.]

da obra, o esteta, que defende a visão do amor romântico, e para seu retrato do sedutor em "O diário do sedutor". Ele também cria a figura do Juiz Guilherme como o autor da segunda parte daquela obra. O juiz, um servidor civil casado, defende as virtudes do amor dentro da instituição do casamento na sociedade burguesa, e aqui Kierkegaard pode ser visto incorporando elementos da visão de um Julius maduro. O livro *Ou/ou* é um diálogo entre essas duas cosmovisões, mas o diálogo realmente começa na segunda parte de *O conceito de ironia*.

V – Kierkegaard e Poul Martin Møller

Uma figura importante na Era de Ouro dinamarquesa foi Poul Martin Møller, que é frequentemente considerado um dos maiores mentores de Kierkegaard. Møller foi, entre outras coisas, um erudito dos estudos clássicos que ajudou a inspirar o amor de Kierkegaard pelos gregos antigos. É bem possível que Møller tenha encorajado Kierkegaard a escrever sobre a noção de ironia e Sócrates em sua dissertação. Møller morava em um prédio situado ao lado do tribunal e do apartamento da família de Kierkegaard.

Møller foi professor de Filosofia na Noruega de 1826 a 1830, antes de assumir um cargo na Universidade de Copenhague, onde lecionou de 1831 até sua morte em 1838. Møller foi professor de Kierkegaard, e há algumas evidências de que os dois cultivaram uma amizade. Não pode haver dúvidas de que Møller exerceu uma poderosa influência sobre Kierkegaard. A evidência desta influência pode ser vista no fato de que Kierkegaard dedicou *O conceito de angústia* a Møller. Na dedicatória desse livro, Kierkegaard se refere a Møller como, entre outras coisas, "o confidente de Sócrates"[23]. Kierkegaard também escreveu uma passagem muito lisonjeira sobre ele no *Pós-*

---

23. KIERKEGAARD. *The Concept of Anxiety*. Princeton: Princeton University Press, 1980, p. 5 [Trad. de Reidar Thomte em col. com Albert B. Anderson]. [Trad. bras.: *O conceito de angústia*. Petrópolis/Bragança Paulista: Vozes/Edusf, 2010, p. 6: "Cúmplice de Sócrates" [Trad. de Álvaro Valls].]

-*escrito conclusivo não científico*, na qual ele discute a relação crítica de Møller com o hegelianismo[24].

Møller morreu em 1838, poucos meses antes do pai de Kierkegaard. Essas mortes causaram grande perturbação interior em Kierkegaard. Pensa-se que a morte de Møller mudou a atitude de Kierkegaard com sua própria vida. Nos primeiros anos de seus estudos universitários, ele não era necessariamente o mais esforçado dos estudantes, e estava muito mais interessado em teatro, literatura e roupas caras do que em seus estudos de teologia. Já que veio de uma família rica, Kierkegaard não estava sob pressão para obter uma graduação que lhe assegurasse o sustento ou a profissão. Foi só depois da morte de Møller e de seu pai, em 1838, que ele começou a trabalhar seriamente, e após poucos anos ele terminou seus estudos com *O conceito de ironia*, em 1841.

Pouco antes de sua morte, o próprio Møller estava desenvolvendo suas próprias ideias sobre ironia. Em suas obras publicadas postumamente, há um rascunho do que parece ter sido planejado como um trabalho maior sobre esse tema. O rascunho leva quase o mesmo título da tese de Kierkegaard, literalmente, "Sobre o conceito de ironia". Nesse texto, Møller discute muitos dos aspectos filosóficos da ironia que Kierkegaard vem a tratar em sua obra. Assim como Kierkegaard, ele discute as teorias de Hegel e de Fichte e critica o uso da ironia pelos românticos para atacar a cultura burguesa moderna. Møller conclui que a ironia dos românticos "necessariamente termina em uma ausência de todo conteúdo, em um niilismo moral"[25]. As semelhanças entre a sua obra e a de Kierkegaard sugerem que a tese de mestrado de Kierkegaard pode até ter sido concebida com Møller

---

24. KIERKEGAARD. *Concluding Unscientific Postscript*. Vols. 1-2. Princeton: Princeton University Press, 1992, vol. 1, p. 34n. [Trad. de Howard V. Hong e Edna H. Hong]. [Trad. bras.: *Pós-escrito às migalhas filosóficas*. Vol. 1. Petrópolis/Bragança Paulista: Vozes/Edusf, 2013, p. 39, nota [Trad. de Álvaro Valls].]

25. MØLLER, P.M. "Om Begrebet Ironie". In: WINTHER, C.; OLSEN, F.C.; THAARUP, C. & PETERSEN, L.V. (eds.). *Efterladte Skrifter*. Vols. 1-6. Copenhague: C.A. Reitzel, 1848-1850, vol. 3, p. 152-158, esp. 154.

como um tipo de orientador, e então, após sua morte, completada para dar solução a algumas das percepções que Møller estava apenas começando a desenvolver.

Em seu *Diário DD*, Kierkegaard relata uma conversa que teve com seu professor em 30 de junho de 1837, menos de um ano antes da morte de Møller[26]. A discussão era sobre Sócrates, e alguns dos tópicos-chave foram a ironia e o humor. Ademais, também foi feita a comparação entre Sócrates e Jesus. Todos esses são elementos que reapareceram na obra de Kierkegaard, *O conceito de ironia*, uns quatro anos depois.

Após a morte da esposa de Møller em 1834, com apenas 29 anos de idade, ele ficou profundamente interessado na questão da imortalidade. Em 1837, ele publicou um longo artigo sobre as recentes discussões acerca da imortalidade que estavam ocorrendo na literatura alemã da época[27]. Nesse artigo ele destaca o que considerava uma das principais características da vida intelectual recente: o niilismo. Ele via no romantismo alemão e em algumas correntes da filosofia alemã uma rejeição das crenças e dos valores cristãos tradicionais, sem nada de novo para substituí-los. Segundo Møller, isso resultaria na negação de qualquer sentido ou valor duradouro. Møller criticava essa tendência e insistia na necessidade de se manter intacta a cosmovisão cristã. O que Møller chama de "niilismo" no artigo está intimamente relacionado com o que Kierkegaard chama de "ironia." Portanto, não pode haver dúvidas de que a confrontação crítica de Møller com o niilismo desempenhou um papel fundamental para Kierkegaard no desenvolvimento de *O conceito de ironia*.

---

26. CAPPELØRN, N.J. et al. (eds.). *Kierkegaard's Journals and Notebooks*. Vols. 1-11. Princeton: Princeton University Press, 2007, vol. 1, p. 216-217, DD: 18.

27. MØLLER, P.M. "Tanker over Muligheden af Beviser for Menneskets Udødelighed, med Hensyn til den nyeste derhen hørende Literatur" ["Pensamentos acerca da possibilidade de provas da imortalidade humana, com referência à mais recente literatura referente a isto"]. In: *Maanedsskrift for Litteratur*, vol. 17, 1837, p. 1-72, 422-453.

VI – A ideia de Kierkegaard da ironia controlada

Kierkegaard conclui *O conceito de ironia* com um capítulo curto intitulado, "Ironia como elemento controlado, a verdade da ironia"[28]. Após a detalhada análise no corpo da obra, essa breve conclusão aparece para o leitor como quase superficial. Aqui ele apresenta sua própria visão da ironia, em contraste tanto com a ironia socrática quanto com a ironia romântica. Estudiosos discutem o sentido desse capítulo, pois há certos elementos nele que podem ser lidos como irônicos. Assim, enquanto Kierkegaard aparentemente apresenta as conclusões da obra, alguns intérpretes pensam que ele ao mesmo tempo parece estar apontando para uma direção diferente.

Kierkegaard inicia esse capítulo com uma análise da ironia no contexto da arte, e menciona alguns autores, que, em sua opinião, fizeram uso dela corretamente: Shakespeare, Goethe e o autor dinamarquês Johan Ludvig Heiberg. Kierkegaard afirma que esses poetas são grandes porque encarnam o que ele chama de "uma visão de totalidade do mundo"[29]. Com isso ele parece querer dizer que eles tinham uma cosmovisão consistente mais abrangente que lhes permite organizar sua arte. Em seus poemas, eles são capazes de organizar e equilibrar um grande número de elementos diferentes. Kierkegaard os elogia, pois são capazes de usar a ironia efetivamente como um elemento individual em suas obras. Eles conseguem achar o tempo e o lugar certos para casos individuais de ironia, e empregá-la para causar um bom efeito nesses casos. Nesse sentido, ele diz que eles são mestres da ironia. Eles determinam exatamente quando ela deve ser usada, e constroem situações onde ela é mais apropriada. Isto está em contraste com a ironia romântica, que, como vimos, é totalizante. Os românticos não são capazes de controlar a ironia

---

28. KIERKEGAARD. *The Concept of Irony*. Op. cit., p. 324-329. [Trad. bras.: *O conceito de ironia*. Op. cit., p. 275-280: "A ironia como momento dominado. A verdade da ironia".]

29. Ibid., p. 325. [Trad. bras.: *O conceito de ironia*. Op. cit., p. 276: "Concepção global do mundo".]

como um elemento entre outros, mas, ao invés disso, são, de fato, controlados ou dominados por ela como um único elemento predominante. Assim, Kierkegaard critica a ironia romântica e recomenda o que chama de "ironia controlada", ou seja, o uso da ironia em casos específicos e apropriados.

Kierkegaard então passa do uso da ironia na arte para a questão mais existencial do uso da ironia na vida. Aqui ele se refere à sua formulação prévia do "viver poeticamente"[30]. Ele parece sugerir um tipo de ironia controlada que envolve geralmente o reconhecimento das convenções e dos costumes da sociedade do sujeito, mas sem fazê-lo acriticamente. A ironia, assim, é empregada contra aqueles aspectos da sociedade que são considerados falhos, mas não contra a sociedade como um todo. Ele escreve: "Em nossa época tem havido muita conversa sobre a importância da dúvida para a ciência e a erudição, mas o que a dúvida é para a ciência, a ironia é para a vida pessoal. Assim como os cientistas sustentam que não há ciência verdadeira sem a dúvida, também deve ser afirmado com o mesmo direito que nenhuma vida genuinamente humana é possível sem ironia"[31]. Isso é presumivelmente em parte uma referência à afirmação de Martensen, que a filosofia deve começar com a dúvida, com o *slogan*, "*de omnibus dubitandum est*". Kierkegaard parece dizer que, para sermos verdadeiramente humanos, devemos todos em algum momento passar por uma fase de reflexão crítica, onde sujeitamos nossas crenças e práticas herdadas ao exame crítico, e rejeitamos aquelas que são errôneas. Kierkegaard assim concorda implicitamente com a famosa afirmação de Sócrates, que a vida não examinada não vale a pena ser vivida, ou, dito diferentemente, a vida

---

30. Ibid., p. 326. [Trad. bras.: *O conceito de ironia*. Op. cit., p. 277.]
31. Ibid. [Trad. bras.: *O conceito de ironia*. Op. cit., p. 277: "Em nosso tempo, tem-se falado frequentemente na importância da dúvida para a ciência; mas o que a dúvida é para a ciência, a ironia é para vida pessoal. E assim como os homens da ciência afirmam que não é possível uma verdadeira ciência sem a dúvida, assim também se pode, com inteira razão, afirmar que nenhuma vida autenticamente humana é possível sem ironia".]

não examinada fracassa ao não desenvolver totalmente as faculdades que são únicas nos seres humanos. Kierkegaard assim chega à conclusão de que a ironia é "o início absoluto da vida pessoal"[32]. Ao usar a ironia de uma maneira controlada, o indivíduo pode manter uma distância crítica reflexiva sobre a cultura e a ordem estabelecida das coisas sem tentar destruí-las e sem alienar-se delas do jeito que os românticos fazem.

Em uma das mais importantes passagens em todos os seus escritos, Kierkegaard conecta essa visão da ironia controlada com o cristianismo. Ele relembra criticamente os importantes avanços científicos da época e observa que "conhecimento, não só sobre os segredos da raça humana, mas até sobre os segredos de Deus, é oferecido à venda hoje por um preço tão barato que tudo isso parece muito duvidoso. Em nossa alegria com as conquistas de nossa era, temos nos esquecido que uma conquista é sem valor se não é feita pela própria pessoa"[33]. Aqui ele implicitamente relembra Sócrates e a importância do saber subjetivo. Os contemporâneos de Kierkegaard, como os de Sócrates, alegam ter um espantoso conhecimento sobre um número de coisas diferentes. Mas esse conhecimento não pode ser aceito de maneira precipitada. Antes, ele deve ser examinado por cada indivíduo e apropriado por todos e por cada um de nós, por nós mesmos. Os "segredos de Deus" a que Kierkegaard se referiu não podem ser aprendidos como uma forma de conhecimento objetivo, mas em vez disso devem ser apropriados interiormente por cada indivíduo. Esse argumento é recorrente em muitas das obras posteriores de Kierkegaard. A ironia entra em cena quando o sujeito deseja criticar aquilo que Kierkegaard considera uma visão equivocada: que podemos conhecer objetivamente "os segredos de Deus". Ele acredita que essa visão, que era am-

---

32. Ibid.
33. Ibid., p. 327. [Trad. bras.: *O conceito de ironia*. Op. cit., p. 278: "a intelecção não só dos mistérios do gênero humano, mas também da divindade, é posta à venda por um preço tão baixo que dá bastante o que pensar. Em nosso tempo, empolgado pelo resultado, esqueceu-se que o resultado não tem nenhum valor *quando não é conquistado*".]

plamente sustentada em seu próprio tempo, é digna de crítica irônica. Assim, a ironia tem um papel importante no mundo moderno.

Em uma passagem profundamente provocativa, Kierkegaard utiliza as palavras de Jesus, que diz em Jo 14,6: "Eu sou o Caminho, a Verdade e a Vida". Kierkegaard a modifica e escreve: "A ironia como o negativo é o caminho; não é a verdade, mas o caminho"[34]. Aqui ele enfatiza o aspecto negativo da ironia, o aspecto que ele defendeu ao longo da obra em referência a Sócrates. A ironia não constrói ou edifica algo positivo, mas ela é importante porque é negativa, porque critica e demole. Isso parece implicar que a ironia é um elemento essencial para se chegar ao cristianismo. Primeiro, deve-se usar a ironia para solapar as concepções errôneas de cristianismo, que o concebe como uma doutrina positiva e objetiva; então, assim que isso é feito, é possível obter a relação apropriada com o cristianismo por meio da apropriação interior. A ironia, então, como uma força negativa, não é a própria verdade, mas ela prepara o indivíduo para encontrar a verdade por si mesmo.

VII – A defesa de Kierkegaard e a recepção da obra

Kierkegaard concluiu *O conceito de ironia* no início do verão de 1841, e o submeteu à Faculdade de Filosofia em 3 de junho daquele mesmo ano. O decano da faculdade era o professor de Filosofia Frederik Christian Sibbern, que tinha a incumbência de reunir a banca de avaliação do trabalho. Ele enviou a obra aos filólogos clássicos Johan Nikolai Madvig, Peter Christian Petersen, Peter Oluf Brøndsted, bem como ao físico e então reitor da Universidade de Copenhague, Hans Christian Ørsted e, finalmente, ao jovem teólogo sobre quem já discutimos, Hans Lassen Martensen.

A banca concordava que o trabalho certamente era suficiente para o grau acadêmico, mas eles tinham sérias reservas quanto ao

---

34. Ibid., p. 327. [Trad. bras.: *O conceito de ironia*. Op. cit., p. 278: "A ironia é, como o negativo, o caminho; não é a verdade, mas o caminho".]

uso da linguagem na obra e até sugeriram que fosse retrabalhada para eliminar o que consideravam seus excessos estilísticos. Eles ainda reclamaram que ela não tinha o tom erudito adequado para uma obra acadêmica, e que os frequentes gracejos de Kierkegaard eram inapropriados em um contexto acadêmico. Ørsted expressa sua visão concisamente quando escreve em seu relatório: "A despeito do fato de que certamente vejo na obra [*O conceito de ironia*] a expressão de forças intelectuais significativas, eu, porém, não posso negar que ela causou uma impressão geral desagradável em mim, particularmente por causa de duas coisas, ambas as quais eu detesto: verbosidade e afetação"[35].

Em 29 de setembro de 1841, Kierkegaard defendeu publicamente sua tese. De acordo com a tradição, a defesa oral não foi feita em dinamarquês, mas em latim. Os questionadores ou oponentes oficiais na defesa foram Sibbern e Brøndsted. Como dito acima, também era possível para outras pessoas da audiência fazer perguntas, e, ao todo, sete desses oponentes não oficiais aproveitaram a oportunidade de levantar objeções ao trabalho de Kierkegaard. No relatório oficial do evento, Sibbern e Brøndsted elogiam Kierkegaard por sua habilidade de responder convincentemente às questões colocadas[36].

Depois da defesa, Kierkegaard enviou uma cópia de *O conceito de ironia*, com uma carta amigável, ao seu antigo professor de Latim e Grego Ernst Bojesen, da Escola da Virtude Cívica[37]. Em 1840, Bojesen havia conseguido um novo cargo, na Academia Sorø Academy, e não estava mais em Copenhague. Depois que recebeu o livro, Bojesen escreveu uma carta ao seu colega filólogo Johan Nikolai Madvig, que ele presumia que estava na banca examinadora de Kierkegaard,

---

35. KIRMMSE, B.H. [Trad. e ed.]. *Encounters with Kierkegaard*: A Life as Seen by His Contemporaries. Princeton: Princeton University Press, 1996, p. 32.

36. CAPPELØRN, N.J. *Søren Kierkegaards Skrifter*. Vols. 1-28, K1-K28. Copenhague: Gad, 1997-2013, vol. K1, p. 144.

37. *Kierkegaard*: Letters and Documents. Princeton: Princeton University Press, 1978, Letter 48, p. 89 [Trad. de Henrik Rosenmeier].

e lhe pediu que agradecesse a Kierkegaard em seu nome. A carta foi uma oportunidade para Bojesen refletir tanto sobre o conteúdo de *O conceito de ironia* quanto sobre o caráter de Kierkegaard. Ele recorda uma época, presumivelmente o período em que Kierkegaard era estudante e estava trabalhando em sua tese, "quando, como um Sócrates moderno, ele andava por aí com todo mundo, nas ruas e becos, com a intenção de conversar ou de difundir suas boas ideias"[38]. Fica claro a partir desse relato de Bojesen que esse era um aspecto bem conhecido da personalidade e da atividade de Kierkegaard. O jovem Kierkegaard parecia se identificar com Sócrates e, de algumas maneiras, tentava imitá-lo.

Kierkegaard deve ter ficado aliviado ao obter sua titulação. Porém, mais significativamente, *O conceito de ironia* lhe ajudou a desenvolver seu próprio pensamento sobre várias das questões fundamentais. Contemplando agora seu futuro, era inevitável que algumas das coisas que foram importantes no contexto de sua tese de mestrado fossem incorporadas tanto em suas obras vindouras quanto em sua perspectiva de vida.

VIII – Kierkegaard e Regine Olsen

Enquanto Kierkegaard estava escrevendo *O conceito de ironia*, aconteceu seu famoso cortejo à jovem Regine Olsen. Ele conheceu a jovem de 15 anos Regine quando visitava alguns amigos em Frederiksberg, um bairro de Copenhague naquela época, no outono de 1837[39]. Regine vivia com sua família em Børsgade 66, em uma casa que ficava bem atrás do prédio da antiga Bolsa de Valores.

---

38. Essa carta foi impressa nos comentários dos *Søren Kierkegaards Skrifter*, vol. K28, p. 355ss., cf. esp. p. 356.

39. *Kierkegaard's Journals and Notebooks*, vol. 1, p. 47, AA: 53 e AA: 54.

A Bolsa de Valores.

Aparentemente, Kierkegaard e Regine se conheciam havia mais ou menos três anos, e foi em agosto e setembro de 1840, quando Kierkegaard estava terminando sua dissertação, que seu cortejo chegou à sua fase mais importante. Em 8 de setembro, ele viu Regine na rua e a acompanhou até sua casa. Não havia ninguém em casa, e ele pediu a ela que tocasse piano, como ela costumava fazer. Pouco depois, ele fechou o livro de partituras e disse a Regine que não era para isso que ele tinha vindo. Ele então, no seu próprio jeito idiossincrático, propôs casamento a ela, o que aparentemente a pegou completamente de surpresa. Ela imediatamente se levantou e o conduziu bruscamente à porta sem qualquer resposta clara. Kierkegaard, então, foi ao pai de Regine, que era um alto funcionário público, e pediu a mão dela em casamento. O pai de Regine também ficou surpreso, mas disse que concordaria com a ideia, contanto que sua filha concordasse. Assim, dois dias depois, em 10 de setembro, Regine Olsen deu seu consentimento, e os dois ficaram noivos. Isso deu início a um noivado que durou quase um ano.

Regine Olsen (1822-1904).

Pouco depois do noivado, Kierkegaard e Regine Olsen se encontraram no corredor de arcos atrás do palácio real, perto do picadeiro[40]. Regine relata que Kierkegaard parecia estar subitamente mudado, tendo se tornado ausente e frio. Ela aos poucos compreendeu que isso era uma parte da melancolia hereditária que ocorria na Família Kierkegaard, mas essa situação não lhe impediu de querer ser esposa de Kierkegaard.

Porém, em certo momento, Kierkegaard começou a ter algumas apreensões quanto à perspectiva da vida de casado. Em agosto de 1841, ele decidiu que não poderia prosseguir com o noivado. Suas razões para tanto têm sido motivo de infinita especulação, e é provavelmente seguro dizer que houve muitos fatores diferentes envolvidos em sua decisão, e que não houve apenas uma única razão que explicasse sua súbita mudança de ânimo. Em 11 de agosto de 1841, Kierkegaard rompeu o noivado e devolveu o anel a Regine. Ele escreveu a ela uma carta de despedida que, estranhamente, re-

---

40. *Encounters with Kierkegaard*, p. 44.

produziu "verbatim" mais tarde em sua obra pseudônima *Estágios no caminho da vida*[41]. Regine ficou completamente perturbada e implorou-lhe que não rompesse com ela. Seu pai também convidou Kierkegaard à sua casa e lhe implorou que reconsiderasse sua decisão, explicando como Regine estava inconsolavelmente triste. Kierkegaard concordou em falar com ela e tentar consolá-la, mas permaneceu firme na decisão sobre o casamento. Kierkegaard então falou com Regine, beijou-a pela última vez e partiu, e Regine finalmente aceitou a situação.

Copenhague não era uma cidade grande, e a notícia do noivado rompido logo se espalhou. O assunto rapidamente se tornou um escândalo. A Família Olsen foi ultrajada e sentiu-se humilhada publicamente. Kierkegaard tentou em seguida cultivar uma imagem pública de canalha para, em certo sentido, levar a culpa e permitir que Regine evitasse qualquer sentimento de orgulho ferido. Dada a situação, a atmosfera em Copenhague não ficou boa para ele, e ele então decidiu deixar a cidade por algum tempo e viajar para Berlim, a capital da Prússia. Kierkegaard partiu de barco para Berlim em 25 de outubro de 1841.

IX – O problema moderno de criar-se a si mesmo

Apesar de sua relevância não ser imediatamente óbvia, o relato crítico de Kierkegaard sobre Schlegel e a ironia romântica teve certamente grande importância para nós nos tempos modernos. O

---

41. KIERKEGAARD. *Stages on Life's Way*. Princeton: Princeton University Press, 1988, p. 329-330: "Para não ficar repetindo aquilo que deve, apesar de tudo, acontecer, o que, quando tiver acontecido, certamente proporcionará a força que é necessária – deixe, então, acontecer. Acima de tudo, esqueça aquele que escreveu isto; perdoe um homem que, mesmo que fosse capaz de alguma coisa, era ainda assim incapaz de fazer uma garota feliz". A carta original não sobreviveu, mas em seus diários Kierkegaard escreveu: "Mas tem de haver um rompimento – Eu lhe enviei de volta o seu anel com uma carta, a qual, palavra por palavra, está impressa na construção psicológica imaginária" (*Stages on Life's Way*, suplemento, p. 661) [Trad. de Howard V. Hong e Edna H. Hong].

conceito de "viver poeticamente" que Kierkegaard usa para captar a tentativa dos românticos de criarem a si mesmos se refere ao modo como o ironista romântico pode livrar-se da realidade da sociedade estabelecida e criar-se à vontade. Ele pode escolher fazer de si qualquer coisa que desejar, reinterpretando seu passado e seu presente à vontade. Ele deseja mostrar uma imagem pública de si mesmo aos outros que demonstre sua habilidade de viver segundo suas próprias premissas, livre das restrições dos costumes tradicionais na sociedade burguesa. Ainda que a formulação "viver poeticamente" possa soar como algo estranho e não compreensível imediatamente, o que se descreveu aqui não é tão diferente de algo que é muito comum em nossa experiência moderna. Todos nós tentamos, de um jeito ou de outro, apresentar uma imagem pública de nós mesmos que incorpore todos os aspectos e traços de caráter positivos que valorizamos: desejamos ser vistos, por exemplo, como interessantes, inteligentes, atraentes, e por aí vai. Contamos histórias sobre nós mesmos que realcem esses aspectos. Pense em sites de redes sociais. No Facebook estamos projetando certo retrato de nós mesmos para os nossos amigos e conhecidos. Estamos, em certo sentido, continuamente atualizando um tipo de autobiografia ao vivo.

Mas há quase sempre uma discrepância entre as coisas que alguém posta no Facebook e a totalidade de sua vida, de suas experiências e de sua personalidade. Todos possuímos certas falhas de caráter que tentamos esconder ou certas experiências com as quais ficamos embaraçados ou envergonhados. Elas não são o tipo de coisa que estamos ansiosos para colocar no nosso Facebook, mas ainda assim elas pertencem a quem somos como indivíduos. Surge então uma divisão entre a imagem pública que se deseja cultivar e o verdadeiro si-mesmo, que presumivelmente sobrepõe-se em parte à imagem pública, mas contém mais do que ela, inclusive coisas pouco lisonjeiras.

Aqui já podemos ver o delineamento da crítica de Kierkegaard à visão dos românticos de viver poeticamente. Há pessoas que levam tão a sério a imagem transmitida pela sua página de Facebook que ela se torna real. Elas tentam esquecer as outras partes de suas personalidades que não se encaixam nessa imagem. Esse é o problema da autenticidade. A pessoa autêntica é verdadeira consigo mesma no sentido de que sabe perfeitamente bem que está projetando uma ficção em seus perfis do Facebook, e estão plenamente conscientes dos (e em contato com os) aspectos menos lisonjeiros de suas personalidades. São honestas consigo mesmas e reconhecem suas falhas, considerando-as áreas para aprimoramento. Mas infelizmente, nem todos são sempre tão honestos. Há também pessoas que são inautênticas, ou seja, de algum jeito acreditam na mentira que contaram sobre si mesmas, pois isso as faz parecer melhores aos olhos do público. Elas agem como se suas imagens públicas fossem a verdade de suas existências, e não reconhecem quaisquer defeitos ou falhas nelas mesmas. Mesmo que os românticos possam tentar viver poeticamente, e mesmo que a pessoa moderna possa tentar viver como sua imagem pública, isso é sempre em parte uma ficção que as afasta de quem elas realmente são. Esses exemplos ilustram que, intuitivamente, acreditamos que temos algum tipo de si-mesmo que não pode ser aleatoriamente mudado pela simples reinterpretação de nossas vidas ou pela atualização da página do Facebook. Parece haver fatos inescapáveis sobre nossas vidas, bons e maus, que não podemos ignorar autenticamente.

Isso então nos leva de volta à questão com a qual começamos. O que é o verdadeiro si-mesmo? O que faz de mim o que sou? Suponhamos que eu quisesse ser tão honesto e autêntico quanto possível, reconhecendo abertamente minhas falhas, meus fracassos, meus traços de caráter negativos etc. Eu conseguiria ter êxito completamente? Poderia ser absolutamente transparente sobre quem sou? Todos nós conhecemos pessoas que são muito duras consigo mesmas, exagerando os aspectos negativos sobre suas pessoas e caráter. Sua autoimagem é bem o oposto da que acabamos de discutir: em vez de ser excessivamente positiva, é excessivamente negativa. Mas no fim das contas nenhuma dessas perspectivas reflete acuradamente o verdadeiro si-mesmo. Assim, considerada a possibilidade de autoengano, é possível que nós alcancemos uma visão exata de nós mesmos? Todos nós tivemos experiências de momentos em que outras pessoas tiveram uma visão muito mais clara do nosso caráter ou da nossa situação do que nós mesmos tivemos. Outras pessoas podem ver certas coisas sobre nós com mais clareza a partir de fora, de onde talvez tenhamos um ponto cego. Mas as outras pessoas também têm seus próprios propósitos e suas próprias formas de autoengano. Assim, por que deveríamos privilegiar suas visões em vez da nossa?

Aqui podemos realmente ver o quanto esse tema é complexo. Nós instintivamente acreditamos que somos, de alguma forma, únicos e especiais. Queremos acreditar que podemos nos criar livremente a nós mesmos de acordo com nossos interesses e habilidades. Queremos dizer que há algo de absoluto e irredutível sobre nossas pessoas e caráter, mas logo que tentamos definir o que ele é, o problema começa a surgir. Então, com essa crítica a Schlegel e à ironia romântica, Kierkegaard confronta o leitor moderno com a questão que é ou que deveria ser importante para todos nós. Quem sou eu?

6 A CONCEPÇÃO DA TAREFA SOCRÁTICA DE KIERKEGAARD E O INÍCIO DA AUTORIA: 1843

O mundo moderno nos faz muitas exigências. As coisas mudam constantemente, e somos obrigados a nos adaptar e a aprender coisas novas para sermos capazes de viver neste mundo cambiante. Em certo sentido, o mundo moderno é coercivo, pois não importa o que eu possa vir a pensar dessas mudanças: eu sou, de um jeito ou de outro, inevitavelmente obrigado a acompanhá-las se eu quiser continuar a ser um membro participativo da sociedade. Mas o que eu deveria fazer se certas mudanças sociais ou políticas ocorreram, e eu tiver sérios problemas ou discordâncias com elas? Eu deveria me sentir obrigado a acompanhar essas coisas que eu não aceito e que incomodam minha consciência moral ou minhas convicções éticas ou religiosas? Há alguns grupos de pessoas que se sentem alienadas de certos aspectos de sua cultura, e assim tentam separar-se da maioria e estabelecer sua própria pequena sociedade, ignorando tanto quanto possível aquela maior que os cerca. Isso pode parecer uma boa solução, mas grupos desse tipo frequentemente pagam um preço alto por sua separação e por desligarem-se da maioria. Eles são forçados a viver uma existência marginalizada e alienada em sua própria sociedade.

Vimos na análise de Hegel do papel de Sócrates na Grécia antiga que a ética consuetudinária tradicional é o que governa as sociedades, mas o ponto-chave é que o indivíduo tem o direito de avaliá-la com sua própria racionalidade e de consentir ou não com ela. Esse é o direito da consciência. Kierkegaard concordava com Hegel nisso, e ambos viam Sócrates como um grande revolucionário em sua tentativa de afirmar os direitos do indivíduo. Esses, porém, não são só temas de importância histórica. Hoje em dia, falamos sobre coisas como coragem civil, onde indivíduos tentam defender o que acreditam em face de um governo ou sistema corrupto. Jornalistas, ativistas políticos e pessoas de consciência hoje em dia arriscam suas vidas, suas reputações e seus sustentos ao falar publicamente sobre as injustiças que veem ao seu redor.

Quais deveriam ser os direitos do indivíduo nesses casos? Apesar de Kierkegaard ser geralmente conhecido como um escritor religioso, suas obras também contêm perspicazes considerações sobre temas desse tipo referentes a temas como política e teoria social. Neste capítulo pretendemos ver como Kierkegaard, inspirado por Sócrates, explora alguns desses temas no contexto de algumas de suas primeiras obras elaboradas após ele se graduar e se lançar à sua carreira de autor.

I – Kierkegaard em Berlim

Kierkegaard ficou em Berlim de 25 de outubro de 1841 a 6 de março de 1842. Enquanto estava lá, assistiu a palestras na universidade e começou a trabalhar em seu próximo livro. Ele alugou um quarto na Jagerstrasse 57, em frente ao Gendarmenmarkt.

Gendarmenmarkt em Berlim.

O grande evento na Universidade de Berlim foi a recente nomeação do velho filósofo Friedrich Wilhelm Joseph Schelling, que era o único remanescente dos dias de ouro do Idealismo Alemão, pois Fichte morreu em 1814 e Hegel em 1831. Ao longo dos anos de 1830 e no começo dos anos de 1840, os alunos de Hegel estavam exercendo uma profunda influência na vida intelectual. Os hegelianos de esquerda, que incluíam nomes como Ludwig Feuerbach, David Friedrich Strauss, Karl Marx, Friedrich Engels e Bruno Bauer, representavam uma tendência alarmante, que ameaçava solapar tanto a religião quanto a ética, e o rei da Prússia estava determinado a agir quanto a isso. Ele decidiu nomear Schelling para combater essa situação. Apesar de Schelling ter sido um dos amigos de Hegel na juventude, seus caminhos subsequentes começaram a divergir, a ponto de surgir uma polêmica entre eles.

Schelling ficou afastado dos olhos do público por muitos anos, e por isso sua nomeação despertou considerável interesse. Alunos e professores estavam entusiasmados para ver o que ele diria sobre os hegelianos e o que eles responderiam. Suas preleções lotavam os auditórios e logo se tornaram o assunto mais comentado da cidade; elas eram noticiadas até mesmo nos jornais locais. Kierkegaard também frequentou essas aulas. Ele registra suas anotações delas no *Caderno 11*[1]. No início, ele estava muito entusiasmado com Schelling, mas com o tempo foi se cansando dele e parou de fazer anotações. Em uma carta ao seu irmão, de fevereiro de 1842, Kierkegaard escreve: "Schelling fala as tolices mais insuportáveis," e acrescenta: "Estou velho demais para frequentar preleções, assim como Schelling está velho demais para dá-las"[2]. Durante o mesmo tempo, Kierkegaard também frequentou as preleções do teólogo hegeliano Philipp Marheineke. Ele fez anotações bem detalhadas das preleções de Marheineke sobre dogmática cristã em seu *Caderno 9* e em seu *Caderno 10*[3]. Ele também frequentou o curso oferecido pelo lógico hegeliano Karl Werder e fez anotações nos mesmos cadernos[4].

Além dessas atividades acadêmicas, enquanto estava em Berlim, Kierkegaard frequentou o teatro e ponderou sobre o que queria fazer de sua vida. Ele tinha acabado de completar sua tese sobre Sócrates e a ironia, e isto lhe proporcionou um modelo. Ele estava muito atraído pela ideia de seguir o exemplo de Sócrates em seu próprio contexto dinamarquês, e decidiu desenvolver uma série de textos que incorporariam alguns elementos socráticos, dentre os quais a ironia. Ele queria empregar a mesma estratégia de Sócrates para solapar aquilo que considerava como visões equivocadas de seu próprio tempo.

Em sua obra *O ponto de vista de minha obra como escritor*, Kierkegaard fornece um panorama de todos os seus escritos e explica sua estratégia autoral geral. Nessa obra, ele diz que sua autoria começa com *Ou/ou*, ou seja, a obra que ele escreveu após *O conceito de*

---

1. CAPPELØRN, N.J. et al. (eds.). *Kierkegaard's Journals and Notebooks*. Vols. 1-11. Princeton: Princeton University Press, 2007, vol. 3, p. 303-366, Not11: 1-40.

2. *Kierkegaard: Letters and Documents*. Princeton: Princeton University Press, 1978, Letter 70, p. 141 [Trad. de Henrik Rosenmeier].

3. *Kierkegaard's Journals and Notebooks*. Op. cit. Vol. 3, p. 243-273, Not9: 1; p. 285-298, Not10: 8-9.

4. Ibid., vol. 3, p. 239, Not8: 50; p. 239s., Not8: 52; p. 274-278, Not9: 2-9; p. 413, Not13: 50.

ironia. Em outras palavras, ele estranhamente não conta sua tese de mestrado, *O conceito de ironia*, como parte de sua autoria. Nos estudos sobre Kierkegaard, uma interpretação frequente sobre isso é que Kierkegaard considerava sua tese de mestrado como um trabalho inicial imaturo, algo juvenil que não deve ser levado a sério. Por essa razão, estudiosos de Kierkegaard há muito tempo têm se concentrado nas obras comumente consideradas maduras, tais como *Temor e tremor*, ou o *Pós-escrito conclusivo não científico*, e têm negligenciado *O conceito de ironia*. Isso é lamentável, pois essa obra é altamente elucidativa para a compreensão do que Kierkegaard considera sua autoria oficial.

A decisão de Kierkegaard de excluir *O conceito de ironia* do conjunto de sua autoria foi tomada não porque ele acreditasse que era uma obra inferior, mas porque foi um livro publicado *antes* de Kierkegaard desenvolver a ideia geral para o conjunto de sua autoria. Assim, *O conceito de ironia* não era um componente daquilo que ele concebeu como sua estratégia autoral. Não obstante, ele continua sendo um texto crucial para a compreensão da obra de Kierkegaard, pois, de várias maneiras, serve como base para essa estratégia. Então, em vez de ser propriamente uma parte da autoria, *O conceito de ironia* foi uma preparação para a autoria. Mas isso significa que sua importância aumentou mais do que diminuiu, já que essa obra fornece uma inestimável chave interpretativa para o resto de suas obras.

II – O debate sobre a mediação e a concepção de *Ou/ou*

Enquanto estava em Berlim, Kierkegaard começou a trabalhar em um novo livro, que viria a ser *Ou/ou*. Ele concebeu essa obra em meio às animadas discussões sobre a filosofia de Hegel que ocorriam à sua volta em Berlim. No segundo capítulo, discutimos o conceito de *aporia* nos diálogos de Platão, e, nesse contexto, notamos que Hegel pensava que Sócrates estava errado ao ficar parado no resultado negativo. Em vez disso, para Hegel, o objetivo da filosofia era perceber como o negativo estava necessariamente relacionado ao positivo. Hegel acreditava que o método negativo de Sócrates era importante, mas Sócrates não conseguiu dar o importante passo seguinte, de construir uma filosofia positiva. Por isso, o seguidor dinamarquês de Hegel, Hans Lassen Martensen, encorajava seus alunos a "ir além de Sócrates".

Hegel acreditava que a filosofia tinha tudo a ver com a percepção das relações orgânicas necessárias entre opostos. Como vimos no segundo capítulo, ser e nada não são dois conceitos separados, mas cada um implica e pressupõe o outro. Quando uma filosofia se vincula a apenas um lado dessa dicotomia, ela não consegue ver a verdade mais ampla. Hegel se refere a tal abordagem unilateral como "dogmatismo". Em seu livro *Enciclopédia das ciências filosóficas*, Hegel explica: "Dogmatismo consiste em aderir a determinações unilaterais do entendimento, e excluir seus opostos. Esse é exatamente o estrito 'ou-ou', segundo o qual, por exemplo, o mundo é *ou* finito, *ou* infinito, mas *não ambos*"[5]. Aqui Hegel se refere à lei do terceiro excluído, que determina que ou algo é x, ou não é. Em outras palavras, ou a casa é vermelha, ou não é. Mas ela deve ser um dos dois. Hegel dá uma versão resumida disto ao chamá-lo simplesmente de o "ou-ou".

Na Dinamarca em 1839 houve um debate sobre este ponto na filosofia de Hegel. O bispo da Zelândia, Jakob Peter Mynster, que servia na Igreja de Nossa Senhora, criticou Hegel, argumentando que a lei do terceiro excluído tinha sido um dos pilares da lógica (e do bom-senso) desde Aristóteles, e era absurdo negá-la. Em resposta a ele, o hegeliano Martensen respondeu que as doutrinas cristãs fundamentais, como a Encarnação e a Trindade, não fariam sentido nos termos da lógica de Aristóteles. Segundo essa visão, Jesus teria que ser ou Deus ou homem, mas não ambos. Martensen então argu-

---

5. HEGEL, G.W.F. *The Encyclopaedia Logic* – Part One of the Encyclopaedia of the Philosophical Sciences. Harris, Ind.: Hackett, 1991, § 32, acréscimo [Trad. de T.F. Gerats, W.A. Suchting e H.S. Harris].

mentou que alguma forma de mediação deve ser pressuposta se for para manter a doutrina cristã da dupla natureza, humana e divina, de Cristo. Ele afirma que a lógica de Hegel é capaz de dar conta desse problema, enquanto a de Aristóteles teria de rejeitá-lo. Martensen escreve: "O ponto central do cristianismo – a doutrina da encarnação, a doutrina do Deus-homem – mostra precisamente que a metafísica cristã não pode ficar em um ou-ou, mas que deve encontrar a verdade em um terceiro que [a lei do terceiro excluído] afasta"[6].

Kierkegaard seguiu esse debate de perto e se apropriou da fórmula "ou-ou" como título de seu novo livro. A obra é dividida em duas partes de dois autores. A parte um é escrita pelo anônimo A, O Esteta, e a parte dois por B, ou Juiz Guilherme. No prefácio da obra, o leitor é informado que os dois textos foram achados por acaso por Victor Eremita, que decide publicá-los como editor. Com essa obra, Kierkegaard tenta criar duas cosmovisões. Ele tenta criar um tipo de diálogo entre o esteta que defende sua existência despreocupada, e o juiz que defende as virtudes de se viver uma vida burguesa, estável e previsível. Porém, como um diálogo socrático que termina em *aporia*, esse diálogo não chega a qualquer conclusão positiva. Kierkegaard não aparece no final para dizer quem ganhou o debate. Ele simplesmente apresenta duas posições aos leitores, como duas visões importantes sobre a época, e então deixa que eles decidam por si mesmos qual eles acham mais atrativa. Assim, com essa obra ele apresenta um "ou-ou" e se recusa a dar o próximo passo que Hegel exige, de ir além da negação e de construir algo positivo. A escolha que Kierkegaard fez da expressão "ou/ou" como título é um convite à aceitação da negação da oposição e da contradição, e a resistir à ânsia de resolvê-la. Nesse sentido, ele segue o caminho de Sócrates. *Ou/ou* pode ser visto como um tipo de diálogo socrático que termina em *aporia*.

---

6. MARTENSEN, H.L. "Rationalism, Supernaturalism and the *principium exclusi medii*". In: STEWART, J. (ed. e trad.). *Mynster's "Rationalism, Supernaturalism" and the Debate about Mediation*. Copenhague: Museum Tusculanum Press, 2009, p. 130 [*Texts from Golden Age Denmark*, vol. 5].

Kierkegaard faz o esteta referir-se a esta discussão no começo da obra em uma seção curta intitulada "Ou/ou: Um discurso extático". O esteta faz uso da lei do terceiro excluído – uma coisa deve ser ou X ou não X – e dela faz derivar diversas formulações, algumas das quais aparentemente absurdas: "Case-se, e você se arrependerá. Não se case, e você também se arrependerá. Case-se ou não se case, você se arrependerá do mesmo jeito"[7]. Aqui a dicotomia é introduzida: ou se case ou não se case. Segundo a lógica de Hegel, estas oposições devem ser resolvidas ou mediadas. Mas o esteta de Kierkegaard insiste em manter-se firme na oposição. Acerca da mediação hegeliana, ele escreve: "Mas isso é um mal-entendido, pois a verdadeira eternidade não fica atrás do ou/ou, mas antes dele"[8]. Em outras palavras, a verdade aparece não quando a dicotomia ou oposição é mediada ou resolvida (com o ou-ou, ou atrás dele), mas quando alguém é confrontado com a oposição. A resolução de tais charadas conceituais fica no reino do pensamento, mas não pode ser obtida na vida.

III – O Esteta A como um ironista romântico: *diapsalmata*

Após retornar a Copenhague, Kierkegaard publicou *Ou/ou* em 20 de fevereiro de 1843, ou seja, dois anos após *O conceito de ironia*. Bascando-se em sua análise prévia do romantismo alemão, Kierkegaard agora tenta criar uma personagem literária como a do ironista romântico na figura do esteta. Então, pode-se dizer que em *O conceito de ironia* ele fornece uma descrição em terceira pessoa do ironista moderno, mas então, em *Ou/ou*, ele muda para uma descrição em primeira pessoa da perspectiva do próprio ironista. Além do mais, *O conceito de ironia* foi apresentado como uma obra acadêmica e, como tal, faz citações extensas em alemão e grego, enquanto *Ou/ou*

---

7. Kierkegaard. *Either/Or 1*. Princeton: Princeton University Press, 1987, p. 38 [Trad. de Howard V. Hong e Edna H. Hong].
8. Ibid., p. 39.

foi pensado como uma obra literária, o que permitiu a Kiekegaard um grau maior de liberdade composicional.

O primeiro volume de *Ou/ou*, ostensivamente escrito pelo Esteta A, consiste em uma série de textos diferentes nos quais podemos discernir muitos traços de suas primeiras análises da ironia romântica de sua obra anterior. Por exemplo, o texto final da primeira parte é intitulado, "O diário do sedutor", que conta a história de um certo Johannes, que seduz uma moça ingênua, Cordelia. Johannes é apresentado como insensível e calculista. Ele parece desprezar toda a ética convencional para satisfazer seus próprios desejos.

Muitas das questões abordadas em *O conceito de ironia* ligadas à discussão do livro *Lucinde*, de Schlegel, também são incorporadas em *Ou/ou*. A discussão do amor e do casamento é feita na parte dois da obra, de autoria do Juiz Guilherme, o servidor civil casado. O juiz tenta defender o casamento em oposição à doutrina do amor romântico advogada pelo esteta.

Mas um dos textos onde o esteta é mais claramente mostrado como um ironista romântico é o primeiro capítulo do livro intitulado *Diapsalmata*. Trata-se de uma série de aforismos esparsos escritos e coletados pelo esteta. Os aforismos inicialmente parecem não ter relação uns com os outros. Eles parecem vagar de um tópico a outro sem organização ou sentido claros. O esteta parece anotar qualquer coisa que surja em sua mente após ter uma experiência ou ler um texto. Quando alguém lê esses aforismos, a princípio tem a impressão de que são bem frívolos, e talvez um pouco confusos, mas quando se continua a ler, a cosmovisão e personalidade do esteta começam a aparecer. Vejamos alguns exemplos.

O esteta escreve: "Eu prefiro falar com crianças, pois ainda se pode ousar esperar que elas possam se tornar seres racionais; mas aqueles que já se tornaram, santo Deus!"[9] O que isso nos diz do esteta? Crianças são ingênuas e inexperientes nas coisas do mundo.

---

9. Ibid., p. 19.

As crianças podem não ser ainda racionais, mas sua espontaneidade inocente ainda é preferível à inautenticidade da cultura adulta. Fomos ensinados a reprimir nossos sentimentos e a obedecer às regras. Os adultos desenvolvem diferentes formas de esconder seus verdadeiros sentimentos; eles empreendem estratégias e intrigas para obter o que querem. Mas isso sabota as relações humanas honestas e abertas, e corrompe os indivíduos. As crianças estão misericordiosamente livres disso, pois leva tempo para se aprender tais coisas. Assim, o esteta prefere falar com crianças que ainda estão em contato com seus sentimentos e emoções humanos básicos. Elas são verdadeiras consigo mesmas e não tentam dissimular quem são. Na verdade, elas ainda não desenvolveram sua capacidade racional e assim podem fazer berreiros às vezes, mas até nisso há uma certa autenticidade, e dá para saber exatamente o que uma criança quer ou não quer. Já com os adultos, nunca se tem certeza, pois com frequência escondem estrategicamente quem realmente são e quais devem ser suas verdadeiras intenções. Apesar de os adultos terem desenvolvido sua racionalidade, ela é usada de forma negativa para conspirar e enganar os outros. Ao dizer que prefere falar com crianças, o esteta está, em certo sentido, fazendo uma acusação contra a cultura burguesa que corrompe as pessoas e destrói o verdadeiro espírito humano encontrado na infância.

Em outro dos aforismos, o esteta exclama: "Eu não estou a fim de fazer nada"[10], e vai enumerando uma série de atividades diversas que não está a fim de fazer, algumas das quais são até mesmo opostas entre si. O que isto nos diz dessa pessoa? O ironista romântico é também um tipo de niilista. Ele não acredita que exista algo que tenha qualquer valor ou verdade intrínsecos, e a ausência de quaisquer valores externos que poderiam ser usados para orientar sua vida o deixa à mercê de seus caprichos pessoais momentâneos, que são muitas vezes arbitrários. Lembramos como o ironista explorou essa situação para se inventar, por assim dizer. Mas o lado negativo

---

10. Ibid., p. 20.

dessa disposição é que se nada é verdadeiro ou valioso, e então não há razão para se fazer nada. Para a pessoa que realmente acredita nisso, seria muito difícil estar motivado para fazer alguma coisa. Essa é a visão do esteta, e ela o deixa em um estado de letargia, sem inclinação para fazer qualquer coisa.

Em outro aforismo, o esteta afirma: "A coisa mais ridícula de todas, pelo que me parece, é estar atarefado no mundo. Ser um homem muito ativo nas refeições e muito ativo no trabalho"[11]. Aqui, o esteta critica o senso de importância que as pessoas dão à vida burguesa. Elas se levam muito a sério, e seus trabalhos e atividades se tornam obras monumentais de importância histórico-universal. Da perspectiva do niilista, nada disso realmente importa. Nada na vida burguesa tem um sentido mais profundo ou duradouro. Seduzidas pela rotina da vida diária, as pessoas se tornam irrefletidas e não conseguem ver a perspectiva mais ampla. Em vez disso, elas se enganam e tentam conceber suas vidas como profundamente importantes e significativas. Elas não veem que vão morrer, e que tudo isso dará em nada. Elas podem ser atingidas por uma telha solta e morrer na hora. Esse exemplo que o esteta usa soa como absurdo no início, mas ele sublinha a fragilidade da vida e da existência humanas. Ele nos lembra que, mesmo que estejamos atarefados com nossas vidas e atividades cotidianas, não deveríamos perder de vista as questões fundamentais da vida. Tornamo-nos absurdos e cômicos quando fingimos que viveremos para sempre e quando damos grande importância a nossas buscas e esforços triviais.

A voz do niilista talvez apareça mais claramente no aforismo que começa com "Quão vazia e sem sentido é a vida"[12]. O esteta contempla a morte de um homem. Quando experimentamos a morte de outra pessoa, é sempre uma ocasião para recordarmos nossa própria mortalidade. Sentimo-nos reconfortados por ainda termos

---

11. Ibid., p. 25.
12. Ibid., p. 29.

algum tempo de vida, mas o esteta sugere que isso é pouco consolador no contexto maior. Mesmo uma vida humana longa é curta em uma escala cósmica mais ampla. O que se ganha realmente ao se viver alguns anos a mais? Além disso, a extensão da vida não lhe atribui qualquer sentido. Nessa perspectiva, mesmo coisas que podem parecer importantes são de fato indiferentes. Dois aforismos abaixo, ele anuncia: "Vinde, sono e morte; vós nada prometeis, vós mantendes tudo"[13].

Em outro aforismo, o contraste entre a infância e a idade adulta é tematizado de novo. O esteta lembra que, quando era jovem, não ria das coisas com presunção, pois estava só aprendendo como o mundo funcionava. Mas então, quando conheceu a vida e a sociedade, só conseguiu rir delas. O esteta faz uma longa lista de coisas consideradas importantes pela sociedade burguesa e afirma que elas são todas dignas de riso. Ele escreve:

> Eu via que o sentido da vida era ter um sustento, seu objetivo era tornar-se um conselheiro, que o precioso deleite do amor era conquistar uma garota rica, que a bênção da amizade era ajudar em dificuldades financeiras, que sabedoria era aquilo que a maioria presumia ser, que entusiasmo era fazer um discurso, que coragem era arriscar ser multado em dez dólares, que cordialidade era dizer "Espero que tenha gostado" depois de uma refeição, que piedade era ir à comunhão uma vez por ano. Isso eu vi, e ri[14].

Em cada caso, ele intima o leitor a estabelecer um ideal mais alto. Obviamente, o amor deve ser mais do que apenas casar-se com uma garota rica. Amizade deve ser mais do que apenas emprestar dinheiro para alguém que precisa. Piedade religiosa deve ser mais do que ir à comunhão uma vez por ano. O esteta não fica argumentando sobre essas coisas, mas é claro que ele pensa que a cultura burguesa faz chacota delas. Com esses ricos aforismos, Kierkegaard

---

13. Ibid., p. 30.
14. Ibid., p. 34.

introduz seu leitor ao personagem do esteta, que representa uma ampla constelação de problemas modernos como o relativismo, o niilismo e a alienação.

Em seu *Diário JJ*, também de 1843, Kierkegaard volta a *Ou/ou* e reflete sobre os diferentes aspectos da obra. Em uma anotação intitulada "Meu julgamento sobre *Ou/ou*", que aparentemente foi escrito antes da publicação da obra, ele se refere a Sócrates de um jeito estranho: "Havia um jovem que tinha a felicidade de ser talentoso como um Alcibíades. Ele estava perdido no mundo. Em sua carência, ele procurou por um Sócrates, mas, entre os seus contemporâneos, não achou nenhum. Ele então implorou aos deuses que o transformassem em um Sócrates"[15]. É difícil não ver nessas palavras um tipo de reflexão autobiográfica. Kierkegaard sabia desde criança que ele era um jovem "talentoso", e sua impressão foi sem dúvida fortalecida após ter terminado de escrever, com sucesso, *O conceito de ironia*. Mas ele também era considerado meio esteta[16], e a descrição do jovem "perdido no mundo" pode muito bem ter sido um retrato preciso dele, ainda mais depois de seu rompimento com Regine e de sua viagem a Berlim. Nesse sentido, ele parece se identificar com Alcibíades, o jovem em *O banquete*, de Platão, que tinha talentos intelectuais, mas levava uma vida dissoluta. De acordo com a anotação no diário, o jovem procurava alguém que pudesse guiá-lo, assim como Alcibíades buscava um mentor em Sócrates. Mas depois de não conseguir encontrar ninguém, Kierkegaard desejou que ele mesmo pudesse se tornar um Sócrates. Kierkegaard assim parece ter reconhecido em si mesmo as características dessas duas figuras gregas, e desejou subjugar o lado de seu caráter assemelhado a Alcibíades tornando-se mais

---

15. *Kierkegaard's Journals and Notebooks*. Op. cit. Vol. 2, p. 146, JJ: 54.
16. O velho professor de Kierkegaard, Ernst Bojesen, afirma que muitas pessoas o consideravam um "engenhoso *Taugenichts*" ou "bom para nada". Cf. CAPPELØRN, N.J. et al. (eds.). *Søren Kierkegaards Skrifter*. Vols. 1-28, K1-K28. Copenhague: Gad, 1997-2013, vol. K28, p. 355.

parecido com Sócrates. Isso é importante, já que parece confirmar a tese de que foi por volta da época da composição de *Ou/ou* que Kierkegaard teve a ideia de tomar Sócrates como modelo para sua autoria e seu pensamento.

IV – A recepção imediata de *Ou/ou*

Hoje reconhecemos *Ou/ou* como uma obra inovadora de Kierkegaard, mas, na época, a recepção da obra foi bem variada. Ela causou grande agitação nos círculos intelectuais da Era de Ouro da Dinamarca. As pessoas estavam intrigadas pelo pseudônimo esquisito, Victor Eremita, e viram no livro algo de muito original. Mas a obra também foi ofensiva para algumas pessoas. A parte um do texto, ou seja, a parte escrita pelo esteta, parecia exibir, para muita gente, um tom de superioridade arrogante que algumas pessoas também viam na própria personalidade de Kierkegaard. O esteta parece considerar-se mais inteligente do que seus concidadãos, e isso o coloca além da esfera da ética burguesa. Especialmente o "Diário do sedutor", na primeira parte da obra, ofendeu as sensibilidades dos leitores contemporâneos. O comportamento cínico e manipulativo de Johannes o Sedutor pode ser uma leitura desconfortável, e as pessoas perguntavam que tipo de mente poderia ter produzido tal figura?

O principal crítico literário da época, Johan Ludvig Heiberg, fez uma curta resenha da obra em seu periódico *Intelligensblade*, em 1º de março de 1843. Heiberg parecia meio incomodado pelo livro de Kierkegaard, que considerava mal-organizado e bagunçado. Sua resenha é bastante desdenhosa com o esforço de Kierkegaard. Heiberg começa zombando do enorme tamanho da obra, ao escrever: "Portanto, é quase com respeito ao seu volume que o livro deve ser chamado de monstro, pois ele já é impressionante em seu tamanho antes mesmo que se saiba que espírito vive nele, e eu não duvido que, se o autor quisesse exibi-lo por dinheiro, ele iria lucrar tanto quanto se ele fosse lido por dinheiro"[17]. Mesmo admitindo que o livro continha algumas esporádicas reflexões ou formulações interessantes, ele diz que é confuso e difícil de acompanhar. Além disso, ele afirma que o texto é meio prolixo, e o leitor fica com vontade de prosseguir mais rapidamente do que o autor. Heiberg imagina um leitor que, após ter terminado a parte um, perde a paciência e fecha o livro dizendo: "Chega, estou farto do *Ou*, e não vou ler o *ou*"[18].

Kierkegaard ficou profundamente ofendido, e nunca perdoou Heiberg. Ele respondeu com um artigo no jornal *A Pátria*, em 5 de março de 1843. Ainda sob o pseudônimo Victor Eremita, o artigo é intitulado "Uma palavra de agradecimento ao Professor Heiberg". Kierkegaard, em certo sentido, lhe dá o mesmo tratamento que Sócrates dá a seus interlocutores ao reconhecer a proficiência de Heiberg em assuntos literários, assim como Sócrates começa reconhecendo que a outra pessoa é um perito naquilo que ela diz que conhece. Kierkegaard então prossegue zombando satiricamente de várias passagens da resenha. Heiberg elabora sua resenha nos termos da experiência de um leitor imaginário a quem se refere com o pronome indefinido "alguém". Kierkegaard se fixa humoristicamente nisso e faz várias referências à visão de "alguém" sobre a obra. No fim, Kierkegaard agradece efusivamente a Heiberg por sua resenha perspicaz. Ele o faz com tanto entusiasmo que não pode haver dúvida sobre o sarcasmo. Ele faz Victor Eremita escrever: "Por tudo isto te agradeço, Professor! Regojizo pela erudição ser tão rapidamente imitada. Agradeço a ti por querer comunicá-la tão velozmente. Se eu fosse escolher a pessoa na literatura a quem eu agradeceria primeiramente, eu escolheria você, Professor!"[19] Essa irônica expressão de

---

17. HEIBERG, J.L. "Litterær Vintersæd". *Intelligensblade*, vol. 2, n. 24, 01/03/1843, p. 288.
18. Ibid., p. 291.
19. KIERKEGAARD. "Uma palavra de agradecimento ao Professor Heiberg". In: *The Corsair Affair and Articles Related to the Writings*. Princeton: Princeton University Press, 1982, p. 20 [Trad. de Howard V. Hong e Edna H. Hong].

gratidão pode ser vista como um espelho do sarcasmo mais reservado de Sócrates quando ele afirma, por exemplo, que quer aprender com Eutífron e quer se tornar seu aluno.

A reação natural da maioria dos escritores que recebem uma resenha negativa é tentar apontar coisas que o livro faz bem e assim tentar refutar as críticas levantadas contra ele. Mas Kierkegaard não tenta defender os méritos de sua obra de forma positiva. Em vez disso, sua abordagem é negativa, igual à de Sócrates. Ele aparenta, diante disso, reconhecer a verdade das afirmações de Heiberg, e então, indireta e ironicamente, as solapa.

V – As obras seguintes na autoria de Kierkegaard

Com *Ou/ou*, Kierkegaard inicia um notável e produtivo período de escrita. Em apenas oito meses depois da publicação de *Ou/ou*, três novos livros foram publicados no mesmo dia, 16 de outubro de 1843. Essas obras foram *A repetição*, escrita pelo autor pseudônimo Constantin Constantius; *Temor e tremor*, de Johannes de Silentio; e *Três discursos edificantes*, no nome do próprio Kierkegaard.

Três discursos edificantes pertence a uma série de coletâneas de obras edificantes que Kierkegaard publicou entre 1843 e 1844. Em cada um desses anos ele publicou coletâneas individuais de dois, três e quatro discursos edificantes respectivamente. Eles foram mais tarde agrupados pelo editor de Kierkegaard, P.G. Philipsen, e publicados sob o título de *Dezoito discursos edificantes*. Após a tiragem ter se esgotado, uma coletânea parecida foi publicada em 1852, intitulada *Dezesseis discursos edificantes*. Esses textos são em geral considerados algumas das obras fundamentais de Kierkegaard como autor cristão. Eles são todos assinados por Kierkegaard, e não são atribuídos a autores pseudônimos. São, além disso, planejados como obras mais populares do que os textos pseudonímicos. Eles se dirigem ao crente religioso comum, sem qualquer argumentação sofisticada ou complexa. Não há referências diretas, por exemplo, a filósofos gregos ou alemães, ainda que Sócrates seja apresentado e mencionado como "o sábio de antigamente".

Kierkegaard retornou a Berlim para uma estadia curta em maio de 1843, e essa viagem lhe deu a inspiração para o pequeno livro *A repetição*. Essa novela é a história de um jovem que se pergunta se uma repetição é ou não é possível. Como Kierkegaard, o jovem havia ido a Berlim anteriormente, e ele tem então a ideia de voltar lá para ver se consegue repetir sua experiência. Ele assim retorna à capital prussiana e tenta visitar os velhos lugares que havia visitado durante sua primeira visita. Ele descobre, porém, que muitas coisas mudaram nesse ínterim, e que é impossível recriar sua experiência original na cidade. Não foi só a cidade que mudou, mas ele mudou também, e assim a forma como ele experimenta a cidade é igualmente diferente. Sua conclusão desse experimento é que nenhuma repetição verdadeira é realmente possível, pois as coisas estavam sempre mudando.

O conceito de repetição é uma ideia importante para Kierkegaard. Ele fala de repetição no sentido de apropriação. Há, por exemplo, um número de princípios ou regras éticas abstratas das quais o indivíduo deve se apropriar de acordo com sua situação particular. Quando alguém se apropria dessas regras em uma ação concreta, ele está, em certo sentido, repetindo a regra original. Se não houvesse um elemento de repetição aqui, então não se poderia dizer que se está seguindo a regra. Nesse sentido, Kierkegaard explora o conceito no contexto da ética.

A terceira obra que surgiu no mesmo dia, *Temor e tremor*, é um dos livros mais conhecidos de Kierkegaard. Nessa obra ele usa como tema central a história do Antigo Testamento sobre a ordem de Deus a Abraão, de sacrificar seu filho Isaac. A obra é dividida em três capítulos, chamados *problemata* ou problemas, que se referem aos problemas causados pela reação de Abraão à ordem de Deus. Nessa obra, Kierkegaard, por seu pseudônimo, analisa as difíceis exigências da fé, usando Abraão como exemplo. Ainda que a situação de Abraão seja bastante peculiar, já que não é todo dia que Deus pede às pessoas que sacrifiquem seus filhos, os estudiosos frequentemente veem essa análise como expositora de um modelo das dificuldades envolvidas na fé cristã.

VI – O universal e o indivíduo singular

O primeiro dos três *problemata* em *Temor e tremor* propõe em seu título a seguinte questão: "Há uma suspensão teleológica do ético?" O capítulo começa com um contraste entre o universal e o indivíduo singular. Kierkegaard faz referência explícita a uma seção no livro de Hegel, a *Filosofia do direito*, obra sobre ética e filosofia política publicada em 1821. Vimos anteriormente que Hegel estava interessado em explorar o que ele chamava de "vida ética" de um povo; por exemplo, os gregos antigos. Essa era a grande esfera de elementos interconectados da ordem social pública: ética, direito, costumes tradicionais, práticas religiosas, e por aí vai. Essa concepção de ética é o que Kierkegaard associa com o universal. É universal, pois é algo que todos conhecem e do qual todos participam intuitivamente. Deveres éticos são definidos como normas culturais. Segundo essa visão, sabemos quais são nossos deveres éticos simplesmente ao atentar para o que as tradições e costumes de nossa sociedade nos dizem. Nesse sentido, a ética é, por definição, o que o costume estabelecido dita.

Para alguém que defende essa visão, o grande pecado é agir em contradição com a ética universalmente aceita. Quando alguém age por seus próprios interesses egoístas e desconsidera os deveres universais que o vinculam, então se age antieticamente. As necessidades e desejos individuais são sempre subordinados às exigências de sua cultura. Se eu furto, o faço porque dou mais valor aos meus próprios desejos de que às exigências da minha cultura, e então o resultado é tanto imoral quanto ilegal. Dito em uma linguagem filosófica, se eu cometo esse crime, eu ponho o individual (meu desejo pessoal) acima do universal (sociedade, lei, costume). Isso parece inteiramente incontroverso.

Mas Kierkegaard dá um exemplo que torna esse quadro consideravelmente mais complexo. Ele tenta entender o sentido e as implicações da história de Abraão e Isaac em Gn 22. Isaac é o único filho de Abraão, que aparentemente está destinado a ser o próximo grande patriarca a liderar o povo. Mas Deus ordena a Abraão que sacrifique seu filho no Monte Moriá. É desnecessário dizer que isso, presumivelmente, foi muito perturbador para Abraão, pois significava não apenas matar seu filho amado, mas também acabar com sua linhagem familiar. Mas Abraão pretende obedecer a Deus e leva Isaac ao Monte Moriá, onde ele prepara tudo para o sacrifício. Então, no momento crucial, quando chega a hora de realmente sacrificar Isaac, um anjo aparece e o interrompe, e lhe dá um carneiro para sacrificar em vez do filho.

Kierkegaard ressalta que essa história suscita questões complicadas para a concepção de ética que acabamos de discutir. Segundo a ética universal, é errado e ilegal matar alguém, isso para não falar em pais matando seus próprios filhos. Assim Abraão está agindo de uma forma eticamente errada quando visto dessa perspectiva. É como se ele, como um indivíduo, estivesse atropelando a ética universal da comunidade. Mas Abraão recebeu uma revelação de Deus, que exige que ele, nesta única ocasião, deixe de lado as regras, práticas e tradições comuns que governam a ética de seu povo. É isso o que Kierkegaard quer dizer com a frase "a suspensão do ético". Em outras palavras, Abraão recebeu uma revelação de Deus que exige que ele ponha de lado, neste caso, as regras e práticas universais e as tradições que governam a ética de seu povo. Para cumprir a ordem de Deus, Abraão deve *suspender* a ética e agir, por assim dizer, com base em algo maior do que ela. Ele chama isso de uma suspensão "teleológica", pois a ética é suspensa por um *telos*, ou fim maior[20]. Nossa intuição parece, em certo sentido,

---

20. KIERKEGAARD. *Fear and Trembling*. Princeton: Princeton University Press, 1983, p. 59 [Trad. de Howard V. Hong e Edna H. Hong]. [Trad. port.: *Temor e tremor*. Lisboa: Relógio d'Água, 2009, p. 118 [Trad. de Elisabete de Sousa].]

se dividir aqui, pois, por um lado, queremos concordar com Hegel que é errado matar inocentes, e que não há nada maior do que este universal. Mas então, por outro lado, também queremos dizer que se deve obedecer à ordem de Deus. Mas e se esses dois estiverem em contradição um com o outro, como aqui?

Kierkegaard indica que, sob o ponto de vista de Hegel, teríamos que considerar Abraão um assassino. Mas parece haver algo meio incerto nisso, já que queremos considerar Abraão um homem fiel e piedoso que está simplesmente obedecendo a vontade de Deus. Porém, segundo a visão da ética universal, não há nada maior do que o universal, e assim a ideia de uma revelação divina como razão para suspender a ética não pode realmente ser reconhecida. Esta tensão é o ponto-chave interpretativo no texto. À primeira vista parece que Kierkegaard, por via do autor pseudônimo, quer diretamente defender a visão de que pode haver uma suspensão do ético em casos como esse. Parece que ele quer criticar a visão universal da ética como demasiado estreita, já que ela não consegue levar em conta as exceções às regras. O que é interessante no texto, porém, é que ele não apresenta qualquer argumento de forma direta.

Ele não tenta enumerar as razões pelas quais Abraão é justificado ao fazer o que fez. Ao contrário, ele diz diretamente que isso não pode ser feito. O terceiro dos *problemata* é dedicado a uma análise do silêncio de Abraão, e Kierkegaard chega à conclusão de que Abraão não tem escolha a não ser manter-se calado sobre as motivações de seu ato. Seria errado se ele tentasse convencer as pessoas que ele estava agindo justamente, pois estava meramente cumprindo a ordem que recebeu de Deus. Ele não tenta elaborar argumentos desse tipo, pois tudo se reduz a uma questão de fé, e fé é algo privado. A fé concerne ao indivíduo singular, mas a linguagem consiste de universais. Então, se Abraão tentasse articular sua fé verbalmente, ele acabaria inevitavelmente descrevendo-a com universais[21]. Sua

---

21. Ibid., p. 60. [Trad. port.: *Temor e tremor*. Op. cit., p. 119.]

descrição seria assim uma inevitável distorção do que ele realmente quisesse expressar. Abraão não pode transmitir a ninguém sua própria fé privada. Ela é algo não discursivo e inefável. Assim Abraão deve simplesmente executar o ato e manter-se calado sobre ele. Abraão sabe muito bem que deve aceitar as consequências dele se ele for pego e processado legalmente, mas sua fé incomunicável e individual é mais importante do que as consequências que podem advir de seu desafio às leis e deveres universais.

VII – O paradoxo da fé

O que Kierkegaard parece querer extrair de sua análise em *Temor e tremor* tem menos a ver com ética ou filosofia política e mais com a fé religiosa. De fato, ao longo da obra, ele fala sobre um cavaleiro da fé, que tem claramente Abraão como modelo. Apesar de a história de Abraão e Isaac pertencer obviamente ao judaísmo no Antigo Testamento, estudiosos têm geralmente considerado a obediência de Abraão a Deus também como modelo para a fé cristã; de fato, um modelo que Kierkegaard pretende recomendar.

O que Kierkegaard diz então sobre a fé nesse contexto? Em uma passagem famosa, ele escreve: "A fé é expressamente esse paradoxo, que o indivíduo singular seja maior do que o universal"[22]. Essa é uma sentença que os estudiosos têm discutido extensivamente. A questão de Kierkegaard parece ser que há instâncias, como a de Abraão, onde o indivíduo tem precedência sobre os costumes aceitos e a ética universal. Em outras palavras, nem todas as ações que são feitas com base na própria individualidade de alguém ou às custas da ética universal deveriam ser sumariamente desconsideradas, como se fossem más.

O importante a se notar é a forma como Kierkegaard estabelece esse ponto. Como sabemos, a apologética cristã é o ramo da

---

22. Ibid., p. 55. [Trad. port.: *Temor e tremor*. Op. cit., p. 113: "A fé, com efeito, é o paradoxo de o singular ser superior ao universal".]

teologia que tem por finalidade defender as doutrinas do cristianismo. Ela tenta oferecer argumentos e boas razões para se acreditar em coisas como encarnação, assunção, nascimento virginal, e por aí vai. O objetivo da apologética cristã é convencer os céticos ou os descrentes da verdade da fé cristã. Mas perceba que a abordagem de Kierkegaard é inteiramente diferente disso: ele não diz que a fé é razoável ou compreensível, mas que ela é um paradoxo que não pode ser apreendido discursivamente. Ele diz que Abraão age "em virtude do absurdo"[23]. Isso não é uma recomendação da fé ou um argumento para convencer os céticos. Se um cético exigisse uma razão sólida para pensar que Abraão recebeu uma revelação de Deus, e se nossa resposta fosse que Abraão acreditou em virtude do absurdo, isso não seria muito convincente para ninguém. Dizer que alguma coisa é absurda geralmente significa desprezar essa coisa, e não é possível interpretar isso como um argumento positivo para uma tese.

Compreender a fé como um paradoxo pode ser visto como o que se chama de "conceito negativo", ou seja, um conceito que não tem conteúdo positivo concreto, mas deixa as coisas em aberto. Ao propor o conceito de fé como um paradoxo, Kierkegaard de fato não resolve definitivamente o problema sobre a fé, mas problematiza a questão e, com efeito, nos convida, seus leitores, a continuar a explorá-la por nós mesmos. Aqui podemos ver novamente o espírito de Sócrates no texto de Kierkegaard. Sócrates alega ser ignorante, e, portanto, não apresenta qualquer doutrina positiva. Em vez disso, ele simplesmente critica as visões dos outros e as reduz a contradições e absurdidades. Em certo sentido, Kierkegaard está fazendo a mesma coisa aqui. Ele alega que a fé não é algo positivo ou concreto, mas é um paradoxo, uma contradição. Como a abordagem de Sócrates, ela é negativa. Nada realmente é resolvido, mas a questão é deixada em aberto como um problema.

---

23. Ibid., p. 56. [Trad. port.: *Temor e tremor*. Op. cit., p. 115: "por força do absurdo".]

VIII – O conflito moderno entre lei e consciência

Leitores de Kierkegaard hoje em dia ficam frequentemente perplexos e até confusos com sua teoria da fé como contradição ou paradoxo. Como essa teoria meio estranha da fé é relevante para nós no mundo moderno hoje? No fundo, a questão fundamental em *Temor e tremor* é a relação da fé religiosa com o mundo secular, com suas leis, costumes e tradições. Abraão é um grande modelo de piedade e fé religiosa, mas suas ações o levam potencialmente a conflitos com as leis de seu povo. É possível pensar que isso é só uma velha história que não tem relevância hoje, pois ninguém atualmente pensaria em fazer sacrifícios humanos. Mas quando se pensa melhor sobre o assunto, rapidamente se percebe que, de fato, essa é uma questão central e não resolvida em nosso próprio tempo.

A maioria dos países da Europa e do Ocidente asseguram a liberdade religiosa de seus cidadãos. Isso é parte da herança ocidental do iluminismo, e a liberdade básica de se acreditar no que se quer é consagrada na constituição e nas leis do Estado. O espírito dessas leis é claramente a garantia de que cada indivíduo tem o direito de seguir sua prática religiosa sem intimidação ou impedimentos, a despeito do quão impopular essas práticas possam ser. Mas as coisas não são sempre tão simples, já que há limites. Os limites da liberdade religiosa surgem especificamente no momento em que as práticas religiosas entram em conflito com as leis. Se minha religião ordena que eu, por exemplo, mate pessoas em sacrifícios humanos, o Estado não poderia permiti-lo. Há, é claro, exemplos menos dramáticos desse conflito em casos onde, por exemplo, uma religião exige que seus seguidores tomem certas drogas alucinógenas associadas aos ritos religiosos, mas essas substâncias podem ser ilegais. Algumas religiões permitem a poligamia, o que não é permitido pelo Estado. Exemplos desse tipo demonstram que enquanto a liberdade religiosa é um direito básico, ela não é ilimitada. Antes, ela deve ser exercida do modo compatível com a lei.

A visão de Kierkegaard, ou a de seu autor pseudônimo, Johannes de Silentio, suscita problemas difíceis nesse contexto. A dificuldade é que pode haver casos onde o indivíduo está acima do universal, em que pode haver uma suspensão da ética geralmente aceita e das normas do Estado e da sociedade. A maioria dos estudiosos entendeu que Kierkegaard estava sugerindo que a ação de Abraão ao sacrificar seu filho é não só aceitável, mas até mesmo louvável quando visto de uma perspectiva religiosa, apesar de ser inaceitável de uma perspectiva civil. Segundo essa visão, a mensagem de Kierkegaard é que, quando alguém tem uma convicção religiosa firme, ou quando recebe uma revelação de Deus para fazer algo, isso é um comando absoluto que supera a ética e a lei. É preciso simplesmente acatá-lo com obediência.

Mas esta visão parece levar a consequências perigosas. Ouve-se sempre falar de criminosos, como por exemplo assassinos, que em sua defesa alegam que Deus os mandou fazer o que fizeram. Muitos terroristas também acreditam que estão cumprindo a vontade de Deus com seus atos. Nesses casos, muitos de nós não estamos dispostos a aceitar esse argumento como razão para o assassinato de pessoas inocentes. Mas será que a análise de Kierkegaard sobre Abraão abre a porta para este tipo de coisa? Se estivesse vivo hoje, será que Kierkegaard defenderia os atos de terroristas como grandes atos de piedade? Se olharmos com atenção, podemos ver que há elementos importantes na análise de Kierkegaard que o separam do terrorista ou do assassino moderno. Talvez o mais importante seja que Kierkegaard enfatiza a natureza paradoxal da fé: ela é algo contraditório e absurdo. Além disso, a fé é algo totalmente interior e não pode ser comunicada diretamente a outra pessoa. Por essa razão, Abraão permaneceu calado. Ao contrário, o terrorista ou assassino moderno está inclinado a usar a motivação religiosa de seus atos como argumento em defesa deles. Em outras palavras, o assassino diz que Deus lhe mandou matar alguém, e a razão de sua declaração é explicar a sua ação e defendê-la. Mas na perspectiva de Kierkegaard, isso é um mal-entendido. Não se pode nunca usar a ideia de que se recebeu uma revelação de Deus e de que se age pela vontade dele como defesa das próprias ações. É verdade que alguém pode acreditar nisso no silêncio de sua própria mente ou, como diz Kierkegaard, na interioridade. Mas no momento em que alguém tenta comunicar essa convicção, ele mostra que realmente não entendeu a natureza da fé. Kierkegaard afirma que a fé não é objetiva e discursiva, e nem comunicável dessa forma. Essa é uma diferença fundamental entre a visão de Kierkegaard e a do assassino ou terrorista moderno que quer explicar, justificar e defender suas ações baseando-se em razões, argumentos e comunicação discursiva.

O discurso de Kierkegaard sobre Abraão também é diferente dos argumentos dos terroristas em outro aspecto importante. Os terroristas tendem a ter algum tipo de motivação política, alegando que a ordem política existente é corrupta ou injusta, e esse argumento é usado para justificar suas ações. Eles alegam que estão, na verdade, trabalhando para um mundo melhor ou para uma sociedade mais justa, mas que certos sacrifícios devem ser feitos para que seus propósitos se realizem. Isso, porém, é muito diferente da imagem de Abraão traçada por Kierkegaard. O objetivo de Abraão deve ser independente de todos os interesses e vantagens humanos. Ele não está sacrificando Isaac em nome de uma sociedade melhor. Kierkegaard deixa isso bem claro ao contrastar Abraão com outros casos famosos, nos quais algumas pessoas foram chamadas a sacrificar seus filhos pelo bem maior do Estado, como o sacrifício que Agamenon fez de sua filha Efigênia para o bem da expedição que os gregos organizaram contra Troia. Não há quaisquer considerações utilitárias na ação do Abraão de Kierkegaard, e também nesse aspecto este caso é diferente do caso dos terroristas modernos. Ao sacrificar seu filho, Abraão certamente não espera atingir algum objetivo concreto como o lançamento de uma campanha militar ou o melhoramento da sociedade. Sua ação não serve a qualquer finalidade maior, mas é executada simplesmente para obedecer ao comando de Deus. Assim, mesmo que à primeira vista pareça que Kierkegaard esteja oferecendo uma teoria que possa justificar atos ilegais e imorais ou atrocidades, um olhar mais atento mostra que esse não é o caso. Nenhuma justificação ou defesa pode ser buscada na fé religiosa.

Tudo isso suscita questões importantes sobre os limites da liberdade religiosa. Onde exatamente está a linha entre a liberdade religiosa e a lei? A lei pode, ou deveria, fazer certas exceções para acomodar certas práticas religiosas? Ou ela deveria estabelecer uma determinada posição consistente que todos na sociedade sejam obrigados a seguir? A fé religiosa fica comprometida ou distorcida se for obrigada a curvar-se às regras da sociedade? A lei é discriminatória com certas minorias religiosas na sociedade? Estas são questões muito importantes em nosso próprio tempo. É, portanto, um grande erro acreditar que a questão da liberdade religiosa tenha sido resolvida com o iluminismo. Em vez disso, com a concessão da liberdade religiosa, um novo conjunto de questões e problemas entrou em cena.

7 A TAREFA SOCRÁTICA DE KIERKEGAARD: 1844-1846

Os anos de 1844 a 1846 foram talvez os mais produtivos em toda a vida de Kierkegaard. Neste capítulo, queremos explorar a série de obras famosas que ele escreveu durante esse período, entre elas: *Migalhas filosóficas*, *O conceito de angústia*, *Prefácios*, *Estágios no caminho da vida* e o *Pós-escrito conclusivo não científico*. Esses livros representam uma série complexa de obras ostensivamente produzidas por diferentes pseudônimos, cada um com seus próprios planos e intenções. À primeira vista, isso tudo pode parecer muito confuso. Porém, neste capítulo, tentaremos ver sentido no plano de Kierkegaard com essas obras e as complexas relações entre elas.

Ainda que Sócrates nunca mais tenha sido o objeto central de investigação, como foi na tese de Kierkegaard, ele, no entanto, assombra essas obras posteriores de maneiras que nem sempre são tão fáceis de se ver. Isso é particularmente interessante quando consideramos que essas obras tratam de conceitos cristãos importantes, tais como a encarnação, a revelação, a fé, o pecado e o perdão. Muitas pessoas podem pensar que é ultrajante acreditar que um filósofo pagão possa ajudar a entender esses conceitos cristãos. Aqui temos um vislumbre da radicalidade do pensamento de Kierkegaard. Ele acredita que Sócrates tem algumas ideias importantes para os cristãos de hoje. Em um texto, Kierkegaard reconhece essa objeção dizendo: "Certo, Sócrates não era cristão, isto eu sei". Mas então Kierkegaard prossegue fazendo uma afirmação altamente provocativa e enigmática: "Eu também permaneço definitivamente convencido de que ele tornou-se um"[1]. Então, apesar de Sócrates ter nascido e morrido séculos antes de Cristo e antes do nascimento do cristianismo, mesmo assim Kierkegaard acredita que Sócrates tornou-se um cristão. O que ele queria dizer com isto?

I – *Migalhas filosóficas*, de Kierkegaard

Kierkegaard continuou com enorme produtividade e publicou o livro *Migalhas filosóficas ou um bocadinho de filosofia* em 13 de junho de 1844. Ele foi publicado sob o pseudônimo Johannes Climacus, apesar de seu próprio nome aparecer na página de título como o editor da obra. O título do livro, *Migalhas*, é frequentemente considerado um protesto contra a filosofia sistemática.

Sócrates desempenha um papel importante, especialmente no começo desse livro, onde Kierkegaard faz seu autor pseudônimo explorar o papel de Sócrates como mestre. Isso pode à primeira vista nos chocar como algo inconsistente com o que ele disse antes sobre a insistência de Sócrates em sua própria ignorância e sua recusa em dizer que ensinava alguma coisa. Mas não há qualquer inconsistência aqui, e Johannes Climacus enfatiza que, em contraste com a filosofia e a teologia do século XIX, que estavam focadas em construir coisas e no conteúdo positivo, "Sócrates carecia do positivo"[2]. O que então Climacus quer dizer aqui ao chamar Sócrates de mestre, já que normalmente se pensa que os mestres transmitem certas coisas ou, na linguagem de Kierkegaard, algo positivo? Aqui Climacus faz referência à arte da maiêutica, ou do parto. Sócrates não produz as

---

1. KIERKEGAARD. *The Point of View*. Princeton: Princeton University Press, 1998, p. 54 [Trad. de Howard V. Hong e Edna H. Hong]. [Trad. port.: *Ponto de vista explicativo da minha obra como escritor*. Lisboa: Ed. 70, 1986, p. 49 [Trad. de João Gama]: "Sem dúvida, ele não era cristão, sei-o bem, mas estou convencido de que veio a ser".]

2. KIERKEGAARD. *Philosophical Fragments*. Princeton: Princeton University Press, 1985, p. 23 [Trad. de Howard V. Hong e Edna H. Hong]. [Trad. bras.: *Migalhas filosóficas*. 2. ed. Petrópolis: Vozes, 2008, p. 45 [Trad. de Álvaro Valls e Ernani Reichmann].]

ideias ou pensamentos nos alunos, mas ajuda o aluno a encontrá-los dentro de si mesmo. Assim, nesse sentido, Sócrates é um mestre, pois ele é a ocasião para o aluno chegar à verdade, mas Sócrates não lhe ensina a verdade.

Migalhas filosóficas é um texto sobre a doutrina da encarnação e da revelação de Jesus Cristo. Mas Kierkegaard tem o cuidado de não mencionar Jesus pelo nome ou de fazer sua análise explicitamente nos termos do cristianismo. Ele fala simplesmente sobre "o deus" de um modo que poderia se aplicar a qualquer religião revelada. Kierkegaard contrasta o papel de Sócrates como parteira com o papel de Cristo como salvador, que é também a ocasião para seus seguidores aprenderem a verdade. Ainda que Sócrates obviamente não seja cristão, sua ideia de maiêutica pode ser útil ao ajudar-nos a compreender a verdade cristã.

Kierkegaard também usa Sócrates para introduzir a noção de paradoxo absoluto. Ele inicia o capítulo 3 da obra recontando uma passagem do diálogo *Fedro*, de Platão, onde Sócrates diz que não estava interessado em explorar a natureza de certas criaturas mitológicas como Pégasus e as Górgonas porque ele estava interessado primeiramente em descobrir o que ele mesmo era como um ser humano. Ele alega ser ignorante do que ele mesmo é, e nem tem certeza se ele mesmo pode ser um monstro como Tifão[3]. Kierkegaard faz Johannes Climacus perceber que é paradoxal "querer descobrir algo que [o próprio pensamento] não possa pensar"[4]. Para Sócrates isso aparentemente significa compreender o que ele é, em última análise, como um ser humano, algo que ele nunca poderá compreender totalmente.

---

3. Ibid., p. 37. Cf. tb. CAPPELØRN, N.J. et al. (eds.). *Kierkegaard's Journals and Notebooks*. Vols. 1-11. Princeton: Princeton University Press 2007, vol. 3, p. 393, Not13: 28: "Supõe-se que Sócrates tenha dito que ele não sabia se era um ser humano ou um animal ainda mais mutável, como Tifão (cf. *Fedro*, de Platão)". Kierkegaard se refere ao *Fedro*, de Platão, 230a.

4. KIERKEGAARD. *Philosophical Fragments*. Op. cit., p. 37. [Trad. bras.: *Migalhas filosóficas*. Op. cit., p. 62.]

O entendimento humano aprende coisas novas ao reconhecer aqueles aspectos delas que já são familiares. Assim, ele é incapaz de captar algo que careça de tais aspectos familiares e que seja absolutamente diferente. Climacus sugere que chamemos o desconhecido de "o deus"[5]. A análise então muda subitamente para um contexto cristão, apesar, de novo, de isso não ser dito explicitamente. A questão discutida, mas não nomeada, é a doutrina cristã da encarnação, segundo a qual Deus tornou-se encarnado como um ser humano, Jesus Cristo, e se revelou. Deus é desconhecido, mas quer tornar-se conhecido por meio da revelação. Segundo Johannes Climacus, isso também envolve um paradoxo. Deus é infinito e eterno, mas ainda assim se torna finito e temporal com a encarnação. Climacus chama isso de paradoxo absoluto. Essa contradição não é algo que a mente humana possa apreender ou pensar, mas que deve aceitar.

A perspectiva de Kierkegaard aqui é uma resposta à ideia de mediação encontrada nas obras de hegelianos como Martensen. Segundo a visão hegeliana, não há dicotomias ou contradições absolutas, e tudo pode ser mediado. Então, como vimos, segundo Martensen, não há diferença absoluta entre humano e divino, ou entre finito e infinito, temporal e eterno. Cada um desses termos é necessariamente relacionado ao outro e, portanto, mediado por ele. Conjuntamente, eles formam uma estrutura conceitual mais elevada, pois precisam ser considerados como pertencentes uns aos outros organicamente. Quando os termos são compreendidos assim, é possível dar uma explicação filosófica à encarnação e à revelação de Cristo. De acordo com a lógica especulativa de Hegel, não há contradição em pensar que Deus, como o infinito, tornou-se finito. Foi a essa explicação que Kierkegaard objetou. Com a doutrina do paradoxo absoluto, ele claramente insiste que a revelação é uma contradição irredutível, um "ou/ou" que não pode ser mediado. Ele usa Sócrates como seu modelo, como alguém que aceita que há algumas coisas que ele não é capaz de conhecer ou

---

5. Ibid., p. 39. [Trad. bras.: *Migalhas filosóficas*. Op. cit., p. 64.]

entender, que aceita que existem algumas coisas que devem ser consideradas paradoxos.

II – *O conceito de angústia*, de Kierkegaard

Em 17 de junho de 1844, Kierkegaard publicou *O conceito de angústia*, sob o pseudônimo Vigilius Haufniensis, ou "o vigia de Copenhague". Esse trabalho foi publicado apenas quatro dias após *Migalhas filosóficas*, e no mesmo dia que o livro intitulado *Prefácios*. *O conceito de angústia* é uma das obras mais acadêmicas de Kierkegaard. Ele trata do complexo conjunto de questões acerca da liberdade do indivíduo e do pecado hereditário. É nesse contexto que sua influente análise da angústia é exposta. Parece estranho que, em uma obra sobre o dogma cristão do pecado, o filósofo pagão Sócrates desempenhe algum papel. Mas, de novo, está claro que Kierkegaard olha constantemente para Sócrates como um modelo e fonte de inspiração.

Sócrates é mencionado bem no início da obra, na epígrafe que se segue à folha de rosto. Ele é comparado positivamente à filosofia moderna. A epígrafe começa assim: "A era das distinções já passou. Ela foi superada pelo sistema"[6]. Isto se refere à doutrina hegeliana da mediação, que, como vimos, ajunta opostos, ou, como sugerido aqui, elimina distinções. Para Kierkegaard, ao contrário, o ponto-chave é manter as oposições e as contradições em foco, e não mediá-las. Vimos que a expressão "ou/ou" de Kierkegaard enfatiza que se é obrigado a escolher um lado ou outro, e nenhuma mediação é possível. Agora, aqui na epígrafe de *O conceito de angústia*, Sócrates é invocado como alguém que, assim como Kierkegaard, insistia nas distinções. A epígrafe ainda reconhece que isso pode parecer meio

---

6. KIERKEGAARD. *The Concept of Anxiety*. Princeton: Princeton University Press, 1980, p. 3 [Trad. de Reidar Thomte em colab. com Albert B. Anderson]. [Trad. bras.: *O conceito de angústia*. Petrópolis/Bragança Paulista: Vozes/Edusf, 2010, p. 5 [Trad. de Álvaro Valls]: "O tempo das distinções já passou, o Sistema o superou".]

excêntrico nos tempos modernos, agora que as pessoas estão acostumadas com a filosofia de Hegel. Kierkegaard cita o filósofo alemão Johann Georg Hamann, que também era grande admirador de Sócrates. Hamann escreve: "Pois Sócrates foi grande 'porque distinguia entre aquilo que ele compreendia e aquilo que ele não compreendia'"[7]. Usando essa passagem como epígrafe da obra, Kierkegaard parece sugerir que deseja seguir os passos de Sócrates e insiste nas inabaláveis distinções para resistir à mediação.

Kierkegaard dedicou *O conceito de angústia* a seu velho Professor Poul Martin Møller, que morreu em 1838. Como mencionado acima, a dedicatória se refere a Møller como "o confidente de Sócrates"[8]. Isto parece confirmar a ideia que discutimos antes, ou seja, que o interesse de Møller em Sócrates e na ironia socrática desempenhou um papel importante no desenvolvimento intelectual de Kierkegaard e pode até ter sido parte da inspiração para seu livro, *O conceito de ironia*.

Na introdução a *O conceito de angústia*, Kierkegaard menciona Sócrates quando apresenta o tema da obra: o conceito de pecado. Ele começa fazendo a seguinte afirmação: "O pecado não pertence propriamente a algum campo acadêmico, mas é o tema do sermão, no qual o indivíduo singular fala como indivíduo singular ao indivíduo singular"[9]. Esta afirmação causará impacto entre os teólogos como algo estranho, pois, tradicionalmente, o dogma do pecado pertence

---

7. Ibid., p. 3. [Trad. bras.: *O conceito de angústia*. Op. cit., p. 5.] Kierkegaard cita *Socratic Memorabilia*, de Hamann. Para uma tradução em inglês, cf. O'FLAHERTY, J.C. *Hamann's Socratic Memorabilia*: A Translation and Commentary. Baltimore: The Johns Hopkins Press, 1967, p. 143: "Sócrates não era, cavalheiros, um crítico malvado. Ele distinguia, nos escritos de Heráclito, o que ele não entendia do que ele entendia, e fez uma inferência muito apropriada e modesta a partir do compreensível para o incompreensível".
8. KIERKEGAARD. *The Concept of Anxiety*. Op. cit., p. 5. [Trad. bras.: *O conceito de angústia*. Op. cit., p. 6: "Cúmplice de Sócrates".]
9. Ibid., p. 16. [Trad. bras.: *O conceito de angústia*. Op. cit., p. 18: "A rigor, o pecado não tem seu lugar em nenhuma ciência. Ele é objeto daquela pregação em que fala o indivíduo, como o indivíduo que se dirige ao indivíduo".]

ao campo acadêmico da teologia, e especificamente à dogmática. Aqui, no início, Kierkegaard faz seu autor pseudônimo dar indícios de que sua abordagem e compreensão do pecado serão muito diferentes; de fato, estarão em desacordo com o consenso acadêmico.

Normalmente pensamos em um sermão como algo parecido com uma palestra, onde um padre ou um pastor explica certa passagem ou ideia bíblica para a congregação. Mas aqui também Kierkegaard pretende mostrar uma compreensão diferente. Mesmo que ele diga que alguns pastores em seu próprio tempo tenham sido corrompidos pela academia e pelas tendências filosóficas recentes, e que por isso fazem sermões que soam como palestras, essa não é a verdadeira natureza do sermão. E então vem a passagem verdadeiramente surpreendente. Kierkegaard escreve: "Mas pregar é realmente a mais difícil de todas as artes, e é essencialmente a arte que Sócrates louvava, a arte de ser capaz de conversar"[10]. Isto parece muito estranho, já que Sócrates, é claro, nunca foi a um culto em uma igreja cristã e nunca ouviu um sermão em toda a sua vida. Mas Kierkegaard faz Vigilius Haufniensis comparar a forma de conversar e discutir de Sócrates com o sermão cristão. O termo fundamental em ambos os casos é o que Kierkegaard chama de "apropriação", com o qual ele expressa a ideia do sujeito que vai além da audição passiva, e faz uso do que ouve de uma maneira pessoal e plena de sentido. Essa ideia, para Sócrates, significa que, pelo seu questionamento e conversação, o indivíduo é levado a encontrar a verdade dentro de si. Isto significa apreender alguma coisa e dar a ela sua própria interpretação ou apropriação, em seu próprio contexto específico. Assim também deve ser com o sermão; o pastor, em vez de simplesmente pregar algum fato ou fragmento de conhecimento, encoraja os membros individuais da congregação a encontrar a verdade do cristianismo em si mesmos, cada um do seu próprio jeito. Assim, o pagão Sócrates é apresentado

---

10. Ibid. [Trad. bras.: *O conceito de angústia*. Op. cit., p. 18: "Pregar, entretanto, é a mais difícil de todas as artes, e é propriamente aquela arte que Sócrates elogia: a de saber dialogar".]

como um modelo de comportamento cristão, pois sua abordagem maiêutica conduz à apropriação de uma maneira que uma palestra não é capaz de fazer. Cada seguidor de Cristo deve apropriar-se da mensagem cristã por si mesmo. Para Kierkegaard, o crucial aqui é que a verdade, tanto para Sócrates quanto para o cristianismo, é algo interior, que deve ser apropriado pelas pessoas como indivíduos. Então, apesar de Sócrates não ser um pensador cristão, ele ainda assim é capaz de nos ajudar a perceber aspectos do cristianismo.

No capítulo 4 de *O conceito de angústia*, Kierkegaard novamente faz seu autor pseudônimo contrastar Sócrates com a filosofia moderna, e especificamente com Hegel. Esse contraste surge no contexto de uma discussão sobre a noção de negação, que Kierkegaard denomina "fechamento hermético". O termo dinamarquês *Indesluttethed* significa literalmente algo como fechar-se a si mesmo isolando-se do mundo e das outras pessoas. É natural compreender a negatividade nesse contexto, já que, quando o sujeito se fecha em si mesmo, ele nega o mundo exterior. Vimos o quão importante é a negação na compreensão de Kierkegaard da ironia. Kierkegaard escreve: "Assim a ironia foi explicada como o negativo. Hegel foi o primeiro a descobrir essa explicação, mas estranhamente ele não sabe muita coisa sobre a ironia"[11]. A falta de compreensão de Hegel é então contrastada com a apreciação plena que Sócrates faz da importância da ironia: "Que tenha sido Sócrates quem primeiro introduziu a ironia no mundo e deu o nome à criança, que esta ironia foi justamente o fechamento hermético que começou pelo fechamento de si mesmo para os homens, ao fechar-se a si mesmo consigo mesmo para ser expandido no divino... – isto é algo com que ninguém se preocupa"[12]. Aqui Kierkegaard enfatiza novamen-

---

11. Ibid., p. 134. [Trad. bras.: *O conceito de angústia*. Op. cit., p. 142: "A própria ironia já foi definida desse modo como sendo o negativo. O primeiro inventor desta explicação foi Hegel, o qual, por estranho que pareça, não entendia muito de ironia".]

12. Ibid. [Trad. bras.: *O conceito de angústia*. Op. cit., p. 142: "Que tenha sido Sócrates quem introduziu a ironia no mundo e deu o nome a essa criança, que sua

te o elemento da subjetividade que Sócrates introduziu. Há algo infinitamente importante e valioso em todos e em cada indivíduo. Mas, para alcançá-lo, é preciso às vezes afastar-se da multidão e das outras pessoas. Esse distanciamento de si dos outros envolve negação e ironia. É preciso enfatizar a própria interioridade e religiosidade. Kierkegaard considera que Sócrates foi o primeiro a perceber isso. Aqui, de novo, vemos uma intrigante justaposição entre uma questão referente à fé cristã e a prática de um filósofo pagão, que Kierkegaard usa como modelo. Fechamento hermético é outro importante conceito kierkegaardiano que faz uso da ideia de negação e ironia de Sócrates.

III – Os *Prefácios*, de Kierkegaard, e a polêmica com Johan Ludvig Heiberg

Vimos no capítulo 6 que o crítico Johan Ludvig Heiberg escreveu uma resenha de *Ou/ou* que lhe valeu a animosidade de Kierkegaard. Ainda que Kierkegaard tenha respondido com o artigo "Uma palavra de agradecimento ao Professor Heiberg", isso absolutamente não significou o fim do conflito. No início de 1844, Heiberg fundou um novo periódico intitulado *Urania*, que tinha um perfil totalmente novo. Nessa época, Heiberg ficou interessado em astronomia, e seu periódico pretendia encorajar novas pesquisas nessa área. No segundo andar de sua casa, Heiberg construiu seu próprio observatório privado. Na primeira edição do seu novo periódico, Heiberg escreveu um artigo intitulado "O ano astronômico". Nesse texto ele discute as várias mudanças que ocorrem na natureza, tais como o movimento dos planetas e a mudança das estações. É nesse contexto que ele menciona o novo livro de Kierkegaard, *A repetição*, e escreve: "Em uma obra publicada recentemente, que tem até a palavra 'repetição' como título, algo muito bonito e apropriado é dito sobre

---

ironia fosse justamente esse fechamento hermético que principiava por isolar-se contra os homens e encerrar-se em si próprio e consigo próprio para se deixar expandir no divino... – com tais coisas ninguém se preocupa".]

esse conceito. Mas o autor não distinguiu entre os significados essencialmente diferentes que a repetição tem na esfera da natureza e na esfera do espírito"[13]. Como em sua resenha anterior de *Ou/ou*, Heiberg inicialmente reconhece algo de positivo na obra de Kierkegaard, mas então a critica por ela revelar uma incompreensão de algum ponto fundamental. Kierkegaard ficou zangado com observações de Heiberg, assim como tinha ficado zangado pela resenha de *Ou/ou* feita anteriormente. Ele rascunhou vários artigos em resposta a Heiberg, mas nunca os publicou[14].

Kierkegaard guardou sua resposta polêmica a Heiberg para seu próximo livro, intitulado *Prefácios*. Esse livro foi publicado em 17 de junho de 1844, e é escrito sob o disfarce do autor pseudônimo Nicolaus Notabene. É um livro meio estranho, pois consiste de uma série de diferentes prefácios a outros textos que nunca foram escritos. Parece que Kierkegaard redigiu um punhado de textos não utilizados espalhados por aí, mas que não poderiam ser realmente usados para alguma coisa. Alguns desses textos incluíam materiais relevantes para sua crítica de Heiberg, e assim Kierkegaard teve a ideia de publicá-los em um único texto com o título *Prefácios*. Ele precisou dar algum tipo de motivo para esses textos serem apresentados desse jeito esquisito, e então inventou a seguinte história: o autor, Nicolaus Notabene, é um homem casado, e sua esposa está zangada porque ele passa muito tempo escrevendo livros e não passa muito tempo com ela. Assim ela o proíbe de escrever livros, mas ele não consegue parar, e contorna a proibição de sua mulher escrevendo não livros, mas apenas prefácios. Isso explica por que o livro consiste de uma série de oito prefácios que, em certo sentido, são autônomos e não são prefácios a qualquer livro em particular.

---

13. HEIBERG, J.L. "Det astronomiske Aar". *Urania*, 1844, p. 77-160; p. 97. Cf. tb. KIERKEGAARD. *Repetition*. Princeton: Princeton University Press, 1983, Notas, p. 379-383 [Trad. de Howard V. Hong e Edna H. Hong].

14. P. ex., "Carta aberta ao Professor Heiberg, Cavaleiro de Dannebrog, de Constantin Constantius". In: *Repetition*, supl., p. 283-298. "Uma pequena contribuição de Constantin Constantius, autor de *A repetição*", ibid., supl. p. 299-319.

Na obra, Heiberg é mencionado várias vezes, e em algumas passagens o leitor atento consegue perceber a resposta de Kierkegaard tanto à resenha de *Ou/ou* quanto à discussão crítica de *A repetição*. De fato, Notabene critica toda a cultura da crítica literária e a indústria de resenhas de livros no segundo prefácio. Como vimos no capítulo 6, em seu artigo "Uma palavra de agradecimento ao Professor Heiberg", Kierkegaard satiriza o constante uso que Heiberg faz do pronome indefinido "alguém" em sua resenha de *Ou/ou*. Agora, no quarto dos Prefácios, ele faz o mesmo quando escreve: "O que, me pergunto, 'alguém' irá dizer sobre este livro agora? Meu caro leitor, se você não é capaz de descobrir de qualquer outro jeito, então nosso gerente de telégrafo literário, Professor Heiberg, provavelmente fará a gentileza de atuar novamente como cobrador de impostos e contar os votos, assim como ele fez com *Ou/ou*"[15].

O último dos Prefácios de Kierkegaard, o "Prefácio VIII", também é uma crítica a Heiberg, mas é particularmente interessante para os nossos propósitos, pois nele Kierkegaard novamente emprega algumas das estratégias que aprendeu com Sócrates. Esse prefácio é ostensivamente um prefácio a um novo periódico filosófico que Nicolaus Notabene quer fundar. Ele começa se referindo ao periódico filosófico de Heiberg, *Perseus*, iniciado em 1837. O subtítulo de *Perseus* é "Um periódico para a ideia especulativa", que mostra a intenção de Heiberg, de divulgar a filosofia especulativa de Hegel na Dinamarca. No fim, o periódico de Heiberg teve apenas duas edições, em 1837 e 1838, quando foi interrompido. Nicolaus Notabene então contempla sua própria perspectiva de sucesso com um novo periódico filosófico, já que o de Heiberg não deu certo.

Nicolaus Notabene lembra que Heiberg, em seu tratado *Sobre a significância da filosofia para o tempo presente* afirmou que a filosofia era o que se precisava para ajudar aquela época a superar as formas

---

15. KIERKEGAARD. *Prefaces*. Princeton: Princeton University Press, 1998, p. 23-24 [Trad. de Todd W. Nichol].

de relativismo e subjetivismo que eram tão dominantes[16]. Com esse diagnóstico, a tentativa de Heiberg de fundar um novo periódico filosófico faz muito sentido, já que ele acreditava que a filosofia era necessária. Nicolaus Notabene diz que ele também quer servir à filosofia com seu novo periódico, mas seu periódico terá uma abordagem diferente. Em vez de usá-lo para explicar a filosofia a seus leitores, como Heiberg faz, Notabene admite abertamente que ele não entende de filosofia, e que seu periódico convidará colaboradores para explicá-la a ele. Notabene diz que seu objetivo é promover a filosofia pedindo às pessoas para ensiná-la a ele: "Não é este um bom propósito, e não é ele diferente daquele dos que até agora tentaram publicar um periódico filosófico, mesmo que ele esteja em harmonia com o deles ao querer servir à filosofia? Ainda assim os serviços são diferentes: um serve com sua sabedoria, outro com sua estupidez"[17].

Assim como Sócrates alegava não saber nada, Notabene alega ser ignorante. Notabene se refere a si mesmo de um jeito totalmente humilde e modesto, ao mesmo tempo em que reconhece Heiberg como uma das principais figuras culturais das letras dinamarquesas[18]. Assim como Sócrates convida os outros a ensiná-lo e a explicar o que sabem, assim também Notabene convida para seu periódico colaboradores que possam ensiná-lo e lhe explicar a nova filosofia. Como Sócrates, Notabene abstém-se de fazer qualquer afirmação positiva, mas, em vez disso, simplesmente ouve as afirmações dos outros e as avalia criticamente. Heiberg era, é claro, conhecido por promover a filosofia de Hegel na Dinamarca, e assim Notabene admite que a filosofia de Hegel explicou tudo[19]. Isso equivale ao ponto de partida de Sócrates: ele sempre aceita imediatamente

---

16. KIERKEGAARD. "Preface VIII". STEWART, J. (ed. e trad.). *Heiberg's Perseus and Other Texts*. Copenhague: Museum Tusculanum Press, 2011, p. 163 [*Texts from Golden Age Denmark*, vol. 6].

17. Ibid., p. 164.

18. Ibid., p. 161.

19. Ibid., p. 169.

quando seu interlocutor afirma que sabe alguma coisa. Notabene simplesmente diz que não entende a filosofia de Hegel, e por isso ele educadamente pede uma explicação dela. Assim também Sócrates, após ter ouvido as explicações ou definições dadas por seus interlocutores, afirma não entender completamente a explicação, e começa logo em seguida a fazer perguntas que mostram que a explicação é contraditória e, portanto, insatisfatória. Notabene, então, como Sócrates, anuncia ironicamente sua expectativa de ser esclarecido: "Já que agora temos tantos filósofos aqui na Dinamarca, que com diligência e boa sorte compreenderam esta filosofia, eu alegremente espero a instrução que tenho desejado"[20]. Sócrates frequentemente começa a conversa lisonjeando seus interlocutores pelo conhecimento que possuem, tornando assim mais difícil para eles se recusarem a responder suas perguntas após terem aceitado seu elogio. Assim também Notabene parece obrigar os seguidores dinamarqueses de Hegel a responder, já que eles são publicamente conhecidos por sua compreensão da filosofia de Hegel, que Notabene é o primeiro a reconhecer. Mas dada sua reputação pública de peritos nessa filosofia, pessoas como Heiberg não têm desculpa para não responder a essa "chamada para publicação" de Notabene. Assim, é Heiberg quem aparece no papel de um dos interlocutores de Sócrates, talvez até mesmo um dos sofistas: alguém que alega saber e ensinar algo, mas que de fato é ignorante e até mesmo ignorante de sua própria ignorância. Aqui podemos ver como Kierkegaard obtém sua inspiração inicial de Sócrates, e então a traduz para seu próprio meio cultural dinamarquês moderno.

IV – *Estágios no caminho da vida*, de Kierkegaard

A próxima obra importante de Kierkegaard foi *Estágios no caminho da vida*, publicada em 30 de abril de 1845 sob o pseudônimo Hilarius Encadernador. Esse livro é, de certa forma, uma

---

20. Ibid.

sequência de *Ou/ou*. Como Victor Eremita, Hilarius Encadernador afirma ter encontrado por acaso os textos que constituem a obra. O livro consiste em três longos capítulos que formam quatro textos diferentes de quatro autores diferentes. Primeiro vem "*In vino veritas*", que é atribuído a Guilherme Afham. Depois vem um texto intitulado "Algumas reflexões sobre o casamento em resposta a objeções", que é atribuído a "um homem casado", ou seja, o Juiz Guilherme, autor da segunda parte de *Ou/ou*. Finalmente, o terceiro grande capítulo consiste em duas obras: há um texto intitulado "Culpado/inocente" de Quidam, a palavra em latim para "alguém", Quanto à forma, esse texto lembra "O diário do sedutor" de *Ou/ou*. É a história de um homem jovem que, como Kierkegaard, rompe um noivado com sua amada noiva. Como indica o título, ele é uma meditação sobre seu grau de culpabilidade em relação a esse assunto. Ele inspira outro texto longo chamado "Carta ao leitor", de Frater Taciturnus, que afirma ter encontrado o manuscrito de "Culpado/inocente" no fundo de um lago.

Estágios no caminho da vida representa assim uma complexa compilação de histórias dentro de histórias, um artifício que Kierkegaard toma emprestado de Platão. Mesmo que os leitores rapidamente tentem identificar Kierkegaard com, por exemplo, Quidam, é claro que o texto como um todo é elaborado de modo que o próprio Kierkegaard se esconde por trás dos diferentes autores. A obra não é só pseudônima, mas contém também um punhado de autores diferentes com relações complicadas entre si. Há então muitos níveis de distanciamento de Kierkegaard, como autor, em relação aos textos que formam a obra.

O uso que Kierkegaard faz de Sócrates, ou sua estratégia socrática, desempenha um papel inequívoco aqui. Na verdade, Sócrates é mencionado em todos os textos que aparecem no livro. Talvez o mais notável seja a seção "*In vino veritas*", onde é possível ver sinais claros dessa influência. O título "*In vino veritas*", em latim, significa simplesmente "no vinho a verdade;" quando as pessoas bebem, elas perdem suas inibições e falam a verdade. O texto apresenta uma série de discursos em um jantar, sobre o tema do amor. Os participantes do jantar que fazem discursos são pseudônimos kierkegaardianos bem conhecidos: Johannes o Sedutor, Victor Eremita, Constantin Constantius, e o jovem de *A repetição*. O modelo que Kierkegaard usa para "*In vino veritas*" é evidentemente o diálogo *O banquete*, de Platão, que também apresenta uma cena de banquete, do qual Sócrates participa, e uma série de discursos sobre o tema do amor.

Chegando ao final de *Estágios no caminho da vida*, na "Carta ao leitor", Frater Taciturnus discute a questão religiosa do pecado e do perdão. Ele entende o estado original dos seres humanos como imediatidade, ou seja, uma vida em imediata harmonia com a natureza e o mundo. Então vem o pecado, e a imediatidade é quebrada. Esse é o estágio da reflexão. A questão religiosa é como retornar à imediatidade e desfazer o dano causado pelo pecado. Frater Taciturnus fala sobre um terceiro estágio, o do perdão do pecado. Isso é o que ele chama de "segunda imediatidade". A harmonia entre os humanos e o mundo é restaurada, mas não é mais a mesma harmonia do começo. O que está claramente em questão aqui é a doutrina cristã do perdão dos pecados por Jesus Cristo.

Sócrates é invocado nesse contexto. Frater Taciturnus enfatiza a dificuldade dessa doutrina cristã e alerta contra aquelas pessoas que alegam compreendê-la. Aqui ele presumivelmente se refere aos teólogos acadêmicos ou aos clérigos bem instruídos da época. Ele observa que sabe que, aos olhos de tais pessoas, ele será considerado uma pessoa "estúpida" que faz "perguntas tolas"[21], mas diz que não se incomoda de ser visto dessa maneira, já que muita gente fazia o mesmo com Sócrates. Frater Taciturnus imagina o que Sócrates diria sobre a questão do pecado e do perdão, e sobre as respostas das pessoas do século XIX. Ele faz Sócrates dizer: "Certamente, o que você está perguntando é um assunto difícil, e sempre

---

21. KIERKEGAARD. *Stages on Life's Way*. Princeton: Princeton University Press, 1988, p. 482 [Trad. de Howard V. Hong e Edna H. Hong].

me espantou o fato de que tantas pessoas pudessem acreditar que entendem um ensinamento como esse, mas me espanta mais ainda que algumas pessoas tenham até compreendido muito mais do que isso"[22]. Aqui podemos ver Kierkegaard, pelo seu pseudônimo, adotando novamente uma postura socrática diante de seus contemporâneos. Ele reconhece a dificuldade e complexidade do tema, que outros não conseguem ver. O que significa dizer que nossos pecados são perdoados por Cristo? Ele se contenta em permanecer em uma situação de ignorância e incerteza, mesmo que isto signifique ser ridicularizado por aqueles que, aos seus olhos, não conseguem apreciar a natureza contraditória, paradoxal e absurda da crença cristã. Kierkegaard, dessa forma, emprega o Sócrates hipotético de Taciturnus para criticar o que ele considera ser uma injustificável presunção de seus contemporâneos.

V O conflito com *O Corsário*

Uma das mais conhecidas partes da biografia de Kierkegaard é seu famoso conflito com o jornal satírico *O Corsário*. Na época de Kierkegaard era uma publicação muito popular, com artigos humorísticos que zombavam de figuras famosas. Os artigos eram frequentemente acompanhados por caricaturas e ilustrações cômicas que deliciavam os leitores. Esse jornal era publicado por um talentoso escritor chamado Meir Goldschmidt, que se via constantemente em apuros legais graças aos conflitos frequentes do jornal com os censores dinamarqueses. Para evitar esse problema, Goldschmidt tinha que contratar vários editores de fachada que seriam, no papel, responsáveis pelo jornal, enquanto ele conduzia tudo pelos bastidores. Assim, quando as autoridades tentavam processar *O Corsário* com ações legais, não tinham outro recurso a não ser punir o editor de fachada legalmente responsável. O colega de Goldschmidt no jornal era outro jovem escritor e crítico muito

---

22. Ibid.

talentoso e promissor chamado Peder Ludvig Møller, que desempenhou um papel crucial no conflito com Kierkegaard[23].

Kierkegaard é conhecido por sua grande animosidade para com Goldschmidt e *O Corsário*, mas nem sempre foi assim. Antes do conflito, os dois se conheciam há cerca de dez anos e, de fato, se davam muito bem[24]. Em 1841 *O Corsário* publicou uma resenha de *O conceito de ironia*, e não houve qualquer problema ou conflito nesse contexto inicial, ainda que a resenha tenha satirizado a linguagem da obra[25]. De forma parecida, em 1843 *O Corsário* publicou uma resenha positiva de *Ou/ou*, que reconhecia os dons de Kierkegaard como escritor[26]. A controvérsia em si começou no fim de 1845 com a resenha de *Estágios no caminho da vida*, por Peder Ludvig Møller, publicada não naquele jornal, mas em sua própria publicação intitulada *Gæa*. Não era incomum para acadêmicos e escritores literários da época publicarem seus próprios periódicos assim, por conta própria; basta lembrar da publicação do próprio Kierkegaard, *O Instante*, alguns anos depois. Diferentemente de *O Corsário*, o jornal de Møller, *Gæa*, era um órgão sério de literatura e crítica literária.

---

23. Cf. SODERQUIST, K.B. "Peder Ludvig Møller: 'If he had been a somewhat more significant person...'" In: STEWART, J. *Kierkegaard and his Danish Contemporaries* – Tomo III: Literature, Drama and Aesthetics. Aldershot: Ashgate, 2009, p. 247-255 [*Kierkegaard Research: Sources, Reception and Resources*, vol. 7, p. 247-255].

24. KIRMMSE, B.H. (trad. e ed.). *Encounters with Kierkegaard*: A Life as Seen by His Contemporaries. Princeton: Princeton University Press, 1996, p. 65ss.

25. Cf. *The Corsair Affair and Articles Related to the Writings*. Princeton: Princeton University Press, 1982, supl., p. 92-93 [Trad. de Howard V. Hong e Edna H. Hong].

26. Ibid., supl., p. 93-95.

Primeira página de *The Corsair*.

O artigo em questão era uma abordagem crítica de *Estágios no caminho da vida* intitulada, "Uma visita a Sorø". Sorø é uma pequena cidade na Dinamarca, lar da famosa Academia Sorø, que empregava vários eruditos e escritores famosos. Um desses foi o poeta e romancista Carsten Hauch. Em seu artigo, Møller cria um diálogo fictício ambientado na casa de Hauch em Sorø, no qual *Estágios no caminho da vida* era o objeto central de discussão. Ali o livro de Kierkegaard é criticado por seu estilo esquisito e pela maneira como o autor expõe seu próprio desenvolvimento ético. O artigo tem um tom provocativo e jocoso, e não pode ser realmente visto como um exemplo de crítica literária séria.

Kierkegaard respondeu a esse artigo com um texto intitulado "A atividade de um esteta viajante e como ele ainda acabou pagando o jantar", que foi publicado no jornal *A Pátria* em 27 de dezembro de 1845, e assinado por seu pseudônimo Frater Taciturnus[27]. Em vez de responder às críticas de Møller, Kierkegaard sugere que Møller está tentando ganhar aplausos do público por associar-se à elite literária da época quando, entre outras coisas, situa a discussão do livro de Kierkegaard na casa de Carsten Hauch. Assim, no fim do artigo, Kierkegaard associa Møller a *O Corsário* ao convidá-lo a mostrar sua verdadeira face e fazer suas críticas naquele periódico satírico. A verdadeira intenção de Kierkegaard era mostrar que, enquanto Møller fingia estar ligado por laços de amizade à sofisticada elite literária do país, na verdade ele estava escrevendo para um jornal de má reputação.

Esse ato de Kierkegaard foi uma séria violação da ética acadêmica da época[28]. Sua afirmação de que Møller participava de *O Corsário* não era bem-vinda, pois Møller queria manter sua colaboração com Goldschmidt em segredo. Møller desejava uma indicação para a Universidade de Copenhague, e por isso ele sempre se apresentava como um erudito literário sério, e não como alguém que escrevia para um jornal mal-afamado. Em conversas privadas, Goldschmidt tinha garantido a Kierkegaard que era o único responsável por *O Corsário*, e advertiu Kierkegaard para que não envolvesse Møller nisso, mas suas súplicas de nada valeram[29]. Essa revelação teve sérias

---

27. Ibid., p. 38-46.
28. KIRMMSE, B.H. (trad. e ed.). *Encounters with Kierkegaard*: A Life as Seen by His Contemporaries. Princeton: Princeton University Press, 1996, p. 73.
29. Ibid., p. 71.

consequências na carreira de Møller, e provavelmente arruinou suas chances de emprego acadêmico. Mas poderia haver uma interpretação alternativa, de que as chances de um professorado para Møller foram arruinadas não tanto por sua associação com *O Corsário*, mas pela percepção geral de que Kierkegaard havia vencido o debate[30].

Møller tentou responder ao artigo de Kierkegaard dois dias depois no jornal *A Pátria*, onde o texto original de Kierkegaard havia sido publicado[31]. Møller tenta se desviar da crítica *ad hominem* de Kierkegaard dizendo que o diálogo que ele apresentou em seu artigo era obviamente fictício, e não houve portanto qualquer tentativa de se promover pela associação de si mesmo a figuras literárias como Carsten Hauch. Kierkegaard respondeu logo em seguida com mais um artigo, intitulado "O resultado dialético de uma ação policial literária"[32], no qual faz Frater Taciturnus comparar *O Corsário* com uma prostituta, enfatizando seu objetivo de ganhar dinheiro às custas de outros. Isso foi um ataque sério a *O Corsário*, que deixou Møller profundamente irritado[33], pois sua reputação foi manchada para sempre. Esse foi o último artigo de Kierkegaard no conflito, mas o estrago já estava feito.

Nos anos seguintes, Kierkegaard foi mencionado frequentemente de forma satírica em *O Corsário*, e pior, foi retratado em caricaturas habilmente desenhadas que zombavam tanto de sua pessoa quanto de seus escritos. Kierkegaard sentiu-se humilhado quando se viu objeto de escárnio público. Ele sempre tomou muito cuidado em cultivar uma certa imagem pública e em manter uma boa relação com seus leitores, mas agora ele viu que essas coisas não estavam totalmente sob seu controle. Ele acreditava que *O Corsário* pretendia arruinar sua reputação e chegou a considerar-se um mártir da opinião pública injusta. Mesmo gostando de escrever de modo sar-

---

30. Ibid., p. 72.
31. *The Corsair Affair*. Op. cit., p. 104-105.
32. Ibid., p. 47-50.
33. *Encounters with Kierkegaard*. Op. cit., p. 75.

cástico e irônico sobre os outros, ele não suportava ser objeto do mesmo tipo de crítica, e desenvolveu um ódio implacável dirigido principalmente a Goldschmidt por seu papel nesse caso. Os diários de Kierkegaard estão cheios de afirmações coléricas contra Møller, Goldschmidt e *O Corsário*[34]. Mesmo quando esse material foi publicado após a morte de Kierkegaard, o próprio Goldschmidt mostrou grande magnanimidade e se recusou a criticar Kierkegaard como pessoa[35], apesar das injúrias que Kierkegaard, sem reservas, lançou contra ele. Em todo caso, essa foi sem dúvida uma das polêmicas emblemáticas na história literária dinamarquesa, que deixou sua marca em todas as três principais figuras envolvidas.

Imagens satíricas de Kierkegaard em *O Corsário*.

---

34. Cf. KONDRUP, J. "Meïr Goldschmidt: O Corcunda Vesgo". In: STEWART, J. (ed.). *Kierkegaard and his Danish Contemporaries*. Op. cit., p. 105-149.

35. *Encounters with Kierkegaard*. Op. cit., p 79ss.

VI – Introdução ao *Pós-escrito conclusivo não científico*, de Kierkegaard

O *Pós-escrito conclusivo não científico*, que muitos consideram o *magnum opus* de Kierkegaard, foi publicado em 28 de fevereiro de 1846. O próprio Kierkegaard sugere que o livro desempenhou um papel muito especial no desenvolvimento do conjunto de sua obra. O título completo do livro é *Pós-escrito conclusivo não científico às migalhas filosóficas: uma compilação mímico-patético-dialética: uma contribuição existencial*. Por ser uma sequência de *Migalhas filosóficas*, é atribuído ao mesmo autor pseudônimo: Johannes Climacus.

Kierkegaard gostava de fazer caminhadas no Jardim Frederiksberg, localizado em um subúrbio de Copenhague a cerca de 30 minutos a pé da cidade velha. No *Pós-escrito*, seu autor pseudônimo Johannes Climacus conta que, quatro anos antes, ele foi até lá numa tarde de domingo, sentou-se do lado de fora de um café, e fumou um charuto[36]. Climacus afirma que, na época, estava considerando a ideia de tornar-se um autor. É tentador ler a história de Johannes Climacus biograficamente, ou autobiograficamente, como se ela se referisse ao próprio Kierkegaard. Sabemos que, quatro anos antes do *Pós-escrito*, ou seja, em 1842, Kierkegaard tinha acabado de voltar de Berlim e, de fato, estava refletindo sobre o que queria fazer da vida. Foi provavelmente durante essa época que ele teve a ideia de tornar-se um autor e desenvolver sua atividade de autor com uma série de pseudônimos e obras assinadas.

Em todo caso, o que Johannes Climacus pretende, ao contar a história do início de sua autoria e de suas inspirações iniciais, é contrastar humoristicamente esse relato com o de Johan Ludvig

---

36. KIERKEGAARD. *Concluding Unscientific Postscript*. Vols. 1-2. Princeton: Princeton University Press, 1992, vol. 1, p. 185 [Trad. de Howard V. Hong e Edna H. Hong]. [Trad. bras.: *Pós-escrito às migalhas filosóficas*. Vol. 1. Petrópolis/ Bragança Paulista: Vozes/Edusf, 2013, p. 193-194 [Trad. de Álvaro Valls].] Cf. tb. ibid., p. 161. [Trad. bras.: *Pós-escrito às migalhas filosóficas*. Op. cit., p. 168.]

Heiberg sobre sua conversão à filosofia de Hegel. Como discutimos na quarta lição, Heiberg assistiu às palestras de Hegel em Berlim, e fez um relato muito empolgado e romantizado de seu primeiro grande momento de compreensão da filosofia de Hegel, que serviu de inspiração para muitas de suas obras posteriores. Heiberg o descreve como um tipo de epifania que experienciou em seu retorno de Berlim a Kiel:

> Na volta para casa, enquanto descansava em Hamburgo, onde fiquei por seis semanas antes de voltar a Kiel, tempo durante o qual eu estava constantemente ponderando sobre o que ainda era obscuro para mim, aconteceu um dia que, sentado em meu quarto na hospedaria Konig von England com Hegel sobre minha mesa e em meus pensamentos, e ouvindo ao mesmo tempo os belos hinos que soavam quase incessantemente dos carrilhões da Igreja de São Pedro, de repente, de um jeito que eu nunca experienciei nem antes e nem depois, fui tomado por uma visão interior momentânea, como se um relâmpago tivesse iluminado toda a região e despertado em mim o pensamento central oculto até então. A partir desse momento, o sistema, em suas linhas gerais, ficou claro para mim, e eu estava completamente convencido de tê-lo apreendido em seu âmago mais profundo, a despeito do quanto poderia ainda haver nos detalhes que eu não tenha captado, e que talvez jamais consiga captar[37].

Kierkegaard faz Johannes Climacus satirizar esse relato ao se referir a Heiberg como Dr. Hjortspring. Ele faz gozação da conversão de Heiberg à filosofia de Hegel como um milagre ocorrido no Hotel Streit em Hamburgo[38]. Para fazer um contraste com Heiberg, Johannes Climacus faz um relato humilde de seu próprio começo

---

37. HEIBERG, J.F. "Autobiographiske Fragmenter". In: STEWART, J. (ed. e trad.). *Heiberg's On the Significance of Philosophy for the Present Age and Other Texts*. Copenhague: C.A. Reitzel's, 2005, p. 65 [*Texts from Golden Age Denmark*, vol. 1].

38. KIERKEGAARD. *Concluding Unscientific Postscript*. Op. cit., p. 184. [Trad. bras.: *Pós-escrito às migalhas filosóficas*. Op. cit., p. 192.]

e de suas limitadas contribuições à literatura dinamarquesa. Não há nada romantizado na descrição de sua decisão de se tornar um autor no Jardim Frederiksberg.

Climacus explica que, ao sentar-se no café com seu charuto, ele refletiu sobre como estava envelhecendo, e como ainda não tinha assumido qualquer vocação. Ele via outros homens de grande talento trabalharem duro em várias áreas para tornar a vida mais fácil[39]. Ele recorda os vários avanços tecnológicos da época, como navios a vapor e estradas de ferro. De modo semelhante, Heiberg, ao popularizar a filosofia de Hegel, torna mais fácil para as pessoas a compreensão do difícil sistema filosófico do pensador alemão. Quando Climacus pensa sobre o que essas outras pessoas estavam fazendo com suas vidas, e sobre como elas beneficiavam a sua época, surgiu a inevitável pergunta sobre o que ele estava fazendo da sua própria vida. Ele teve então uma ideia sobre qual deveria ser sua vocação, e decidiu que contribuiria para a época não tornando as coisas fáceis, mas tornando alguma coisa mais difícil. Ele ressalta que há perigo em uma época quando as coisas ficam fáceis demais, e por isso é importante ter alguém que possa proteger as pessoas desse perigo e revelar as dificuldades.

Mesmo que haja um tom irônico ou satírico nessas passagens, há também algo de muito sério. Ele menciona *Migalhas filosóficas*, a primeira obra de Johannes Climacus. Um dos objetivos daquele livro era, de certa maneira, tornar a crença no cristianismo mais difícil pela análise do paradoxo absoluto. Então, quando Climacus diz aqui que sua vocação na vida era tornar as coisas mais difíceis, significa especificamente a ideia de revisar a concepção de cristianismo da época e torná-la mais difícil. Esta parece ser claramente a compreensão de Kierkegaard sobre sua própria missão, e ele parecia claramente considerar Sócrates um modelo para isso. Assim como Sócrates, Kierkegaard acredita que poderia dar uma contribuição

---

39. Ibid., p. 186. [Trad. bras.: *Pós-escrito às migalhas filosóficas*. Op. cit., p. 194.]

maior para o aperfeiçoamento de sua cultura ao desempenhar o papel do moscardo.

VII – "A questão em *Migalhas*", de Kierkegaard

Climacus dá prosseguimento à sua argumentação explicando os objetivos e estratégias da sua obra anterior, *Migalhas filosóficas*. No fim da discussão há uma interessante comparação com Sócrates. Climacus afirma que sua intenção não era discorrer sobre a doutrina ou o dogma cristão, mas enfrentar a questão de como alguém se torna um cristão. Nesse contexto, ele diz algo muito contraintuitivo. A tradição missionária no cristianismo estabeleceu um padrão bem conhecido sobre como os cristãos explicam aos não cristãos o que é o cristianismo. O objetivo do missionário é converter o descrente. Os meios para a conversão geralmente são argumentos e diversas formas de persuasão. O missionário tenta demonstrar a confusão e as contradições envolvidas na cosmovisão do descrente, e a consistência e plausibilidade do cristianismo. O que importa nesse exercício é mostrar que é interessante ser cristão e que não é interessante ser descrente. Nesse cenário, é muito estranho quando Johannes Climacus diz que seu objetivo não é fazer com que seja cada vez mais fácil ser cristão, mas mais difícil. Ele escreve: "Eu ouso, de acordo com minhas pobres habilidades, assumir a responsabilidade de tornar isso difícil, tão difícil quanto possível"[40].

Parece uma coisa bem estranha de se dizer. Isso significa que Johannes Climacus é um tipo de antimissionário cujo objetivo não é persuadir as pessoas a se tornarem cristãs, mas a fazer justamente o contrário, ou seja, afastá-las do cristianismo? O importante aqui é entender o que ele quer dizer com cristianismo. Já que o cristianismo promete salvação e felicidade eterna, é uma questão da maior importância ter certeza sobre isso. Seria desastroso se alguém acreditasse que é cristão, mas, de fato, não é, porque possui uma concep-

---

40. Ibid., p. 381.

ção errônea do que o cristianismo seja. Kierkegaard acredita que a compreensão e a prática do cristianismo em sua época estão muito enganadas, e se desvia radicalmente do cristianismo original ensinado por Jesus. Esta concepção de cristianismo é muito mais difícil de seguir do que a versão moderna "aguada". Quando, então, Climacus diz que seu objetivo é fazer com que seja mais difícil ser cristão, ele não quer dizer que pretende destruir ou solapar o cristianismo *per se*, mas sim que o que ele pretende pôr em xeque é uma concepção errada do cristianismo que deixa as coisas fáceis demais. Ela precisa ser destruída para que se possa alcançar a versão verdadeira de cristianismo, que é muito mais difícil.

Segundo Climacus, o cristianismo tem a ver com a interioridade de cada indivíduo, e não com argumentos discursivos ou demonstrações. Ele rejeita a ideia de que o cristianismo é uma doutrina[41]. Esta é também uma afirmação radical e contraintuitiva. Ao longo da história do cristianismo, houve constantes tentativas de se formalizar os ensinamentos de Cristo como uma doutrina estabelecida. Isso começou já nos primeiros concílios eclesiásticos, e continuou ao longo da história com incontáveis teólogos e acadêmicos desenvolvendo seus próprios sistemas de dogmática cristã, o ramo da teologia que tenta compreender os diferentes dogmas. Além disso, as controvérsias religiosas que levaram aos cismas na história da Igreja têm a ver com disputas sobre a interpretação de dogmas ou doutrinas específicos. Em guerras religiosas, as pessoas lutaram e morreram pelo que acreditaram ser a verdade de doutrinas específicas. Da mesma forma, pessoas foram perseguidas, torturadas, e até mesmo executadas por não acreditarem em certas doutrinas. Considerando isso tudo, é muito estranho quando Johannes Climacus sugere que é um erro compreender o cristianismo como uma doutrina. Ele escreve: "A introdução de que eu encarrego consiste, por rejeição, em fazer com que seja difícil tornar-se um cristão e entender o cristianismo não como

---

41. Ibid., p. 382.

uma doutrina, mas como uma contradição da existência e uma comunicação existencial"[42]. *Migalhas filosóficas* argumenta que o cristianismo é baseado em paradoxos como Deus tornando-se homem, o infinito tornando-se finito, o eterno tornando-se temporal. Porque essas ideias são inerentemente contraditórias, elas impedem uma doutrina positiva, ao invés de conduzir o sujeito a ela. Kierkegaard acredita que o cristianismo nunca poderia ser compreendido pela mente humana ou ser explicado por uma pessoa a outra. Em vez disso, ele deve ser simplesmente aceito pela fé na interioridade do coração. Isso parece ser o que Climacus quer dizer no texto com "comunicação existencial", que é justamente o oposto de uma comunicação objetiva, direta ou simples de um fato sobre o mundo. Em vez disso, uma comunicação existencial tem a ver com algo paradoxal, contraditório e absurdo – uma comunicação baseada na experiência vivida, mais do que no falar e no ouvir.

Chegando ao fim dessa discussão, Kierkegaard faz Johannes Climacus discutir o diálogo *Hípias Maior*, de Platão, que aborda a questão da beleza. Assim como Climacus quer introduzir as pessoas ao cristianismo, o objetivo do diálogo de Platão também é introduzir as pessoas ao conceito de beleza. Esse é um dos chamados diálogos aporéticos, pois após muitas tentativas fracassadas de se definir a beleza, a discussão termina sem conclusão. No fim, Sócrates simplesmente afirma que "se beneficiou da conversa", pois achou o tema da definição da beleza muito difícil[43].

---

42. Ibid., p. 383. Cf. tb. *Kierkegaard's Journals and Notebooks*, vol. 7, p. 188, NB17: 33: "Essa tarefa socrática é da maior importância no cristianismo: a virtude não pode ser ensinada; ou seja, ela não é uma doutrina, ela é um ser-capaz, um exercitar-se, um existir, uma transformação existencial, e portanto aprendê-la é algo tão vagaroso, que não é de modo algum simples e fácil como o aprendizado linear de uma língua ou de um sistema bruto. Não, no que diz respeito à virtude, há sempre uma ênfase particular no *interior*, na interioridade, 'o indivíduo singular'. Aqui eu volto à minha tese – cristianismo não é uma doutrina, mas uma comunicação existencial".

43. Ibid., p. 384. Deve-se notar que Kierkegaard usa uma citação do *Hípias Maior* como mote para o *Pós-escrito conclusivo não científico*: "Mas eu devo perguntar a você, Sócrates, o que você supõe que seja a conclusão de tudo isso?

Climacus vê isso como uma analogia da sua abordagem do cristianismo. Ele não tenta ensinar qualquer doutrina positiva sobre o que o cristianismo é, assim como Sócrates não tenta ensinar nenhuma definição simples de beleza. Pelo contrário, a ideia de cristianismo e o conceito de beleza são eles próprios problematizados. Climacus considera isso importante, e certamente benéfico, para sua própria época, que, em sua opinião, está dominada por concepções confusas e errôneas do cristianismo. Assim, se os leitores puderem, após ler seu texto, questionar e duvidar de suas visões sobre o cristianismo, isso será um resultado importante, mesmo que ele não lhes tenha ensinado uma doutrina positiva. Portanto, vemos aqui de novo Sócrates proporcionando um modelo para o projeto de Kierkegaard. Como o Sócrates de *Hípias Maior*, que torna as coisas mais difíceis quanto ao conceito de beleza, também Kierkegaard se vê tornando as coisas mais difíceis quanto ao cristianismo.

VIII – "Uma primeira e última explicação", de Kierkegaard

Por que Kierkegaard considerava o *Pós-escrito conclusivo não científico* uma obra tão importante? A chave está na palavra "conclusivo" do título. A interpretação óbvia desse termo é que a obra foi planejada como a sequência de *Migalhas filosóficas*, e, portanto, planejada para concluir ou completar aquele livro. Mas há também uma explicação biográfica mais profunda. Como dito anteriormente, todos os irmãos de Kierkegaard, exceto seu irmão mais velho, morreram cedo. É desnecessário dizer que isso teve um efeito profundo sobre ele. Kierkegaard desenvolveu a ideia de que também morreria antes de chegar aos 34 anos. Em suas memórias so-

---

Como eu disse há pouco, são as migalhas e as raspas do argumento, cortado em vários pedacinhos" (Ibid., p. 3). [Trad. bras.: *Pós-escrito às migalhas filosóficas*. Op. cit., p. 8: "Mas agora, Sócrates, a que pensas que tudo isso leva? São, como eu disse há pouco, meras aparas e fragmentos de discursos, decompostos".] A citação é do *Hípias Maior*, 304a.

bre Kierkegaard, Hans Brøchner se lembra disso quando escreve: "Kierkegaard me disse uma vez que, quando jovem, teve por muitos anos uma firme convicção de que morreria quando completasse 33 anos (Será que a idade de Jesus também seria a regra para o imitador de Jesus?)"[44]. Quando chegou aos 34 anos, ainda vivo e bem de saúde, Kierkegaard não pôde acreditar nisso, e chegou até a conferir o registro oficial para ver se sua data de nascimento tinha sido registrada corretamente[45]. Em todo caso, isso significava que, enquanto Kierkegaard escrevia suas famosas obras, ele sempre tinha em mente a ideia de que só tinha mais alguns poucos anos de vida. Ele assim planejou estrategicamente suas obras de forma que elas iriam culminar em uma obra final, que seria o *Pós-escrito conclusivo não científico*. Essa seria a obra que uniria as diferentes vertentes de sua autoria.

Já que Kierkegaard acreditava que iria morrer após a publicação do *Pós-escrito* em 1846, ele decidiu fazer uma declaração sobre o conjunto de sua obra no fim do livro, provavelmente pensando que

---

44. *Encounters with Kierkegaard*, p. 240. Em uma carta a seu irmão em 1847, Kierkegaard escreveu: "O aniversário pelo qual você me congratula e sobre o qual você diz que 'está frequente e anormalmente presente em seus pensamentos nestes dias', esse aniversário também tem estado frequentemente, e por um longo tempo antes dele, em meus próprios pensamentos. Pois eu faço 34 anos. Em certo sentido, isso é totalmente inesperado. Eu já estava muito surpreso quando – sim, agora eu posso te dizer isto sem medo de te aborrecer – você completou 34 anos. Tanto nosso pai quanto eu temos a ideia de que ninguém na nossa família iria viver mais do que 34 anos... O 34º aniversário era para ser, então, o limite, e nosso pai iria viver mais do que todos nós. Não foi isso o que aconteceu – eu estou agora com 35 anos" (*Kierkegaard*: Letters and Documents. Princeton: Princeton University Press, 1978, Letter 149, p. 211 [Trad. de Henrik Rosenmeier]).

45. Em seu relato, Brøchner acrescenta: "Essa crença estava tão arraigada nele que, quando ele de fato atingiu aquela idade, ele chegou até mesmo a conferir nos registros da paróquia para ver se estava realmente correto; era assim tão difícil para ele acreditar nisso" (*Encounters with Kierkegaard*, p. 240). Cf. tb. CAPPELØRN, N.J. et al. (eds.). *Kierkegaard's Journals and Notebooks*. Vols. 1-11. Princeton: Princeton University Press, 2007, vol. 4, p. 123, NB: 210: "Que estranho, eu fiz 34 anos. É totalmente inconcebível para mim. Eu tinha tanta certeza de que morreria antes do meu aniversário, ou no dia dele, que eu poderia realmente ficar tentado a supor que meu nascimento foi registrado na data errada, e que eu ainda morreria no meu 34º aniversário".

essa seria sua última chance de fazê-lo. Assim que terminou o livro, ele acrescentou, bem no final, uma última seção intitulada "Uma primeira e última explicação". Ela aparece em páginas não numeradas, separadas do corpo da obra.

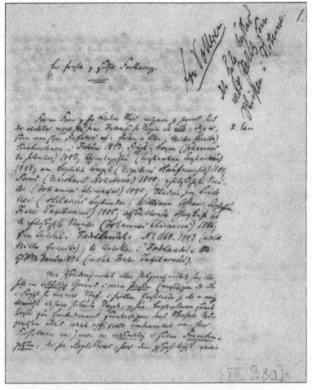

Rascunho de "Uma primeira e última explicação".

Ao longo dos anos anteriores, Kierkegaard foi meticuloso na manutenção da fachada dos autores pseudônimos que criara. Ele tomou sérias medidas para se distanciar de suas obras e para cuidar para que fossem atribuídas aos autores fictícios. Ele nunca negociava pessoalmente os contratos das suas obras pseudonímicas com a gráfica e com o editor, mas mandava seu amigo Jens Finsteen Giødwad fazê-lo. Dessa forma, ele poderia permanecer escondido atrás do autor pseudônimo. Como vimos, quando Heiberg criticou *Ou/ou*, Kierkegaard respondeu com o artigo "Confissão pública" não em seu próprio nome, mas em nome do editor pseudônimo da obra, Victor Eremita.

Kierkegaard foi ajudado em sua tentativa de apresentar os pseudônimos como autores reais pelos costumes literários da época. Na Dinamarca da Era de Ouro, não havia nada de novo ou original em escrever em pseudônimos, e muitas das grandes figuras da época também fizeram uso deles, inclusive Heiberg e Mynster. A etiqueta acadêmica da época ditava que alguém, como leitor ou crítico, respeitasse o pseudônimo e não traísse o autor real se soubesse quem ele era. Assim, em suas críticas de *Ou/ou* e *A repetição*, Heiberg tem o cuidado de nunca mencionar Kierkegaard pelo nome.

Em "Uma primeira e última explicação", Kierkegaard dá um passo extraordinário ao revelar ser o autor da série de obras pseudônimas que levam ao (e incluem) próprio *Pós-escrito*. À primeira vista, parece que seu objetivo principal era só revelar que ele era o autor de *Ou/ou*, *Temor e tremor* etc., caso ele morresse e as pessoas não ficassem sabendo quem era o verdadeiro autor. Nesse sentido, parece natural, por várias razões, que ele quisesse levar o crédito pela sua obra de tantos anos. Mas a questão não é assim tão simples, pois, após ter revelado isso, ele prossegue fazendo um pedido aos leitores: que, quando eles se referissem a uma obra, que a atribuíssem não a ele, mas ao autor pseudônimo. Então, ainda que Kierkegaard reivindique a responsabilidade legal pelas obras dos pseudônimos, ele parece querer manter uma distância em relação a eles, o que era claramente parte do plano original com os pseudônimos desde o início. Ao pedir a seus leitores que se refiram àquelas obras como se fossem assinadas pelos pseudônimos, ele sugere que as visões expressadas pelos pseudônimos não são necessariamente as suas próprias visões. Nos últimos anos, isso também tem sido objeto de debate entre os estudiosos de Kierkegaard. Alguns argumentam que os pseudônimos são uma simples ferramenta literária que Kierkegaard usou por diversas razões, mas, no fim das contas, eles não têm nenhuma relevância para o conteúdo de suas obras e podem, com segurança, ser ignorados. Outros argumentam que eles são de absoluta importância, e que é preciso levar a sério o que Kierkegaard disse sobre o tema e ter cautela ao associar as visões dos autores pseudônimos com as do próprio Kierkegaard.

IX – A autoria paralela

Em 1848, ou seja, dois anos após a publicação do *Pós-escrito*, Kierkegaard escreveu uma retrospectiva geral de suas obras, intitulada *O ponto de vista da minha obra como escritor*. Ele decidiu publicar uma versão resumida dessa obra em 1850, intitulada *Sobre minha obra como escritor*. Mas quando *O ponto de vista* foi descoberto entre seus manuscritos após sua morte, seu irmão, Peter Christian Kierkegaard, publicou a versão completa em 1859. Nessas obras, Kierkegaard reflete sobre seus muitos livros e sobre as diferentes relações deles uns com os outros.

Em uma nota do *Diário NB10*, de 1849, na mesma época, Kierkegaard indica que sua produção literária deve ser entendida como "um projeto unificado". Ele se refere ao que chama de "um plano compreensivo da produção como um todo"[46]. Isto é surpreendente para alguns leitores, pois sabemos que Kierkegaard foi um crítico declarado de qualquer forma de pensamento sistemático. O que então ele queria dizer quando, aparentemente, considera seu trabalho literário coletivo como um tipo de sistema unificado? É isso o que é explicado em *O ponto de vista*.

Kierkegaard publicou tanto obras assinadas por diversos pseudônimos quanto assinadas em seu próprio nome. As obras pseudônimas tratam de diversos temas, como estética, filosofia e psicologia, enquanto as obras assinadas são principalmente religiosas, parecidas com sermões. Kierkegaard se refere às obras pseudônimas como "a autoria estética", e às obras assinadas como "a autoria religiosa",

---

46. *Kierkegaard's Journals and Notebooks*, vol. 5, p. 286, NB10: 38.

ainda que as obras pseudônimas como *Temor e tremor*, *Migalhas filosóficas* e *O conceito de angústia* tratem claramente de assuntos religiosos. Pode-se dizer ainda que as obras pseudônimas eram dirigidas a uma audiência mais sofisticada, pois elas costumam mencionar debates acadêmicos e citações em línguas estrangeiras. Em contrapartida, as obras edificantes parecem ser dirigidas ao crente comum, que não tem necessariamente uma formação acadêmica. A estratégia de Kierkegaard, portanto, parece ter sido tentar alcançar tipos diferentes de pessoas com seus escritos, do jeito mais adequado para elas.

Em sua descrição dessas duas partes diferentes de sua autoria, Kierkegaard retrata a si mesmo como alguém que segue a arte da maiêutica de Sócrates[47]. Ele explica que pretendia, em sua obra estética, praticar a estratégia maiêutica de conduzir seus leitores ao cristianismo sem que eles soubessem. Então, eles estariam na posição adequada para apreciar as obras edificantes e as mensagens religiosas que elas transmitem. À primeira vista, pode parecer obscuro como Kierkegaard podia afirmar que estava fazendo a mesma coisa que Sócrates fazia, considerando que suas obras parecem tão diferentes do questionamento socrático. O que importa aqui é que, aparentemente, os escritos pseudônimos de Kierkegaard são maiêuticos no sentido socrático porque problematizam certo número de questões que os leitores pensavam que haviam compreendido. Ao tornar suas opiniões problemáticas, as obras de Kierkegaard exigem então que os leitores procurem as respostas na interioridade. Ele tem o cuidado de não permitir que seus pseudônimos apresentem as soluções para as questões suscitadas, o que deixa para os leitores a tarefa de encontrar a verdade dentro de si mesmos. Isso também significa que seus escritos

---

47. KIERKEGAARD. *The Point of View*. Princeton: Princeton University Press, 1998, p. 7 [Trad. de Howard V. Hong e Edna H. Hong]: "Ela começou *maieuticamente* com a produção estética, e todos os escritos pseudonímicos são *maiêuticos* em sua natureza. Portanto, esse escrito também era pseudonímico, ao passo que os escritos diretamente religiosos – os quais desde o começo foram apresentados como o brilho da agulha de uma bússola – levaram o meu nome".

pseudonímicos não eram dirigidos a uma grande audiência, ou à "multidão", mas eram dirigidos a cada indivíduo e à sua interioridade religiosa, da mesma maneira que o questionamento de Sócrates era dirigido a uma pessoa específica[48]. Assim, a julgar pelo que diz o próprio Kierkegaard, é possível dizer que a concepção de maiêutica de Sócrates proporciona o modelo para toda a parte pseudonímica da autoria.

Em *O ponto de vista de minha obra como escritor*, Kierkegaard explica que pretendia que os dois conjuntos de obras se desenvolvessem paralelamente, que se complementassem e se suplementassem. Assim, a ideia era que, para cada obra pseudonímica que ele publicasse, sairia uma obra assinada paralela. Desse modo, duas autorias diferentes surgiriam juntas. Quando se presta atenção às datas de publicação das obras de Kierkegaard, essa concepção de sua autoria parece, em sua maior parte, ser verdadeira[49]. *Ou/ou* foi publicado em 20 de fevereiro de 1843, e seu paralelo, *Dois discursos edificantes*, foi publicado uns poucos meses depois, em 16 de maio de 1843. De modo semelhante, as obras pseudônimas *Temor e tremor* e *A repetição* foram publicadas em 16 de outubro de 1843, e, exatamente no mesmo dia, saiu a coletânea assinada de *Três discursos edificantes*. É possível continuar a seguir esses paralelos até a publicação do *Pós-escrito conclusivo não científico* em 1846.

---

48. Ibid., p. 9.
49. Cf. CAPPELØRN, N.J. "The Retrospective Understanding of Søren Kierkegaard's Total Production". In: McKINNON, A. (ed.). *Kierkegaard*: Resources and Results. Montreal: Wilfrid Laurier University Press, 1982, p. 18-38.

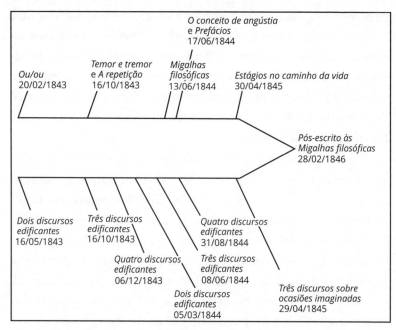

Kierkegaard, assim, criou duas autorias lado a lado.

Esse esquema também mostra a importância do *Pós-escrito conclusivo não científico* como a obra que reúne as duas diferentes vertentes da autoria. Em *O ponto de vista*, Kierkegaard escreve: "A primeira divisão de livros é uma escrita estética, a última divisão de livros é uma escrita exclusivamente religiosa – entre essas duas divisões está o *Pós-escrito conclusivo não científico como ponto de virada*"[50]. O que Kierkegaard quer dizer ao chamar o *Pós-escrito* de "ponto de virada" em sua obra literária?[51] Kierkegaard não morreu, como ele esperava, em 1846, e descobriu que não poderia parar

---

50. KIERKEGAARD. *The Point of View*. Op. cit., p. 31. [Trad. port.: *Ponto de vista explicativo da minha obra como escritor*. Op. cit., p. 29: "O primeiro grupo de escritos constitui a produção estética; o último, a produção exclusivamente religiosa: o *Post-scriptum definitivo e não científico* encontra-se entre os dois, formando o *ponto crítico*".]

51. Cf. ibid., p. 31, 55. [Trad. port.: *Ponto de vista explicativo da minha obra como escritor*. Op. cit., p. 29 e 49.] Cf. tb. *Kierkegaard's Journals and Notebooks*, vol. 5, p. 289, NB10: 40.

de escrever depois do *Pós-escrito*. Considerando que o *Pós-escrito* foi a conclusão de seu plano original, as publicações que vieram depois dele são diferentes. Os pesquisadores geralmente dividem a vida e obra de Kierkegaard em dois períodos: a primeira parte da autoria, que inclui todos os textos a partir dos artigos iniciais de Kierkegaard e seus primeiros livros até o *Pós-escrito* em 1846, e a segunda metade da autoria, que inclui todos os textos depois do *Pós-escrito* e culmina no ataque de Kierkegaard à Igreja e na sua morte em 1855. Costuma-se dizer que, enquanto a primeira metade da autoria prioriza as obras estéticas pseudonímicas, a segunda metade inverteu essa situação, colocando o foco primário nos escritos religiosos.

X – Os diários e cadernos

Uma mudança paralela a essa também pode ser vista nos diários de Kierkegaard[52]. Ele foi um ávido escritor de diários, e manteve seus diários meticulosamente ao longo de sua vida. As pessoas frequentemente veem seus diários como um tipo de diário pessoal, mas isso é, de certa forma, um engano, pois Kierkegaard usava seus diários para muitas outras funções além de simples anotações de eventos do seu cotidiano. Na verdade, ele usava esses diários para propósitos bem diferentes: registrar uma frase ou pensamento inteligente, anotar algo interessante que acabou de ler, ou registrar algo que pudesse vir a usar em seus textos posteriores.

Os diários também se enquadram em duas grandes categorias que correspondem cronologicamente aos dois períodos da autoria. O primeiro conjunto de diários recebeu numeração dupla, AA, BB,

---

52. A melhor introdução aos diários e cadernos de Kierkegaard até hoje é CAPPELØRN, N.J. et al. *Written Images*: Søren Kierkegaard's Journals, Notebooks, Booklets, Sheets, Scraps, and Slips of Paper. Princeton/Oxford: Princeton University Press, 2007 [Trad. de Bruce H. Kirmmse]. Um estudo muito interessante desse material pode ser encontrado em FENGER, H. *Kierkegaard, The Myths and Their Origins*: Studies in the Kierkegardian Papers and Letters. New Haven/Londres: Yale University Press, 1980 [Trad. de George C. Schoolfield].

CC etc., até KK. Kierkegaard começou seu primeiro diário, *AA*, em 1835, quando ainda era estudante na Universidade de Copenhague, e continuou a escrever até seu *Diário JJ* em 1846. Simultaneamente aos seus primeiros diários, Kierkegaard também escreveu uma série de cadernos, simplesmente numerados em sequência, ou seja, *Caderno 1*, *Caderno 2* e assim por diante, até *Caderno 15*. É aqui que encontramos, por exemplo, suas anotações das lições de Schelling e anotações de suas outras leituras. Esses primeiros diários e cadernos correspondem à primeira parte da autoria.

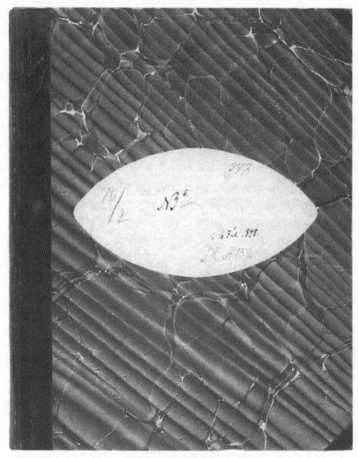

Diário NB: 6 de Kierkegaard.

O segundo conjunto de diários, os chamados "diários NB", corresponde à segunda metade da autoria. Quando Kierkegaard viu que não havia morrido como previsto, ele também continuou a escrever diários. Depois de pensar que tinha dado sua declaração definitiva sobre sua autoria em "Uma primeira e última explicação", com o passar do tempo ele ainda sentia a necessidade de dizer mais, e assim ele chamou seu próximo diário, que começou imediatamente após a publicação do *Pós-escrito*, de Diário *NB*. As iniciais NB representam as palavras latinas *nota bene*, ou nota bem. Parece que a ideia é que eles se constituam de observações ou reflexões suplementares sobre sua autoria. Até 1847, Kierkegaard ainda não tinha certeza se iria ou não morrer, e assim ele continuou a escrever no diário chamado *NB*, que acabou ficando bem grande. Em algum momento, ele percebeu que iria, de fato, viver, e então continuou com um novo diário, que chamou de *NB2*. Ele continuou a sequência dos diários NB até sua morte, com o diário final, *NB36*.

Os diários NB são paralelos à segunda metade da autoria e têm, de certa forma, características diferentes dos diários anteriores. Enquanto os diários anteriores contêm tipos muito diversos de material, e pulam de um tópico a outro muito rapidamente, os diários NB mostram um grau maior de continuidade. Eles contêm incontáveis reflexões sobre a autocompreensão de Kierkegaard e suas complicadas, e frequentemente inamistosas, relações com os outros. Em todo caso, os diários constituem uma rica fonte de informação sobre a vida e a obra de Kierkegaard e dão perspectivas interessantes que nem sempre são dadas em seus escritos publicados.

XI – Sócrates e o cristianismo como verdade subjetiva

No início deste capítulo, observamos que Kierkegaard fez a surpreendentemente estranha alegação de que ele acreditava que Sócrates se tornou um cristão. Agora, depois de examinarmos algumas das obras mais importantes de Kierkegaard entre 1844 e 1846, talvez possamos começar a perceber o que ele queria dizer com isso. Geralmente associamos o cristianismo com um conjunto de ensinamentos, dogmas e doutrinas que não existiram por centenas de anos após a morte de Sócrates. Se o cristianismo é isso, então não pode fazer sentido dizer que Sócrates foi, ou pôde tornar-se, um cristão, já que ele nunca teve contato com esses ensinamentos e não tinha como aderir a eles. Mas, como vimos, Kierkegaard concluiu que é um erro reduzir o cristianismo a dogmas e doutrinas. Esta é a concepção de cristianismo que teólogos, filósofos e outros tipos de acadêmicos tendem a ter. Mas Kierkegaard defende que essa concepção de cristianismo é equivocada e até mesmo corrupta.

Então, qual é a concepção de cristianismo de Kierkegaard, e o que ela tem a ver com Sócrates? Isto não é tão fácil de identificar ou de descrever claramente, pois Kierkegaard parece estar decidido a evitar dar a seus leitores quaisquer definições fáceis ou afirmações positivas a esse respeito. Mas podemos obter um vislumbre dessa questão se nos lembrarmos das diferentes análises que examinamos neste capítulo. Os diferentes autores pseudônimos de Kierkegaard afirmam consistentemente que o cristianismo tem a ver com a interioridade e com decisões pessoais acerca de ideias que são paradoxais e contraditórias. Isso é exatamente o oposto da concepção de cristianismo dos acadêmicos da época, que tentaram entender e explicar o paradoxo e a absurdidade dos principais dogmas. Kierkegaard acreditava que Sócrates pode desempenhar um importante papel negativo nisso. Com a disposição crítica de Sócrates, ele pode nos ajudar a solapar as diversas doutrinas positivas sobre o cristianismo, e pode nos ajudar a voltar ao paradoxo, à absurdidade e à contradição que é intrínseca ao cristianismo.

É desnecessário dizer que essa é uma posição provocativa e controversa. Por um lado, a visão de Kierkegaard do cristianismo como algo fundamentalmente ligado ao sujeito individual é altamente atraente para muitas pessoas hoje. Parece haver algo intuitivamente correto em enfatizar a interioridade e a subjetividade do indivíduo quando estamos falando de cristianismo ou religião em geral. E há também algo de atraente na opinião de que é possível acreditar na interioridade do próprio coração sem ter que convencer ninguém disto. De fato, na visão de Kierkegaard, seria um erro tentar convencer outras pessoas da verdade do cristianismo, pois isso iria distorcer sua natureza de interioridade. Cada indivíduo deve chegar à fé cristã por conta própria.

Por outro lado, há algo meio perturbador na radicalidade da ênfase de Kierkegaard na subjetividade do indivíduo. Alguns estudiosos expressaram a preocupação de que Kierkegaard abre a porta para a arbitrariedade e o relativismo. Se a verdade do cristianismo tem a ver só com minha interioridade e minha paixão subjetiva, poderia então haver qualquer conexão real com alguma verdade objetiva? O cristianismo ortodoxo é definido com base em certas doutrinas como, por exemplo, a de que Deus se tornou um ser humano, que Jesus operou milagres e que retornou à vida após ser crucificado. Sempre se supôs normalmente que, se essas coisas não forem verdade, então a verdade do cristianismo estaria arruinada, não importando o que eu possa pensar disso pessoalmente com a minha paixão ou em minha interioridade. Por tal razão, os críticos do cristianismo sempre atacaram esse tipo de coisa, para mostrar que elas não são críveis, enquanto os defensores do cristianismo fazem o melhor que podem para defendê-las. Ambos os lados concordam que há muito em jogo se essas coisas forem verdadeiras ou falsas. Algumas pessoas argumentaram que, ao posicionar a fé na interioridade do indivíduo, Kierkegaard negligencia essa outra dimensão objetiva do cristianismo. Ser cristão não significa ter uma relação com essas coisas objetivas exteriores? Alguém pode ser realmente cristão simplesmente se concentrando na própria interioridade e ignorando todas essas coisas que são tradicionalmente associadas ao cristianismo?

O importante aqui não é louvar ou criticar as visões de Kierkegaard, mas entendê-las e avaliar sua singularidade e radicalidade.

Ele levanta questões que continuam sendo relevantes para todos nós, mesmo que alguém não seja cristão, ou mesmo que alguém não seja particularmente religioso. Ele levanta a questão fundamental que remonta a Sócrates. O que é a verdade? Ela é algo que está na exterioridade do mundo? Um fato da matéria? Quando eu olho e vejo que, aqui e agora, o sol está brilhando, isto não é verdade, independente da minha disposição subjetiva? Não existem coisas como essas que são objetivamente verdadeiras, e que eu posso sustentar como verdadeiras com argumentos e razões? A Terra é o terceiro planeta a partir do Sol. Uma molécula de água contém um átomo de oxigênio e dois de hidrogênio. Dois mais três é igual a cinco. Não é a verdade algo objetivo e maior de que as opiniões pessoais ou as disposições de indivíduos que podem muito bem estar confusos, enganados ou iludidos?

Ou a verdade é algo subjetivo em mim? Quando eu leio um poema, ou vejo uma pintura, ouço uma música, eu tenho uma sensação que não posso necessariamente descrever ou articular com palavras, mas da qual, de certa forma, tenho certeza, mesmo que outras pessoas discordem de mim. Estou convencido de que o poema, ou a pintura, ou a canção, captam algo verdadeiro e belo, mesmo que ninguém mais pareça concordar. Ou na ética, eu posso ter uma convicção profunda de que eu devo algo a meu amigo, mesmo que outras pessoas, ou mesmo que meu amigo, possam não concordar. Só eu me sinto convencido disto. Quando estou ouvindo um sermão, ou lendo um texto sagrado, eu posso ter a sensação de manter uma relação pessoal e especial com Deus, ou a sensação de uma profunda convicção da verdade da religião, mesmo que outras pessoas possam me considerar tolo, antiquado ou supersticioso. Eu não posso apontar para alguma coisa no mundo exterior para demonstrar a verdade dessas coisas, mas parece que eu só sei que são verdadeiras em meu coração. A minha certeza de que tenho razão não é diminuída pela minha inabilidade de demonstrá-la aos outros. Não existem, portanto, algumas verdades que são tão subjetivas e interiores como Kierkegaard diz?

Muitas pessoas hoje têm intuições que estão mais ou menos entre essas duas visões. A verdade é algo objetivo ou subjetivo? A verdade é algo que diz respeito a mim como indivíduo, ou é algo que diz respeito ao mundo e que não tem nada a ver comigo?

8 A TAREFA SOCRÁTICA DE KIERKEGAARD E A SEGUNDA METADE DA AUTORIA: 1846-1855

A última década da vida de Kierkegaard foi, em muitos aspectos, a mais dramática. Foi a época da Revolução de 1848 e do ataque público de Kierkegaard à Igreja Estatal Dinamarquesa, nos anos finais de sua vida. Como vimos no último capítulo, esse período representa o que estudiosos de Kierkegaard chamam de segunda metade da autoria, ou seja, o período de 1846, depois do *Pós-escrito conclusivo não científico*, até a morte de Kierkegaard em 1855. Neste capítulo pretendemos explorar algumas das principais obras de Kierkegaard nesses anos, como *Uma resenha literária de duas eras*, *Discursos edificantes em vários espíritos*, *A doença para a morte*, *Prática no cristianismo*, e *O instante*. Veremos como alguns dos temas e motivos que examinamos até agora reaparecem nessas obras. Em nossa exploração desses textos ficará evidente que, mesmo à medida que Kierkegaard envelhecia, ele continuava a voltar à figura de Sócrates como fonte de inspiração. De fato, ele nunca abandonou o grande herói de sua juventude.

I – A visão de Kierkegaard sobre a sociedade e sua relação com o Rei Cristiano VIII: uma resenha literária

Apenas um mês depois do *Pós-escrito*, em 30 de março de 1846, Kierkegaard publicou uma obra intitulada *Uma resenha literária de duas eras*. Essa obra curta é a resenha do romance *Duas eras*, de Thomasine Gyllembourg, a mãe de Johan Ludvig Heiberg. A obra de Gyllembourg coloca em contraste dois períodos históricos: um, o período do romantismo e a era napoleônica, e o outro, o período da Restauração. Esse contraste é retratado na história de algumas gerações de uma família que vive em Copenhague. Kierkegaard aproveita esse romance para desenvolver algumas de suas próprias ideias sobre a sociedade. Os estudiosos frequentemente indicam essa obra como o exemplo mais importante do pensamento político-social de Kierkegaard.

Não se pode realmente dizer que Kierkegaard foi uma das maiores figuras no campo da filosofia político-social do jeito que se pode dizer de nomes como John Locke, Karl Marx ou John Stuart Mill. Kierkegaard nunca escreveu qualquer tratado extenso sobre filosofia política, e sua *Resenha literária de duas épocas* mal pode ser comparada aos clássicos da filosofia política como o *Segundo tratado sobre o governo*, de Locke, ou *O contrato social*, de Rousseau. De certa maneira, Kierkegaard não parece ter se interessado muito por política devido à sua forte ênfase na natureza religiosa interior do indivíduo. Essa ênfase parece, de muitas maneiras, prejudicar uma teoria social ou política. Porém, dito isto, não pode haver dúvidas de que Kierkegaard tem algumas percepções importantes que podem ser usadas no contexto da filosofia social e política. Nos últimos anos, os estudiosos de Kierkegaard têm dado cada vez mais atenção a essa dimensão de seu pensamento.

Uma dessas percepções é o conceito de nivelamento. Essa é uma ideia importante que Kierkegaard explora em *Uma resenha literária*. Kierkegaard era, em seu coração, um monarquista, e desconfiava das mudanças que começavam a acontecer, e que culminariam na Revolução de 1848. Ele também desconfiava das correntes que defendiam uma democracia com amplo espectro de eleitores. A ideia fundamental de democracia é que todos têm os mesmos direitos de votar e de opinar sobre como o governo deve ser exercido. Kierkegaard estava preocupado com os desdobramentos dessa ideia, pois temia que isso poderia criar uma opinião pública que seria fundamentada nas massas. Assim, a opinião pública iria solapar a individualidade de cada um, pois ela seria uma projeção de um grupo maior.

O conceito de nivelamento surge nesse contexto. Kierkegaard estava preocupado que o avanço em direção à democracia funcionasse contra qualquer um que ousasse distinguir-se da maioria. Sentindo-se mais confortável com o velho sistema aristocrático, ele temia que a democracia desencorajasse o gênio e as conquistas individuais. A opinião pública encoraja as pessoas a serem conformistas. Ninguém quer parecer diferente dos outros. A opinião pública pode facilmente se voltar contra uma pessoa que se destaca em alguma coisa, expondo-a ao ridículo. Foi assim que Kierkegaard compreendeu o que aconteceu com ele no contexto de sua altercação polêmica com o jornal *O Corsário*. Ele acreditava ter sido perseguido injustamente por *O Corsário*, que conseguiu voltar a opinião pública geral contra ele. Kierkegaard acredita que esse tipo de fenômeno seja um aspecto pernicioso da vida moderna. Qualquer um que ouse ser diferente, ou que possua grandes dons que tornem as massas medíocres invejosas, estará sujeito a críticas e zombaria. Tal pessoa, que se eleva sobre os outros, será arrastada para baixo, para o nível comum das massas. Isso é o que Kierkegaard entende como nivelamento. Em vez de encorajar as pessoas a cultivarem e desenvolverem seus gênios individuais, a cultura democrática moderna os prejudica ativamente, e trabalha contra eles. Nesse aspecto, ele acredita que a velha ordem das coisas era melhor, onde era dado reconhecimento, por exemplo, à nobreza, e onde a opinião pública não tinha tanto peso. Naquele mundo era mais fácil para as pessoas elevarem-se sem serem submetidas à perseguição das massas e da opinião pública.

Apesar de Kierkegaard ser um monarquista, ele tinha uma relação meio fria com o próprio rei. Na época, o rei da Dinamarca era Cristiano VIII, que governava desde 1839. O rei e sua esposa estavam interessados em Kierkegaard, e o monarca então o convocou para uma série de três audiências. A primeira audiência de Kierkegaard aconteceu no Palácio Amalienborg, em 13 de março de 1847. Kierkegaard registra esses encontros em seu *Diário NB9*[1]. Parece que o rei estava interessado em usar Kierkegaard como um tipo de conselheiro em assuntos referentes à vida intelectual do reino. O rei soube que Kierkegaard tinha ido a Berlim e que tinha frequentado as preleções de Schelling. Como discutimos no capítulo 6, Schelling tinha sido explicitamente nomeado pelo rei da Prússia para combater as forças do hegelianismo de esquerda. Muitos dos alunos de Hegel se tornaram ativos politicamente e vieram a desempenhar um papel importante nas revoluções de 1848. Presume-se que Cristiano VIII estivesse interessado em ouvir sobre as atividades de Schelling e em saber até que ponto sua indicação para um cargo na universidade havia sido bem-sucedida no que diz respeito ao combate contra os hegelianos. Cristiano VIII estava interessado em nomear Kierkegaard para uma posição acadêmica na Academia Sorø, presumivelmente com uma estratégia semelhante em mente.

Mas Kierkegaard se recusou a ser arrastado para a política dessa maneira. Na verdade, ele estava relutante até mesmo em encontrar-se com o rei, e temia qualquer contato mais próximo com ele[2]. Por exemplo, quando o rei anunciou que queria vê-lo, Kierkegaard inicialmente deu a desculpa de que não tinha vestimentas adequadas e não poderia ir. Mas o rei insistiu, e Kierkegaard foi obrigado a visitar o palácio. Durante sua conversa, o rei, sem perguntar a Kierkegaard, simplesmente informou a seus serviçais que Kierkegaard ficaria para o jantar. Para a maioria das pessoas isso seria, é claro, considerado uma grande honra. Mas Kierkegaard se recusou, sem se constranger, insistindo que era simplesmente impossível ficar para o jantar[3]. Quando o rei continuou com suas tentativas de aproxima-

---

1. CAPPELØRN, N.J. et al. (eds.). *Kierkegaard's Journals and Notebooks*. Vols. 1-11. Princeton: Princeton University Press 2007, vol. 5, p. 229-236, NB9: 41-43. Cf. tb. KIRMMSE, B.H. (trad. e ed.). *Encounters with Kierkegaard*: A Life as Seen by His Contemporaries. Princeton: Princeton University Press, 1996, p. 211.
2. *Encounters with Kierkegaard*. Op. cit., p. 211.
3. Ibid., p. 211ss.

ção, Kierkegaard simplesmente afirmou que era uma pessoa privada, insinuando assim que tal contato não era desejável para ele.

Então, mesmo que possamos dizer, em termos políticos, que Kierkegaard era um monarquista, essa afirmação deve ser esclarecida. Kierkegaard não tinha uma inclinação acrítica ao poder real ou à nobreza, e gostava de debochar de pessoas que tinham altas posições e gozavam de títulos de nobreza. Conquanto seja verdade que ele estivesse profundamente preocupado com os desdobramentos políticos democráticos que levaram à Revolução de 1848, ele não queria ser arrastado a qualquer papel político direto. Ele queria manter seu foco primário na vida interior do indivíduo.

II – Sócrates nos *Discursos edificantes em vários espíritos* e *As obras do amor*

Nos anos que se seguiram à publicação do *Pós-escrito conclusivo não científico*, e de *uma resenha literária*, Kierkegaard continuou a publicar prolificamente. Em 1847, os *Discursos edificantes em vários espíritos* e *As obras do amor* foram publicados, assinados em seu próprio nome. Nesses livros, Kierkegaard se refere a Sócrates não pelo nome, mas como "o sábio simples da Antiguidade", e "o sábio simples de outrora"[4]. Nos *Discursos edificantes em vários espíritos*, Sócrates é visto como um contraste positivo ao que Kierkegaard chama de "a multidão"[5], ou seja, a massa pública sobre a qual ele expressou preocupação em *Uma resenha literária de duas eras*. Como acabamos de ver, Kierkegaard tem uma visão negativa da ideia de

---

4. KIERKEGAARD. *Christian Discourses* – The Crisis and a Crisis in the Life of an Actress. Princeton: Princeton University Press, 1997, p. 133 [Trad. de Howard V. Hong e Edna H. Hong]. • *Works of Love*. Princeton: Princeton University Press, 1995, p. 371-373 [Trad. de Howard V. Hong e Edna H. Hong]. [Trad. bras.: *As obras do amor*. 2. ed. Petrópolis/Bragança Paulista: Vozes/Edusf, 2007, p. 415-419 [Trad. de Álvaro Valls]: "sábio singelo da Antiguidade" e "sábio simples da Antiguidade".]

5. KIERKEGAARD. *Upbuilding Discourses in Various Spirits*. Princeton: Princeton University Press, 1993, p. 95-96 [Trad. de Howard V. Hong e Edna H. Hong].

povo como unidade coletiva, como um partido político, um grupo político ou grupo de interesse, ou como opinião política. Ele acredita que isto distorce, ou até mesmo destrói, a voz do indivíduo. Não se ousa fazer oposição à voz da maioria por medo de se submeter à sua crítica. Por essa razão, Kierkegaard saúda Sócrates, que insiste obstinadamente no indivíduo. A verdade deve ser encontrada em cada pessoa particular, não no grupo coletivo.

Em *As obras do amor*, Kierkegaard explora o sentido do mandamento bíblico de amar o próximo. O subtítulo da obra é *Algumas considerações cristãs em forma de discursos*, e, em um rascunho, Kierkegaard explica a natureza e o objetivo de uma "consideração" em comparação com outros gêneros, como os discursos edificantes. Ele explica: "Uma consideração não pressupõe as definições como estabelecidas e compreendidas; portanto, ela não deve tanto comover, apaziguar, assegurar, persuadir, mas sim *despertar* e provocar as pessoas, e afiar seus pensamentos"[6]. Aqui já é possível ver a sombra de Sócrates como alguém que afirma não saber nada, e que portanto começa sem quaisquer pressuposições, para então ir adiante examinando as pessoas e tornando seus próprios pensamentos mais rigorosos. É claro que isso pode envolver algum tipo de provocação, já que as pessoas estão submetidas a muitas ilusões sobre o que elas pensam que sabem. O objetivo é sacudir as pessoas em relação às suas concepções sobre o amor. Kierkegaard então faz referência à "consideração" com outra imagem de Sócrates: "Uma consideração deve ser um 'moscardo'"[7]. Além do mais, assim como Sócrates usou a ironia a serviço da busca pela verdade, também em uma consideração "a ironia é necessária"[8]. Kierkegaard então parece dizer que o livro *As obras do amor* é uma forma de escrita que segue de perto a maneira de filosofar de Sócrates.

---

6. KIERKEGAARD. *Works of Love*. Op. cit., supl., p. 469.
7. Ibid.
8. Ibid.

Em certa passagem, ele compara a prática de Sócrates com o amor cristão[9], argumentando que o amor verdadeiro pressupõe ajudar a outra pessoa a erguer-se por si mesma e, portanto, a ser livre, assim como Sócrates faz com seus questionamentos. O objetivo do método socrático é mostrar ao interlocutor que, de fato, ele não sabe as coisas que pensava saber. Assim, a perspectiva da outra pessoa é reduzida a absurdidades e contradições. Sócrates não tenta mostrar isso contando à outra pessoa o que é a verdade, mas extraindo-a da outra pessoa por meio do questionamento. Como aprendemos, isso é o que Sócrates chama de sua arte do parto, ou maiêutica. Dessa forma, Sócrates pode afirmar que não era o autor de qualquer conhecimento ou informação novos, mas simplesmente auxiliar em sua vinda ao mundo, assim como uma parteira ajuda no nascimento dos bebês.

Kierkegaard enfatiza que, enquanto Sócrates ajuda a outra pessoa desse jeito, ele deve permanecer tão desinteressado e tão anônimo quanto possível[10]. Suas ações poderiam ser concebidas como um ato de autossacrifício, já que ele está ajudando os outros dessa forma, ainda que isso frequentemente os deixe zangados com ele. Ninguém gosta de descobrir que as coisas que considera ser verdadeiras são, de fato, confusas e enganosas, e o senso de humilhação que isso causa era a fonte da grande hostilidade contra Sócrates na antiga Atenas. Por essa razão Sócrates não pode chamar a atenção ao ajudar outras pessoas, mas deve, ao contrário, apequenar seu próprio

---

9. Ibid., *Works of Love*, p. 276-278. [Trad. bras.: *As obras do amor*. Op. cit., p. 310-314.]

10. Em uma nota de diário de 1851, Kierkegard faz objeções às críticas contra Sócrates nesse ponto: "É puro falatório genioso acusar Sócrates de estar motivado por amor-próprio ao agir indiretamente, maieuticamente, em isolamento irônico. Não, de acordo com o modo de pensar de Sócrates, isso é exatamente o que o amor é. Se é verdade que cada homem deve ajudar a si mesmo, se esse é o ideal de erguer-se por suas próprias forças, então é inteiramente válido impedir que aquele que está sendo ajudado se torne dependente do ajudador – pois nesse caso ele não está sendo ajudado. Essa era a ideia de Sócrates..." (HONG, H.V. & HONG, E.H. (eds. e trads.). *Søren Kierkegaard's Journals and Papers*. Vols. 1-6. Bloomington/Londres: Indiana University Press, 1967-1978, vol. 1, p. 45ss., n. 109).

papel e trabalhar com o fato de que a outra pessoa está alcançando a verdade por si mesma. Kierkegaard faz menção a isso de um jeito meio estranho: "enganar o outro para a verdade"[11]. O interlocutor de Sócrates não sabe realmente o que está acontecendo quando está falando com Sócrates. Ele não percebe realmente que Sócrates lhe está ajudando ao eliminar suas falsas crenças e ilusões, e levando-o, afinal, a firmar-se sobre seus próprios pés. No fim, ele deveria ser grato a Sócrates por estar livre, mas provavelmente ele nunca irá se dar conta disto.

Esse parece ser claramente o modelo para Kierkegaard, para o que ele está fazendo em seus próprios escritos. Pelo lado negativo, ele está combatendo o que considera ser as concepções errôneas de cristianismo, que vêm da Igreja, dos teólogos e dos filósofos acadêmicos, ou da cultura predominante em geral. Então, pelo lado positivo, ele, assim como Sócrates – a parteira –, está conclamando cada indivíduo a encontrar seu próprio caminho individual para a verdade cristã. Dessa forma, ele acredita estar ajudando outras pessoas a serem autônomas e livres.

Em uma nota de diário de 1847, o mesmo ano de *As obras do amor*, Kierkegaard afirma diretamente que está seguindo Sócrates ao empregar a arte da maiêutica no contexto das concepções de cristianismo que ele considera erradas:

> Agora as pessoas podem fazer o que quiserem comigo – podem me insultar, parar de me ler, dar uma cotovelada na minha cabeça, podem me matar –, elas nunca poderão, em toda a eternidade, negar qual foi a minha ideia e a minha vida, um dos pensamentos mais originais em muitos anos, e o pensamento mais original na língua dinamarquesa: que o cristianismo precisava de um praticante da maiêutica, e que eu compreendi como ser um – mesmo que ninguém tenha sabido apreciar isso[12].

---

11. KIERKEGAARD. *Works of Love*. Op. cit., p. 277. [Trad. bras.: *As obras do amor*. Op. cit., p. 311-312: "lograr o outro para dentro da verdade".]

12. *Kierkegaard's Journals and Notebooks*. Op. cit. Vol. 4, p. 102-103, NB: 154.

Kierkegaard assim se identifica com Sócrates como alguém que é incompreendido em sua própria época, e que provoca a ira de seus contemporâneos. E, o que é mais importante, ele descreve a prática socrática da maiêutica no contexto cristão como "minha ideia e minha vida". Ele prossegue e explica de maneira mais precisa o que isso quer dizer. Ele afirma que a prática da maiêutica "pressupõe que a pessoa possui o que é mais elevado, mas quer ajudá-las a tornarem-se conscientes daquilo que possuem"[13]. O problema é que, na Cristandade, as concepções de cristianismo que as pessoas aprenderam são confusas e antitéticas à verdadeira natureza da religião. Porém, apesar de serem constantemente expostas a essas visões erradas, as pessoas ainda têm a possibilidade de alcançar a forma correta da fé em sua interioridade e subjetividade. Portanto, a tarefa daquele que Kierkegaard chama de "praticante da maiêutica" é desiludir as pessoas quanto às opiniões erradas que elas estão acostumadas a ouvir e colocá-las em contato com sua própria interioridade e paixão.

III – *O ponto de vista*, de Kierkegaard

No último capítulo, mencionamos o livro de Kierkegaard que foi publicado postumamente, *O ponto de vista de minha obra como escritor*. De particular importância, no nosso contexto, é o fato de que ele menciona Sócrates várias vezes e deixa claro que está seguindo o filósofo grego em certos aspectos. Por exemplo, na introdução à obra, Kierkegaard explica ao leitor que *O ponto de vista* não é uma defesa de seus escritos, e compara isso com o comportamento de Sócrates em seu julgamento. Ele escreve: "Se em nada mais, neste ponto eu verdadeiramente acredito que tenho algo em comum com Sócrates"[14]. Ele lembra que, no final de seu

---

13. Ibid., p. 103, NB: 154.
14. KIERKEGAARD. *The Point of View*. Princeton: Princeton University Press, 1998, p. 24 [Trad. de Howard V. Hong e Edna H. Hong]. [Trad. port.: *Ponto de vista explicativo da minha obra como escritor*. Lisboa: Ed. 70, 1986, p. 22 [Trad. de João Gama]: "Se, por outro lado, nada tenho em comum com Sócrates, creio verdadeiramente coincidir com ele neste ponto".]

julgamento, Sócrates diz que seu dáimon nunca tentou interrompê-lo ou impedi-lo de falar ou de agir da maneira como ele fazia em seu julgamento, e assim Sócrates viu que isso significava que ele não estava em perigo, pois se estivesse fazendo algo errado, seu dáimon o teria alertado, como sempre fazia[15]. A interpretação de Kierkegaard sobre isso é que, em seu julgamento, Sócrates nunca tentou realmente se defender, ou melhor, que seu dáimon divino lhe tinha impedido de se defender. Kierkegaard acredita que tal defesa teria sido uma contradição, presumivelmente porque o trabalho de Sócrates sempre foi negativo, e defender-se teria resultado no estabelecimento de afirmações positivas.

É possível discutir a validade da interpretação de Kierkegaard aqui, já que ela, de fato, faz parecer que Sócrates tenta explicar e, portanto, defender seus atos perante os jurados. Porém, a favor de Kierkegaard está o fato de que, quando Sócrates teve a oportunidade de propor uma sentença alternativa, ele de fato não fez qualquer tentativa séria de obter uma punição mais leve, mas propôs que recebesse refeições grátis no Pritaneu. De qualquer modo, Kierkegaard traça o seguinte paralelo: do mesmo modo como Sócrates recusou-se a se defender, "assim também há em mim, e na natureza dialética do meu relacionamento, algo que torna impossível para mim, e impossível em si mesmo, conduzir uma 'defesa' da minha autoria"[16]. Assim, com essas palavras, parece que Kierkegaard se identifica claramente com o destino de Sócrates, e se considerava injustamente perseguido pelo que ele chamava de "a multidão".

---

15. Kierkegaard já havia mencionado isso em *O conceito de ironia* para ilustrar a natureza negativa do dáimon. Cf. *The Concept of Irony*. Princeton: Princeton University Press, 1989, p. 159ss. [Trad. de Howard V. Hong e Edna H. Hong]. [Trad. bras.: *O conceito de ironia*. Petrópolis: Vozes, 1991, p. 127ss. [trad. de Álvaro Valls].]

16. KIERKEGAARD. *The Point of View*. Op. cit. [Trad. port.: *Ponto de vista explicativo da minha obra como escritor*. Op. cit., p. 22: "Da mesma maneira, há em mim e na dialética da minha situação alguma coisa que me impede e torna em si impossível apresentar uma 'defesa' da minha obra de escritor".]

Em outra passagem, Kierkegaard fica perturbado pelas crescentes demandas por democracia, que ele acredita que, de algumas maneiras, destroem o indivíduo. Na democracia, o que importa não é o indivíduo como indivíduo, mas o agrupamento de pessoas em grupos maiores, ou seja, em partidos políticos. A voz de alguém, como indivíduo, só é ouvida quando essa voz é compartilhada por várias outras vozes. Assim, Kierkegaard desenvolve alguns conceitos como "a multidão", "as massas" e "opinião pública", que ele considera serem novos desdobramentos políticos perniciosos em sua própria época. Sua própria intenção, ao contrário, é insistir no valor, absoluto, irredutível, do indivíduo. Ele acredita que mesmo quando alguém tem uma opinião que não é compartilhada pelos outros – e por isso é obrigado a estar sozinho como um indivíduo – isso deveria ser respeitado e considerado como algo que tem validade. Mas, em uma democracia, essa opinião jamais pode ter qualquer peso real até que seja compartilhada por um grupo maior.

Também nesse ponto Kierkegaard acredita que compartilha algo com Sócrates. Ele explica como sua ênfase no "indivíduo singular" foi considerada excêntrica, e nota que Sócrates foi considerado excêntrico pela mesma razão[17]. Percebendo a caracterização que Hegel faz de Sócrates como inventor da ética – no sentido de ser o inventor da ideia de liberdade subjetiva – Kierkegaard se vê como reintrodutor dessa ideia de liberdade subjetiva em sua própria época. Na era da democracia moderna, é a multidão que é o mal, e por isso ele considera que parte de sua tarefa é lutar contra essa tendência, enfatizando o indivíduo.

Nessas reflexões sobre sua obra, Kierkegaard reserva um lugar especial para Sócrates, que ele reconhece como seu professor[18]. Este reconhecimento confirma que a apreciação de Kierkegaard por Só-

---

17. Ibid., p. 68ss. [Trad. port.: *Ponto de vista explicativo da minha obra como escritor*. Op. cit., p. 62ss.: "bizarro".]

18. Ibid., p. 55. [Trad. port.: *Ponto de vista explicativo da minha obra como escritor*. Op. cit., p. 49.]

crates não era só um interesse juvenil fugaz em sua tese de mestrado, mas foi um fator absolutamente determinante em sua obra como um todo.

IV – A Revolução de 1848 e *A doença para a morte*

No ano de 1848 houve revoluções eclodindo pela Europa. As pessoas protestavam contra o governo da monarquia absoluta e exigiam que o poder dos reis fosse limitado por uma constituição. Esse foi o período de mudança política mais radical na Europa desde a Revolução Francesa de 1789. A Revolução de 1848 começou na França, e rapidamente se espalhou, abarcando os estados alemães, os estados italianos, o Império Habsburgo, a Polônia, a Bélgica, a Romênia, e por aí vai. O movimento alcançou a Dinamarca quando, em 21 de março de 1848, os Liberais Nacionais marcharam para o Palácio Real e exigiram que o novo rei, Frederico VII, criasse uma nova constituição democrática. O rei concordou, e as negociações prosseguiram por mais de um ano, até que a nova constituição foi aceita e promulgada em 5 de junho de 1849.

Kierkegaard publicou *A doença para a morte* em 30 de julho de 1849, pouco depois da promulgação da nova Constituição Dinamarquesa e, com ela, o término da revolução sem sangue. Kierkegaard introduz um novo autor pseudônimo, chamado Anti-Climacus, que enumera as diferentes formas de desespero das quais os humanos sofrem. Ele tenta compreender o desespero como uma forma de pecado, e, no fim, recomenda a aceitação do cristianismo como a solução para o desespero. Apesar de alguém poder pensar que essa obra é irrelevante para o interesse de Kierkegaard por Sócrates, Anti-Climacus também mantém o filósofo grego como um modelo para o que a sua própria época precisava.

Em uma seção curta, Anti-Climacus compara a compreensão de Sócrates do pecado com a compreensão cristã. A discussão sobre Sócrates tem que ser vista contra o pano de fundo da agitação política que ocorria na Dinamarca naquela época. No decorrer das negociações na Assembleia Constitucional havia, é claro, muitas vozes conflitantes. Cada pessoa parecia ter sua própria ideia clara sobre o que era necessário naquele tempo. Em *A doença para a morte*, Kierkegaard se refere a essa situação de um jeito meio estranho. Ele não evoca algum líder político particular, nem um partido político ou uma causa moderna, mas, em vez disso, volta a ouvir o filósofo grego: "Sócrates, Sócrates, Sócrates! Sim, podemos bem chamar seu nome três vezes: nem seria demais chamá-lo dez vezes se isto ajudasse de alguma forma. A opinião popular sustenta que o mundo precisa de uma república, precisa de uma nova ordem social e uma nova religião – mas ninguém considera que o que o mundo – simplesmente confuso por conhecimento demais – precisa é de um Sócrates"[19]. Por que ele pensaria que, entre todas as pessoas, o filósofo antigo Sócrates era de importância urgente no despertar das revoluções de 1848 na Europa?

Kierkegaard sugere que sua época precisa é daquilo que ele chama de uma "correção irônico-ética"[20], que é o que Sócrates proporciona a seus contemporâneos. Sócrates corrigia a sandice de seus conterrâneos com sua ironia, ao alegar que nada sabia e ao fingir acreditar que a outra pessoa sabia tudo o que elas diziam saber. No tempo de Kierkegaard, as pessoas estavam bem convencidas de que sabiam o que era necessário para o Estado. Cada uma delas tinha sua própria ideia sobre a natureza da constituição ou sobre a estrutura do governo. Kierkegaard parece sugerir que elas estão realmente desorientadas, e que de fato não sabem nada; por isso, o que é necessário é que alguém mostre que elas não sabem nada, por meio de alguma versão moderna da ironia socrática. Ele percebe que as pessoas estão ansiosas para ir além de Sócrates e construir alguma doutrina positiva, ou apresentar alguma so-

---

19. KIERKEGAARD. *The Sickness unto Death*. Princeton: Princeton University Press, 1980, p. 92 [Trad. de Howard V. Hong e Edna H. Hong].
20. Ibid.

lução concreta para a confusão política da época. Contudo – ele afirma – em vez de superar a ignorância socrática e ir além de Sócrates, o mais necessário é um retorno a Sócrates, ou seja, um retorno à ignorância socrática.

Como vimos, seu objetivo é enfatizar que o cristianismo não pode ser explicado ou compreendido discursivamente, já que ele é baseado em um paradoxo, um absurdo, uma contradição. Assim, tentar compreendê-lo só pode servir para distorcer sua verdadeira natureza. Kierkegaard então escreve: "Eu considero isso uma tarefa totalmente ética – que talvez requeira não pouca autonegação nestes tempos muito especulativos, quando todos 'os outros' estão ocupados compreendendo [o cristianismo] – admitir que o sujeito não seja capaz e nem obrigado a compreendê-lo. É precisamente disto, sem dúvida, que nossa época, que a Cristandade precisa: um pouco de ignorância socrática acerca do cristianismo"[21]. Assim, Sócrates continua a ser visto como um corretivo para os erros da filosofia e da teologia do século XIX. A ignorância socrática é o meio de corrigir as concepções erradas do cristianismo.

Kierkegaard recorda que Sócrates considerava que suas atividades eram divinamente autorizadas, baseadas na afirmação do oráculo. Sócrates acreditava que, pela declaração do oráculo de que ele era o mais sábio dos homens, ele tinha sido convocado a examinar a pretensa sabedoria dos outros, e a desmantelá-la quando se demonstrasse que ela era sem fundamento. Kierkegaard considera sua própria missão como um paralelo àquela de Sócrates, mas, em vez de seu problema se referir ao conhecimento, ele se refere à natureza do cristianismo. Kierkegaard circula por Copenhague e explora as diversas concepções de cristianismo que ele acredita estarem erradas. Em suas obras, ele tenta mostrar as contradições e problemas dessas concepções para solapá-las,

---

21. Ibid., p. 99.

assim como Sócrates fazia com as diversas alegações de conhecimento que ele encontrava. Mas Kierkegaard resiste à ânsia de estabelecer uma concepção positiva de cristianismo, em comparação com as que ele estava criticando, assim como Sócrates se recusava a apresentar qualquer doutrina positiva da verdade. Em vez disso, ambos estão satisfeitos em permanecer na negatividade. Kierkegaard, assim, usa a ignorância socrática para proteger o cristianismo contra as afirmações positivas errôneas da filosofia e da teologia de seu próprio tempo.

V – *Prática no cristianismo*, de Kierkegaard

Em 1850, Kierkegaard publicou a obra *Prática no cristianismo*, sob o pseudônimo Anti-Climacus, o mesmo que ele usou em *A doença para a morte*. A obra é dividida em três seções, ou números. A primeira delas trata da passagem em Mt 11,28, onde Jesus diz: "Vinde a mim todos os que estais cansados e sobrecarregados, e eu vos aliviarei". Kierkegaard já tinha feito um sermão sobre essa passagem na Igreja de Nossa Senhora, para a comunhão da sexta-feira, em 18 de junho de 1847. Ele então o publicou em 1848, na parte quatro de *Discursos cristãos*. É bem possível que parte da inspiração de Kierkegaard para essa análise tenha vindo da escultura de Jesus feita pelo famoso escultor dinamarquês Bertel Thorvaldsen, que fica no altar da Igreja de Nossa Senhora.

O interior da Igreja de Nossa Senhora com a estátua de Cristo, de Thorvaldsen.

Na segunda parte da obra, Kierkegaard discute outra passagem em Mt 11,6. Jesus diz: "Bem-aventurado é aquele que não achar em mim motivo de escândalo". Por meio do seu autor pseudônimo, ele tenta nos trazer de volta ao tempo de Jesus e captar a experiência das pessoas que o viram e o ouviram pregar. Ele ressalta que elas não viram um Deus, mas sim um homem humilde. Não havia nada triunfante em Jesus enquanto Ele circulava pelos campos com seu rebanho de discípulos divulgando sua mensagem. O mais importante é que Kierkegaard enfatizou que muitas pessoas ficavam escandalizadas pela ideia de que Jesus era o filho de Deus e o Salvador. Elas não conseguiam conciliar isso com sua aparência humilde e simples. Assim, em vez de acreditar, elas ficavam escandalizadas por essa ideia. Kierkegaard mostra nesse ponto que isso é parte importante e essencial da crença cristã, da qual não podemos nos esquecer se quisermos manter uma imagem verdadeira da fé cristã. Anti-Climacus insiste que o cristianismo requer "a possibilidade do escândalo". Quando Jesus é retratado como uma figura poderosa e triunfante, há uma distorção do Jesus histórico. Não era isso o que seus seguidores, seus contemporâneos, viram, mas ainda assim eles escolheram acreditar. Em outras palavras, é presumível que muitas outras pessoas teriam acreditado na hora se elas pudessem ver – de forma imediata – que Cristo era uma figura poderosa e sobre-humana. Tais caracterizações, contudo, eliminam a possibilidade de escândalo, já que ninguém ficaria ofendido com a ideia de uma figura triunfante e poderosa ser considerada o Salvador ou o filho de Deus. Mas isso constitui um mal-entendido e distorce a natureza da fé. Segundo Kierkegaard, devemos ser como os contemporâneos de Jesus, e acreditar, apesar da sua aparência humilde. Nós devemos acreditar mesmo que os outros se escandalizem. Mas se não houver possibilidade de escândalo, então não há crença.

Junto a isso, Kierkegaard se refere a Cristo como "um sinal de contradição"[22] em virtude de Ele ser tanto humano quanto divino, ou o "Deus-homem". Em outras palavras, nosso senso comum nos diz que algo deve ser uma coisa ou outra. Podemos entender bem a ideia de um Deus e a ideia de um ser humano, mas a ideia de ambos juntos é uma contradição. Por isso, a ideia fundamental do cristianismo é algo contrário ao nosso entendimento. O que Kierkegaard afirma é que essa contradição precisa ser mantida, pois este

---

22. KIERKEGAARD. *Practice in Christianity*. Princeton: Princeton University Press, 1991, p. 124 [Trad. de Howard V. Hong e Edna H. Hong].

é o requisito da fé. Aqui ele novamente se afasta da longa tradição da apologética cristã, que tenta tornar a ideia da dupla natureza de Cristo mais compreensível e inteligível. O objetivo da apologética é tornar mais fácil a compreensão dessa doutrina cristã fundamental. Mas Kierkegaard insiste obstinadamente que isso é um erro. A verdadeira fé cristã não envolve a explicação ou a dissolução dessa dificuldade, mas o cultivo e a ênfase dela.

Aqui podemos novamente ver a influência de Sócrates sobre o projeto de Kierkegaard. Conceitos como "escândalo" ou "sinal de contradição" têm o propósito de enfatizar a dificuldade da fé, e não o de torná-la mais fácil. Eles não são doutrinas positivas que explicam as coisas; são negativos. Eles nos mostram os limites de nosso entendimento e de nossas explicações. Então, assim como Sócrates questionava as pessoas e tornava o saber mais difícil ao expor as opiniões erradas de seus interlocutores, Kierkegaard também torna a fé cristã mais difícil ao expor as concepções errôneas de seus contemporâneos sobre ela. Mas o Sócrates de Kierkegaard diz que ele mesmo é ignorante, e não apresenta uma solução para o problema. Da mesma forma, Kierkegaard, com seus pseudônimos, não apresenta uma solução, e não apresenta sua própria teoria da encarnação ou da natureza de Jesus. Em vez disso, ele simplesmente diz que ela é uma contradição – que não pode ser apreendida pelo entendimento – e deixa as coisas assim.

VI – O ataque à Igreja

Durante os últimos anos de sua vida, 1854 e 1855, Kierkegaard empreendeu um ataque implacável contra a Igreja Estatal da Dinamarca e contra seus mais distintos representantes. Ele veiculou seu ataque em uma série de artigos polêmicos no jornal *A Pátria* e em sua própria publicação, que ele chamou de *O Instante*. Kierkegaard acusou os pastores e os bispos de corrupção, hipocrisia e distorção da mensagem cristã. Esse ataque foi escandaloso para a sociedade dinamarquesa, e mesmo anos depois da morte de Kierkegaard era considerado deselegante mencioná-lo.

A ocasião imediata para o ataque de Kierkegaard foi um sermão feito pelo seu velho rival, Hans Lassen Martensen, que tinha acabado de ser nomeado bispo da Zelândia e o chefe da Igreja Estatal dinamarquesa. Em seu sermão, Martensen se referiu a seu predecessor, o recém-falecido Jakob Peter Mynster, como "uma testemunha da verdade". Isso ofendeu Kierkegaard, e ele escreveu um artigo intitulado "O Bispo Mynster foi uma testemunha da verdade?", que ele publicou em 18 de dezembro de 1854 no jornal *A Pátria*. Essa foi a ocasião para Kierkegaard desenvolver sua concepção do que ele chama de "Cristianismo do Novo Testamento", e mostrar o quão radicalmente ele difere das vidas de Mynster e Martensen.

Bispo Jakob Peter Mynster.

Com "Cristianismo do Novo Testamento", Kierkegaard parece se referir à forma de cristianismo que foi praticada por seus primeiros seguidores, como está registrado no Novo Testamento. Ele ressalta que o cristianismo daquela época, quando a religião era recém-nascida e começava a se espalhar pelo mundo, fazia grandes exigências para o crente. Os primeiros cristãos viviam na pobreza e eram frequentemente martirizados por sua fé. Eles eram ridicularizados e detestados pela sociedade romana em geral. Naquela época, no mundo romano antigo, identificar-se como cristão era arriscar a própria vida. Os cristãos tinham que se encontrar em segredo para celebrar seus cultos. Nessa situação, a crença era uma questão muito difícil. O cristianismo era então uma religião pequena e marginalizada, e as crenças de seus seguidores também os expunham ao ostracismo social. Portanto, para Kierkegaard, ser uma testemunha da verdade do cristianismo requer consideráveis sacrifícios.

Nesse contexto, Kierkegaard vê novamente um paralelo com Sócrates. O verdadeiro cristão era alguém que tinha de estar preparado para o martírio, para ser torturado e até morto por suas crenças. Sócrates foi, em certo sentido, um mártir para a filosofia, buscando a verdade de forma incansável, mesmo que isso lhe tenha feito inimigos. As pessoas passavam a se ressentir dele, pois ele as expunha ao ridículo por sua arrogância e ignorância. Até mesmo no fim, ele nunca se retratou ou se arrependeu de suas ações, mas em vez disso manteve-se firme em suas crenças. Este tipo de firmeza é necessário para que o verdadeiro cristão volte ao cristianismo do Novo Testamento. A pessoa que, como Kierkegaard, expõe a hipocrisia e a corrupção do clero da época seria exposta ao ridículo e ao ódio, assim como Sócrates. Do conflito com *O Corsário*, Kierkegaard aprendeu essa experiência, e se considerava um mártir.

Ele então compara essa ideia de cristianismo do Novo Testamento com o que ele vê na Igreja Estatal dinamarquesa. Kierkegaard olha para os altos oficiais da Igreja e descobre que eles estão muito longe de fazerem sacrifícios por sua fé. Eles não correm nenhum risco de serem perseguidos. Em nenhuma hipótese eles terão que arriscar suas vidas. Pelo contrário, eles estão entre os mais respeitados membros da sociedade, e recebem regularmente um salário do Estado. Kierkegaard argumenta que isso é totalmente incompatível com a verdadeira natureza do cristianismo que se pode encontrar no Novo Testamento. Em vez de perder suas vidas e seus meios de subsistência por serem cristãos, os sacerdotes estão recebendo seu sustento com isso. Em vez de serem os párias detestados da sociedade, os sacerdotes são seus principais sustentáculos. Kierkegaard acredita que isso é uma distorção fundamental da verdadeira natureza do cristianismo. Ele exige que os sacerdotes reformem-se a si mesmos para se adequarem melhor às duras exigências do cristianismo do Novo Testamento, ou que desistam de se chamarem a si mesmos de cristãos.

Kierkegaard também critica as pessoas leigas que se chamam a si mesmas de cristãs só porque nasceram em um país cristão onde elas automaticamente se tornam membros da Igreja Estatal. Segundo Kierkegaard, isso também não está de acordo com a verdadeira natureza da doutrina cristã, que exige um ato consciente de crença por parte do indivíduo. Se nenhuma escolha consciente ocorreu, então a pessoa não pode chamar-se a si mesma de cristã.

Com essas perspectivas, Kierkegaard lança um desafio muito difícil aos seus contemporâneos e os adverte contra a complacência religiosa. Ser cristão é algo que o sujeito precisa exercitar a cada dia e a cada momento. Isso requer que se faça todo tipo de sacrifícios no que diz respeito à vida burguesa normal. Sua clara advertência para o futuro era que as pessoas estivessem atentas, e que sempre mantivessem em mente as difíceis exigências do cristianismo do Novo Testamento, e que não se permitam ser seduzidas por uma versão morna dele, o que seria, para Kierkegaard, uma distorção grotesca.

VII – O último número de *O Instante*

Enquanto Kierkegaard estava escrevendo os artigos para *A Pátria* e *O Instante*, ele morava em um prédio situado em frente à Igreja de Nossa Senhora e ao palácio episcopal. Ele estava morando, literalmente, à distância de um arremesso de pedra da residência do Bispo Martensen. Enquanto morava ali, ele publicou nove edições de *O Instante*, e tinha acabado de concluir o décimo e último número quando adoeceu gravemente.

O Instante n. 10 é uma obra interessante, pois Kierkegaard reflete sobre sua própria estratégia em seu ataque à Igreja, e aqui podemos ver que de novo aparecem algumas alusões interessantes à figura de Sócrates. Na seção chamada "Minha tarefa", Kierkegaard lembra a seus leitores que ele não chamou a si mesmo de cristão, e é da maior importância que as pessoas tenham isso em mente. Isso pode parecer uma surpresa para algumas pessoas, pois todo texto introdutório ou verbete de enciclopédia sobre Kierkegaard começa dizendo que ele é um escritor cristão. O que então ele queria dizer quando afirma que nunca chamou a si mesmo de cristão?

Na história da Igreja cristã sempre houve diversas seitas e facções que alegavam saber a verdade sobre o cristianismo, e criticavam as outras por não saberem. Elas assim se colocavam em um tipo de terreno moral mais elevado ao alegar que eram os verdadeiros cristãos, enquanto as outras não alcançavam esse patamar. Kierkegaard anseia por evitar esse tipo de relação, onde ele se estabelece como a autoridade moral mais elevada. Se ele afirmasse ser o verdadeiro cristão, então ele iria dar abertura para críticas de seus oponentes, que poderiam alegar que ele era um hipócrita. Para evitar isto, ele simplesmente diz que não chama a si mesmo de cristão. Em *O ponto de vista de minha obra como escritor* ele explica essa questão da seguinte maneira: "Se é uma ilusão que todos são cristãos, e se alguma coisa deve ser feita, então ela deve ser feita indiretamente, e não por alguém que declara em voz alta que é um cristão extraordinário, mas por alguém que, mais bem-informado, declara até mesmo que não é cristão"[23].

Em vez de se dizer cristão, ele escolhe uma estratégia diferente, pintando um retrato do cristianismo do Novo Testamento que é tão difícil de viver que acaba sendo um tipo de ideal inalcançável. Ele não justifica sua crítica com base na sua própria autoridade, mas com base no ideal que o cristianismo dinamarquês do século XIX não consegue alcançar. Esse ideal lhe permite criticar o que considera o cristianismo corrupto e falso dos seus contemporâneos, sem que ele se comprometa dizendo que, pessoalmente, encarna o ideal. Em suma, o ideal faz o trabalho crítico para ele, e ele só tem simplesmente que apontá-lo às pessoas.

Essa também é uma estratégia socrática. Como Sócrates, Kierkegaard ostensivamente afirma nada saber. Sócrates sai por aí e pergunta aos outros o que eles sabem, assim como Kierkegaard explora a concepção de cristianismo das outras pessoas. Assim como Sócrates, então, ele descobre que, apesar de as outras pessoas alegarem saber certas coisas, elas são, de fato, ignorantes, Kierkegaard vê que, apesar dos seus contemporâneos alegarem que são cristãos piedosos, eles têm, de fato, uma compreensão errada do cristianismo. Sócrates caminha em direção à verdade e continua a perguntar às pessoas o que elas sabem, na esperança de um dia encontrá-la. É como se ele tivesse uma concepção ou ideia da verdade que nunca conseguisse alcançar, assim como Kierkegaard tem um ideal de cristianismo, mas diz que não chamou a si mesmo de cristão. Nem Sócrates nem Kierkegaard afirmam terem alcançado esse ideal. A tarefa de ambos era mostrar

---

23. Cf. *The Point of View*. Op., cit., p. 43. [Trad. port.: *Ponto de vista explicativo da minha obra como escritor*. Op. cit., p. 39: "Se todos estão na ilusão, dizendo-se cristãos, e se é necessário trabalhar contra isso, esta noção deve ser dirigida indiretamente, e não por um homem que proclama bem alto que é um cristão extraordinário, mas por um homem que, mais bem-informado, declara que não é cristão".] Cf. tb. ibid., p. 54. [Trad. port.: *Ponto de vista explicativo da minha obra como escritor*. Op. cit., p. 48.]

que as outras pessoas também não o alcançaram, mesmo que elas possam alegar que o fizeram.

Assim, Kierkegaard escreve: "A única analogia que tenho diante de mim é Sócrates; minha tarefa é uma tarefa socrática, de averiguar a definição do que é ser cristão. Não chamo a mim mesmo de cristão (mantendo o ideal livre), mas eu posso tornar manifesto que os outros o são ainda menos"[24]. Isto deixa claro que Kierkegaard usou Sócrates, um filósofo pagão, em sua tentativa de criticar o que ele considerava ser a concepção errônea de cristianismo em sua própria época. Quando confrontado com as palavras do oráculo, de que não havia ninguém mais sábio, Sócrates interpretou que isso significava simplesmente que, enquanto todos afirmavam saber alguma coisa, e ainda assim eram ignorantes, ele sabia pelo menos que era ignorante, e, só por isso, ele era mais sábio do que os outros. De forma semelhante, Kierkegaard pode salientar que a versão de cristianismo que os outros estão seguindo é enganosa, apesar de todos acreditarem que são cristãos piedosos. A diferença entre Kierkegaard e eles é simplesmente que ele percebe que não é cristão, enquanto os outros continuam a acreditar que são. Então, como Sócrates, ele evita fazer uma afirmação positiva sobre sua própria situação; em vez disso, seu projeto é negativo, de expor os problemas das perspectivas dos outros.

Sócrates combateu os sofistas em sua própria época. Eles ensinavam por dinheiro, e não viam nenhum problema em apresentar algo como verdade. Kierkegaard vê em sua época um equivalente dos sofistas no clero e nos teólogos, que eram bem pagos pelo Estado. Eles também ensinam por dinheiro. Na verdade, eles são sustentados financeiramente pelo Estado. Alegam ensinar a verdade sobre o cristianismo, mas, segundo Kierkegaard, a concepção de cristianismo que eles apresentam é profundamente problemática. Então,

---

24. KIERKEGAARD. *The Moment and Late Writings*, p. 341. Cf. tb. *Søren Kierkegaard's Journals and Papers*. Op. cit. Vol. 1, p. 46, n. 109: "Eu inicio com o socrático..."

para Kierkegaard, eles são os sofistas modernos, enquanto ele é o Sócrates moderno.

VIII – A doença e a morte de Kierkegaard

O conflito público com a Igreja dinamarquesa sem dúvida cobrou seu preço de Kierkegaard, que nunca gozou de saúde forte, mesmo em seus melhores dias. Talvez por causa do estresse e do trabalho em excesso, Kierkegaard ficou seriamente doente, e, após um colapso, foi internado no Hospital de Frederick, em 2 de outubro de 1855.

Hospital de Frederik.

Ele era visitado regularmente por alguns membros de sua numerosa família como, por exemplo, seus sobrinhos, mas se recusava a ver seu irmão mais velho, Peter Christian. Kierkegaard estava zangado com Peter Christian, que tinha proferido um discurso na Convenção Eclesiástica Roskilde, em 5 de julho de 1855, na qual adotou uma postura crítica em relação ao ataque de Kierkegaard à Igreja[25]. O moribundo, contudo, era regularmente visitado por seu amigo Emil Boesen, que deixou um relato dos últimos dias de Kierkegaard[26].

À medida que a condição de Kierkegaard continuava a se deteriorar, a esperança começou a esvair-se. Boesen perguntou se ele tomaria a Sagrada Comunhão, mas Kierkegaard se recusou. Ele afirmava que só poderia tomá-la das mãos de um leigo, mas não de um pastor[27]. Mas isso, é claro, não era legalmente permitido na Dinamarca da época, já que só pastores ordenados tinham permissão para realizar tais cerimônias. Kierkegaard então declarou que morreria sem a Comunhão. Ele rejeitou receber a Comunhão de um pastor, pois disse a Boesen: "Os pastores são servidores civis da Coroa e não têm nada a ver com o cristianismo"[28].

Kierkegaard sofreu paralisia, que imobilizou suas pernas e a parte inferior de seu corpo. Sua condição piorou gradualmente, a ponto de ele quase não poder sustentar a própria cabeça ou movê-la. Ele foi ficando cada dia mais fraco, e chegou a um ponto em que não conseguia reconhecer as pessoas e nem mesmo falar. Finalmente, ele morreu na noite de 11 de novembro de 1855. No ano em que morreu, Kierkegaard havia exaurido suas finanças. Ele havia vivido sua vida toda com o dinheiro herdado do pai, e quase tudo já havia sido gasto em 1855. Quando ele morreu, a única coisa que restou foi sua enorme biblioteca.

IX – O funeral e o sepultamento de Kierkegaard

O funeral de Kierkegaard aconteceu no domingo, 18 de novembro de 1855, na Igreja de Nossa Senhora. A situação era embaraçosa por conta do ataque de Kierkegaard à Igreja. Por essa ra-

---

25. *Encounters with Kierkegaard*. Op. cit., p. 259ss., 304.
26. Ibid., p. 121ss.
27. Ibid., p. 125ss.
28. Ibid., p. 126.

zão, ninguém do clero ousou aparecer por medo de ser visto como simpatizante da causa de Kierkegaard. As únicas exceções foram seu irmão mais velho, Peter Christian Kierkegaard, que era o único parente que restava da família mais próxima de Kierkegaard, e o arquidiácono Eggert Christopher Tryde, que era o pastor ministrante. Foi uma tarefa difícil para Tryde, pois, por um lado, ele mal poderia criticar o ataque de Kierkegaard à Igreja por medo de parecer que estava falando mal dos mortos, mas, por outro lado, ele dificilmente poderia ignorá-lo completamente, pois era uma polêmica recente que chamou muito a atenção do público.

Eggert Christopher Tryde (1781-1860).

Peter Christian fez o discurso fúnebre, contando a vida de seu pai e a perda de seus irmãos[29]. Ele não poderia evitar completamente a questão polêmica em torno do ataque à Igreja, apesar de ter dito que o funeral não era o lugar apropriado para discuti-la. No entanto,

---

29. Ibid., p. 132.

ele afirmou que pensava que seu irmão tinha ido longe demais em sua crítica, e enfatizou que muito do que Søren Kierkegaard disse no contexto dos artigos em *A Pátria* e *O Instante* era inaceitável.

Um grande número de pessoas foi ao funeral de Kierkegaard. Na verdade, só havia lugar em pé na igreja; porém, dizem que havia apenas uns poucos membros da sociedade distinta presentes, e que a maioria das pessoas ali eram das classes sociais mais baixas. Isso pode sugerir que as obras de Kierkegaard fossem populares entre pessoas comuns, que não eram eruditas ou acadêmicas treinadas, ou pode ser explicado pelo fato de que Kierkegaard era uma figura pública bem conhecida, visto regularmente em suas caminhadas diárias por Copenhague. Houve sem dúvida um pouco de sensacionalismo envolvido, pois as pessoas estavam ansiosas para ver como a Igreja oficial iria lidar com essa situação sensível e embaraçosa.

Após o funeral na igreja, a procissão dirigiu-se ao Cemitério Assistens, para o enterro. Kierkegaard seria enterrado no jazigo da família, onde sua mãe, seu pai e seus irmãos foram sepultados. O Pastor Tryde celebrou uma cerimônia fúnebre simples, mas, de repente, o sobrinho de Kierkegaard, um jovem chamado Henrik Lund, começou a falar. Lund era estudante de medicina que estava fazendo residência no Hospital Frederik naquela época, e assim ele testemunhou de perto a doença e a morte de Kierkegaard.

Para surpresa de absolutamente todos, ele se dirigiu à multidão perto do túmulo em um tom agitado e polêmico. O Pastor Tryde tentou objetar, dizendo que, por não ser ordenado, Lund não tinha o direito de falar durante a cerimônia, mas o sentimento da multidão de pessoas presentes apoiou Lund, e elas, aos brados, o encorajaram a falar. Assim, Tryde não poderia fazer quase nada para impedi-lo. Lund começou seu discurso falando sobre sua relação com Kierkegaard como filho da falecida irmã dele, Nicoline Christine Kierkegaard, que morreu em 1832. Lund, porém, explicou que era mais do que um parente de Kierkegaard, mas era também seu amigo. Além do mais, ele concordava com os pontos de vista de Kierkegaard.

Lund ressaltou que, no funeral, todos pareciam estar fazendo rodeios e evitavam cuidadosamente mencionar as reais opiniões e os escritos de Kierkegaard. Ele então se sentiu obrigado a dizer alguma coisa sobre a crítica de Kierkegaard à Igreja em seus recentes artigos em *A Pátria* e *O Instante*.

O principal argumento de Lund foi que o enterro e o funeral oficial de Kierkegaard pela Igreja Estatal era uma demonstração de como Kierkegaard estava certo em suas críticas. Em seu ataque ao que ele chamou depreciativamente de "a Igreja oficial", Kierkegaard reclamava que ser cristão havia se tornado uma coisa simplesmente natural, e assim o conteúdo real do cristianismo, que faz exigências muito difíceis de seus seguidores, é distorcido e até mesmo destruído. Nos últimos anos de sua vida, Kierkegaard tinha feito tudo o que podia para criticar e para se distanciar dessa perspectiva da Igreja oficial, mas, ainda assim, apesar de tudo isso, a Igreja parecia ainda considerá-lo um membro leal, e agora dava a ele um enterro eclesiástico oficial. Lund argumentou que isso nunca aconteceria em qualquer outra religião, como o judaísmo ou o islamismo. Se alguém tivesse atacado as principais instituições dessas religiões da mesma maneira que Kierkegaard tinha atacado a Igreja dinamarquesa, em nenhuma hipótese lhe teriam sido dados os ritos fúnebres habituais. Mas, ainda assim, a Igreja dinamarquesa continuava claramente a considerar Kierkegaard um membro, e lhe concedia os ritos funerários adequados aos seus membros. Para Lund, isso era uma demonstração clara do fato de que a Igreja dinamarquesa não tinha nenhuma concepção significativa de cristianismo, exatamente como o próprio Kierkegaard havia dito[30].

Quase no fim desse discurso espontâneo, Lund dirige uma violenta repreensão à Igreja dinamarquesa. Ele perguntou: se a Igreja oficial não representa a verdadeira Igreja cristã, o que então ela representa? Para o horror de Tryde, sua resposta foi que a Igreja dinamarquesa era uma instituição corrupta, totalmente comprometida

---

30. Ibid., p. 134.

por suas relações com os poderes mundanos. Lund conclamou as pessoas a deixar a Igreja oficial e protestou contra os procedimentos do funeral como violadores das crenças e desejos de Kierkegaard. Já que ele estava morto e não poderia se defender, Lund, como amigo, sentiu-se obrigado a fazê-lo em nome dele. Quando ele acabou o discurso, algumas pessoas aplaudiram, e chegaram a gritar "Bravo!", e "Abaixo o clero!"[31]

Isso foi um grande escândalo na época, relatado várias vezes pelas testemunhas no cemitério àqueles que não estavam presentes. Algumas pessoas concordaram com o sentimento que inspirava o protesto de Lund, mas pensaram que ele havia ido longe demais ao se expressar daquele jeito. Outras pessoas, leais à Igreja, ficaram ofendidas. Houve artigos de jornal sobre o discurso espontâneo, e o próprio Lund publicou seu discurso integralmente três dias depois, em 22 de novembro de 1855, em *A Pátria*. Nem é preciso dizer que o clero e a Igreja não reagiram bem à situação. O Bispo Martensen exerceu sua autoridade sobre a questão promovendo ações legais contra Lund, que foi ao final obrigado a pagar uma multa bem elevada.

O Caso Lund exacerbou a controvérsia que já tinha sido causada pelos artigos do próprio Kierkegaard. Como resultado, nos anos seguintes à morte de Kierkegaard, seu nome foi, pelo menos na Dinamarca, associado a algo escandaloso e desagradável. Isso provavelmente teve um efeito negativo na recepção inicial de seu pensamento, pois desencorajou as pessoas de explorar sua obra academicamente, já que muitos tinham medo de serem associados ao escândalo que Kierkegaard tinha causado. Levou algum tempo para o escândalo se extinguir, e para que viesse uma nova geração que não se sentisse mais afetada por ele da mesma maneira. Assim, a recepção do pensamento de Kierkegaard demorou a começar, mas assim que começou, continuou a crescer com o passar dos anos.

---

31. Ibid., p. 133.

X – O legado de Kierkegaard

O que podemos dizer sobre o legado de Kierkegaard ou a recepção de seu pensamento por filósofos, teólogos e escritores posteriores? Quando historiadores das ideias tentam contar a história da filosofia, eles não têm tempo para mergulhar nos grandes detalhes sobre qualquer pensador individual. Em vez disso, eles são obrigados a pintar com grandes pinceladas e a ver certas continuidades que lhes permitam tratar grupos de pensadores em conjunto. Eles contam a história de diferentes escolas de pensamento: racionalismo, idealismo, empirismo, materialismo, realismo etc. Em suma, é uma história de "ismos". Mas essa abordagem conduz invariavelmente a certas distorções acerca das nuanças do pensamento das ideias dos pensadores individuais. Não foram poucas as tentativas de se ver Kierkegaard como membro de uma certa escola de pensamento ou "ismo".

Os existencialistas foram rápidos em saudar Kierkegaard como um importante antecessor de sua escola[32]. Eles veem nos escritos de Kierkegaard análises importantes de conceitos como liberdade, alienação, autenticidade, falta de sentido, desespero, e angústia. Todos esses pontos foram uma grande inspiração para autores como Jean-Paul Sartre, Albert Camus, Simone de Beauvoir, Gabriel Marcel, Karl Jaspers, Martin Heidegger e outros associados ao existencialismo.

Filósofos e teóricos literários associados aos movimentos do desconstrucionismo e pós-modernismo também viram Kierkegaard como um importante precursor de algumas de suas ideias centrais[33]. Eles foram particularmente atraídos pelo interesse de Kierkegaard na ironia. Eles viram o uso que Kierkegaard faz de pseudônimos como um apoio para suas visões sobre a morte do autor. Eles cele-

---

32. Cf. STEWART, J. (ed.). *Kierkegaard and Existentialism*. Aldershot: Ashgate, 2011 [*Kierkegaard Research: Sources, Reception and Resources*, vol. 9].

33. Cf. MATUSTÍK, M.J. & WESTPHAL, M. (eds.). *Kierkegaard and Post/Modernity*. Bloomington, Ind.: Indiana University Press, 1995.

bram o uso que Kierkegaard faz de diferentes perspectivas e vozes autorais como um precursor do que tem sido chamado de postergação indefinida do sentido. Figuras como Jacques Derrida, Gilles Deleuze, Jacques Lacan, Jean Baudrillard e Paul de Man têm sido referências importantes nessa dimensão da recepção do pensamento de Kierkegaard.

Teólogos e escritores religiosos, é claro, também têm feito um uso minucioso dos textos de Kierkegaard[34]. Internacionalmente, a recepção inicial de Kierkegaard ocorreu na Alemanha, onde ele foi visto como uma importante influência sobre o movimento conhecido como "teologia dialética", que inclui figuras bem conhecidas como Karl Barth, Emil Brunner, Paul Tillich e Rudolf Bultmann. Ainda que tenha sido luterano, Kierkegaard tem sido fonte de inspiração para pensadores de várias crenças e denominações, inclusive o protestantismo reformado, o catolicismo e o judaísmo.

Escritores literários, incluindo romancistas, dramaturgos e críticos literários, também têm encontrado em Kierkegaard uma importante fonte de inspiração[35]. Escritores de países do mundo todo tentaram criar personagens kierkegaardianos ou explorar, de uma maneira literária, emoções como angústia, desespero, e assim por diante, que Kierkegaard discutiu em suas obras. Igualmente, há escritores que tentam imitar e desenvolver as técnicas literárias frequentemente pioneiras de Kierkegaard. Autores famosos como Thomas Mann, Rilke, Kafka, Ibsen, Strindberg e Joyce, todos usaram Kierkegaard ativamente, e são devedores dele.

Quando se delineia a história das ideias, pode talvez ser útil perceber de que maneira os textos de Kierkegaard foram apropriados

---

34. Cf. STEWART, J. (ed.). *Kierkegaard's Influence on Theology*. Tomos I-III. Aldershot: Ashgate, 2012 [*Kierkegaard Research: Sources, Reception and Resources*, vol. 10].

35. Cf. STEWART, J. (ed.). *Kierkegaard's Influence on Theology*. Tomos I-V. Aldershot: Ashgate, 2013 [*Kierkegaard Research: Sources, Reception and Resources*, vol. 12].

por esses pensadores, mas precisamos ser cautelosos com associações automáticas de Kierkegaard com escolas de pensamento e tendências intelectuais posteriores. Kierkegaard foi uma figura única e profundamente original, e seus escritos resistem às designações costumeiras. Vê-lo como membro de uma escola específica pode levar a distorções de seu pensamento. Pensadores posteriores tendem a selecionar certos aspectos do pensamento de Kierkegaard que são relevantes para sua própria agenda intelectual. A despeito de quão importantes esses aspectos sejam, essa abordagem leva invariavelmente a uma interpretação seletiva, e assim, provavelmente, é uma boa ideia ter um pouquinho de cautela ao se rotular Kierkegaard de um jeito definitivo qualquer. Para ser exato, chamar Kierkegaard de existencialista ou pós-modernista e associá-lo a pensadores posteriores também cria um novo contexto de pensamento que pode, de fato, ser frutífero e útil para se explorar. Mas isso tudo é obviamente diferente do próprio pensamento de Kierkegaard em seu contexto original.

É seguro dizer que o pensamento de Kierkegaard não pode ser reduzido a um único aspecto ou a uma única tendência intelectual. Para avaliarmos completamente seus textos é necessário que olhemos para eles a partir de diferentes perspectivas e com diferentes interpretações. Nós podemos ficar tentados a dizer sobre a recepção do pensamento de Kierkegaard, o que ele mesmo disse sobre a recepção da filosofia de Sócrates. Já que Sócrates foi um pensador negativo – por alegar sempre ignorância e por abster-se de expor qualquer visão positiva em seu próprio nome – ficou um espaço aberto para ser preenchido por interpretações posteriores. Como resultado, surgiram muitas escolas filosóficas diferentes e concorrentes, todas reivindicando sua origem em Sócrates. O mesmo ocorreu com Kierkegaard: sua própria missão socrática transcorreu de tal maneira que ele também foi, em vários aspectos, considerado um pensador negativo. Isto possibilitou que ele fosse apropriado por muitas escolas de pensamento diferentes, sendo algumas delas até mesmo conflitantes entre si. Essa dimensão negativa e aberta do pensamento de Kierkegaard talvez explique por que ele continua a atrair tantos tipos diferentes de leitores com tantos tipos diferentes de interesses.

XI – Apropriação cristã

Recordamos no capítulo 2 que, quando era um jovem estudante, Kierkegaard foi a Gilleleje, no verão de 1835, tentar descobrir o que ele queria fazer de sua vida. Foi ali que ele expressou seu desejo profundo de encontrar uma verdade que tivesse um sentido profundo para si pessoalmente. Como ele mesmo se expressou: "uma verdade pela qual [estivesse] disposto a viver e morrer"[36]. Parece certo que tanto a experiência de Kierkegaard em Gilleleje quanto sua tese de mestrado sobre Sócrates e a ironia tiveram uma influência profunda em seu desenvolvimento posterior.

Por volta de apenas um mês após a morte de Kierkegaard, um teólogo dinamarquês pouco conhecido chamado Hans Frederik Helweg publicou um artigo intitulado "O hegelianismo na Dinamarca". O título é, porém, meio enganoso, pois Helweg só menciona brevemente, no começo, algumas das principais obras e figuras do movimento do hegelianismo dinamarquês. Na verdade, uma grande parte do artigo é dedicada a uma resenha da tese de Kierkegaard, *O conceito de ironia*. A conexão aqui não é por si mesma surpreendente, pois, como vimos, Kierkegaard foi amplamente inspirado por Hegel e por sua interpretação do mundo grego e da figura de Sócrates. Então, faz sentido que Helweg tratasse *O conceito de ironia* como uma parte importante da recepção dinamarquesa de Hegel.

Apesar de o mundo acadêmico moderno tender a ignorar *O conceito de ironia*, e a menosprezar sua significância, Helweg viu a importância geral dessa obra para Kierkegaard. Em uma passagem, Helweg escreve: "Os membros da Faculdade de Filosofia, que tiveram que julgar a obra, mal suspeitavam que, nesse esforço de um

---

36. *Kierkegaard's Journals and Notebooks*. Op. cit. Vol. 1, p. 19, AA: 12.

jovem autor, eles tinham não tanto uma qualificação para um grau de mestre, mas um programa para a vida. Porém, aqui não era uma questão de oferecer uma solução para um problema acadêmico, mas de uma *tarefa para a vida*"[37]. Helweg ressalta que Kierkegaard não estava preocupado com o conhecimento acadêmico abstrato, e em vez disso ele enfatizou o conhecimento que era verdadeiro para si pessoalmente, e que era relevante para a sua vida. Para fundamentar sua afirmação, Helweg citou uma sentença no final de *O conceito de ironia*, onde Kierkegaard afirma: "Se nossa geração tem alguma tarefa, ela deve ser a de traduzir as conquistas da erudição acadêmica para a vida pessoal, de apropriá-la pessoalmente"[38].

A princípio, parece que ele está fazendo um tipo de protesto contra o aprendizado acadêmico por si só. A razão de se ir à universidade e de se aprender coisas novas não é só entender como o mundo funciona. Em vez disso, esse conhecimento deveria ser transformado ou traduzido em algo pessoal. Cada pessoa deve, como Kierkegaard diz, "apropriar" aquele conhecimento no contexto de sua própria situação e de sua própria vida. Assim, a ideia de "apropriação" é absolutamente central para a compreensão de Kierkegaard da adequada aquisição e uso do conhecimento.

O uso que Kierkegaard faz de Sócrates dá ainda mais sustentação para a tese de Helweg. Mas agora, aqui no fim de nossa investigação, podemos ver que há muito mais nessa simples sentença do que Kierkegaard poderia ter imaginado naquela época. Como vimos, Kierkegaard tinha desde cedo um interesse acadêmico, ou seja, Sócrates e seu conflito com o mundo grego. Ele fez desse interesse acadêmico o tema de sua tese de mestrado, mas, depois de fazê-lo, deu um passo adiante que ele afirmou ter sido tão importante: ele

---

37. HELWEG, H.F. "Hegelianismen i Danmark". *Dansk Kirketidende*, vol. 10, n. 51, 16/12/1855, p. 830.
38. KIERKEGAARD. *The Concept of Irony*. Op. cit., p. 328. [Trad. bras.: *O conceito de ironia*. Op. cit., p. 278: "bem que deve ser vista como a tarefa do nosso tempo o traduzir o resultado da ciência para a vida pessoal, *apropriar-se pessoalmente desse*".]

apropriou aquele conhecimento em consonância com sua própria situação moderna. Ele era atraído por vários aspectos do pensamento de Sócrates, e decidiu usá-lo como um modelo. Mas o mundo da Grécia antiga no qual Sócrates vivia era, obviamente, muito diferente da Dinamarca da Era de Ouro. Kierkegaard precisava então se *apropriar* dos elementos principais do pensamento de Sócrates, e transferi-los para seu próprio tempo. Assim, os termos-chave do pensamento de Sócrates, tais como ironia, ignorância, negação, *aporia*, maiêutica, o moscardo, e assim por diante, todos acabaram por adquirir um novo sentido no contexto da própria vida e da época de Kierkegaard. Helweg estava totalmente certo: Sócrates era, para Kierkegaard, não apenas um objeto de investigação acadêmica, mas também um modelo a ser seguido em sua vida pessoal.

Kierkegaard estava familiarizado com o campo acadêmico da teologia, sobre o qual ele aprendeu na Universidade de Copenhague. De novo, como vimos na anotação de diário feita em Gilleleje, Kierkegaard só em certa medida estava interessado na Teologia como uma disciplina acadêmica. Em vez disso, ele acreditava que o cristianismo não é uma doutrina ou uma verdade objetiva que pode ser ensinada em livros ou em sala de aula. Pelo contrário, o cristianismo é uma crença que deve ser *apropriada* por cada indivíduo pessoalmente, na interioridade e com paixão. O cristianismo tem tudo a ver com a subjetividade de cada indivíduo. Não há respostas fáceis, pois cada pessoa é obrigada a se *apropriar* da mensagem cristã em sua própria vida e contexto. Ninguém pode dizer a outra pessoa como isso deve ser feito.

Assim, Kierkegaard acredita que Sócrates pode ajudar-nos no mundo moderno. Com sua ironia e negatividade, ele pode nos ajudar a destruir visões errôneas e ilusões modernas das quais as pessoas ainda sofrem. Com sua ideia de maiêutica ou parto, ele pode nos ajudar a entender que todos – e cada um de nós individualmente – temos a verdade dentro de nós mesmos, e que todo e cada ser humano tem um valor infinito que deveria ser respeitado. Essas são mensagens importantes para nós que vivemos no século XXI, sem importar se nos vemos a nós mesmos como religiosos ou não. Lutamos para entender nosso papel na sociedade veloz e anônima que nos cerca. Qual é a minha importância? Qual é o sentido e o valor da minha vida? Eu realmente faço alguma diferença como pessoa, ou sou simplesmente um número ou uma estatística? Kierkegaard não é só uma figura aprisionada em seu próprio tempo, que, a cada dia que passa, se torna cada vez menos relevante, para no fim acabar virando objeto de interesse de um punhado de especialistas em história das ideias. Pelo contrário, a cada dia, à medida que a sociedade continua a se desenvolver e que novas inovações tecnológicas mudam nosso modo de viver, interagir e pensar sobre nós mesmos, Kierkegaard se torna cada vez mais relevante. Ele pode ter morrido em 1855, mas ainda está bem presente conosco hoje, para todo aquele que tenha a habilidade de ler suas obras e apreciar suas ideias.

REFERÊNCIAS

I – Introduções a Kierkegaard

ALLEN, E.L. *Kierkegaard*: His Life and Thought. Londres: Nott 1935 [Nova York: Harper, 1936].

ARBAUGH, G.E. & ARBAUGH, G.B. *Kierkegaard's Authorship*: A Guide to the Writings of Kierkegaard. Rock Island, Ill.: Augustana College Library, 1967 [Londres: Allen & Unwin, 1968].

BILLESKOV JANSEN, F.J. *Søren Kierkegaard*: Life and Work. Copenhague: Royal Danish Ministry of Foreign Affairs/Ministry of Culture and Ministry of Education, 1994.

BRANDT, F. *Søren Kierkegaard, 1813-1855*: His Life, His Works. Copenhague: Det Danske Selskab/The Press/Information Department of the Danish Foreign Office, 1963 [Trad. de Ann R. Born].

CAPUTO, J.D. *How to Read Kierkegaard*. Londres: Granta Books 2007 [Nova York: W.W. Norton & Company, 2008].

CARLISLE, C. *Kierkegaard*: A Guide to the Perplexed. Londres: Continuum, 2006.

COLLINS, J. *The Mind of Kierkegaard*. Chicago: Regnery 1953. 2. ed. rev. Princeton: Princeton University Press, 1983.

DIEM, H. *Kierkegaard*: An Introduction. Richmond, Virg.: John Knox, 1966 [Trad. de David Green].

EVANS, C.S. *Kierkegaard*: An Introduction. Cambridge: Cambridge University Press, 2009.

FERREIRA, M.J. *Kierkegaard*. Malden, Mass.: Wiley-Blackwell, 2009.

GARDINER, P. *Kierkegaard*. Oxford: Oxford University Press, 1988.

HAMPSON, M.D. *Kierkegaard*: Exposition and Critique. Oxford: Oxford University Press, 2013.

HOHLENBERG, J. *Søren Kierkegaard*. Nova York: Pantheon, 1954 [Londres: Routledge, 1954. Nova York: Farrar, Straus and Giroux, 1978] [Trad. de T.H. Croxall].

JOLIVET, R. *Introduction to Kierkegaard*. Londres: Muller, 1950 [Trad. de W.H. Barber].

KIRMMSE, B.H. *Kierkegaard in Golden Age Denmark*. Bloomington, Ind.: Indiana University Press, 1990.

MALANTSCHUK, G. *Kierkegaard's Way to the Truth*: An Introduction to the Authorship of Søren Kierkegaard. Mineápolis: Augsburg Publishing House, 1963 [Trad. de Mary Michelsen].

PATTISON, G. *Kierkegaard and the Crisis of Faith*: An Introduction to His Thought. Londres: SPCK, 1997.

PURKARTHOFER, R. *Kierkegaard*. Leipzig: Reclam, 2005.

ROCCA, E. *Kierkegaard*. Roma: Carocci, 2012.

ROHDE, H.P. *Søren Kierkegaard*: An Introduction to His Life and Philosophy. Londres: Allen Unwin, 1963 [Trad. de A.M. Williams].

SHELL, P. *Starting with Kierkegaard*. Londres: Continuum, 2011.

VARDY, P. *Kierkegaard*. Londres: Harper Collins, 1996.

II – Biografias de Kierkegaard

BRANDT, F. *Den unge Søren Kierkegaard*. Copenhague: Levin & Munksgaard, 1929.

CAIN, D. *An Evocation of Kierkegaard*. Copenhague: C.A. Reitzel, 1997.

GARFF, J. *Søren Kierkegaard*: A Biography. Princeton: Princeton University Press, 2005 [Trad. de Bruce H. Kirmmse].

GRIMSLEY, R. *Søren Kierkegaard*: A Biographical Introduction. Londres: Studio Vista, 1973.

HANNAY, A. *Kierkegaard*: A Biography. Cambridge: Cambridge University Press, 2001.

LOWRIE, W. *A Short Life of Kierkegaard*. Princeton: Princeton University Press, 1942.

_____. *Kierkegaard*. Londres et al.: Oxford University Press, 1938.

MENDELSSOHN, H. *Kierkegaard* – Ein Genie in einer Kleinstadt. Stuttgart: Klett-Cotta, 1995.

III – Obras sobre a relação de Kierkegaard com Platão e Sócrates

ANZ, W. "Die platonische Idee des Guten und das sokratische Paradox bei Kierkegaard". In: WIEHL, R. (ed.). *Die antike Philosophie in ihrer Bedeutung für die Gegenwart* – Kolloquium zu Ehren des 80. Geburtstages von Hans-Georg Gadamer. Winther, 1981, p. 23-36.

ARNARSSON, K. "Erindring og gentagelse – Kierkegaard og Grækerne". In: JOR, F. (ed.). *Filosofi og samfunn*. Kristiansand: Høyskoleforlaget, 1998, p. 197-203.

ASHBAUGH, A.F. "Platonism: An Essay on Repetition and Recollection". In: THULSTRUP, N. & THULSTRUP, M.M. (ed.). *Kierkegaard and Great Traditions*. Copenhague: C.A. Reitzel, 1981, p. 9-26 [*Bibliotheca Kierkegaardiana*, vol. 6].

BEJERHOLM, L. "Sokratisk metod hos Søren Kierkegaard och hanns samtid". *Kierkegaardiana*, vol. 4, 1962, p. 28-44.

BERGMAN, S.H. "The Concept of Irony in Kierkegaard's Thought". In: *Dialogical Philosophy from Kierkegaard to Buber*. Albânia/Nova York: State University of New York Press, 1991, p. 25-45.

BORGVIN, R. "En sammenligning av bestemmelsen av sokratisk og romantisk ironi i 'Om Begrebet Ironi'". In: MORTENSEN, F.H. (ed.). *Kierkegaard 1993* – Digtning, filosofi, teologi. Odense: Institut for Litteratur, Kultur og Medier/Odense Universitet, 1993, p. 153-160.

CARLSSON, U. "Love Among the Post-Socratics". *Kierkegaard Studies Yearbook*, 2013, p. 243-266.

COME, A. "Kierkegaard's Ontology of Love". In: PERKINS, R.L. (ed.). *Works of Love*. Macon, Geor.: Mercer University Press, 1999, p. 79-119 [*International Kierkegaard Commentary*, vol. 16].

COOPER, R.M. "Plato on Authority, Irony, and True Riches". In: THULSTRUP, N. & THULSTRUP, M.M. (eds.). *Kierkegaard's Classical Inspiration*. Copenhague: C.A. Reitzel, 1985, p. 25-62 [*Bibliotheca Kierkegaardiana*, vol. 14].

_____. "Plato and Kierkegaard in Dialogue". *Theology Today*, vol. 31, 1974-1975, p. 187-198.

D'AGOSTINO, F. "La fenomenologia dell'uomo giusto: Un parallelo tra Kierkegaard e Platones". *Rivista Internazionale di Filosofia del Diritto*, vol. 49, 1972, p. 153-172.

DAISE, B. *Kierkegaard's Socratic Art*. Macon, Geor.: Mercer University Press, 1999.

DEUSER, H. "Kierkegaards Sokrates – Modell und Umkehrung antiker Philosophie". In: *Kierkegaard – Die Philosophie des religiösen Schriftstellers*. Darmstadt: Wissenschaftliche Buchgesellschaft, 1985, p. 31-57 [*Erträge der Forschung*, vol. 232].

FERREIRA, M.J. "The 'Socratic Secret': The Postscript to the *Philosophical Crumbs*". In: FURTAK, R.A. (ed.). *Kierkegaard's Concluding Unscientific Postscript:* A Critical Guide. Cambridge: Cambridge University Press, 2010, p. 6-24.

FRIIS JOHANSEN, K. "Kierkegaard und die griechische Dialektik". In: DEUSER, H. et al. (eds.). *Kierkegaard and Dialectics*. Aarhus: University of Aarhus, 1979, p. 51-124.

GALLINO, G. "Kierkegaard e l'ironia socratica". *Filosofia*, vol. 45, 1994, p. 143-161.

GREVE, W. *Kierkegaards maieutische Ethik*. Frankfurt a. Main: Suhrkamp 1990.

GRUNNET, S.E. *Ironi og subjektivitet* – En studie over S. Kierkegaards disputats Om Begrebet Ironi. Copenhague: C.A. Reitzel, 1987.

HEERDEN, A. "Does Love Cure the Tragic? – Kierkegaardian Variations on a Platonic Theme". In: PERKINS, R.L. (ed.). *Stages on Life's Way*. Macon, Geor.: Mercer University Press, 2000, p. 69-90 [*International Kierkegaard Commentary*, vol. 11].

HENNINGSEN, B. "Søren Kierkegaard: Sokrates i København". In: *Politik eller Kaos?* Copenhague: Berlingske Forlag, 1980, p. 134-233.

HIMMELSTRUP, J. *Søren Kierkegaards Opfattelse af Sokrates* – En Studie i dansk Filosofis Historie. Copenhague: Arnold Busck, 1924.

HOLM, I.W. "Myte: Platon". In: *Tanken i billedet* – Søren Kierkegaards poetic. Copenhague: Gyldendal, 1998, p. 117-156.

HOLM, S. *Græciteten*. Copenhague: Munksgaard, 1964 [*Søren Kierkegaard Selskabets Populære Skrifter*, vol. 11].

HOWLAND, J. "Lessing and Socrates in Kierkegaard's *Postscript*". In: FURTAK, R.A. (ed.). *Kierkegaard's Concluding Unscientific Postscript*: A Critical Guide. Cambridge: Cambridge University Press, 2010, p. 111-131.

_____. *Kierkegaard and Socrates*: A Study in Philosophy and Faith. Nova York: Cambridge University Press, 2006.

HUMBERT, D. "Kierkegaard's Use of Plato in His Analysis of the Moment in Time". *Dionysius*, n. 7, 1983, p. 149-183.

JENSEN, P.J. "Sokrates i Kierkegaards disputats". In: *Cum grano salis* – Udvalgte foredrag og artikler 1945-1980. Odense: Odense Universitetsforlag, 1981, p. 37-51.

_____. "Kierkegaard og Platon". In: ALKJÆR, B. et al. (eds.). *Studier i antik og middelalderlig filosofi og idéhistorie*. Copenhague: Museum Tusculanum, 1980, p. 699-710.

KANGAS, D. "Conception and Concept: The Two Logics of *The Concept of Irony* and the Place of Socrates". In: HOUE, P. & MARINO, G.D. (eds.). *Kierkegaard and the Word(s)*: Essays on Hermeneutics and Communication. Copenhague: C.A. Reitzel, 2003, p. 180-191.

KIRMMSE, B.H. "Socrates in the Fast Lane: Kierkegaard's *The Concept of Irony* on the University's Velocifère (Documents, Context, Commentary, and Interpretation)". In: PERKINS, R.L. (ed.). *The Concept of Irony*. Macon, Geor.: Mercer University Press, 2001, p. 17-99 [*International Kierkegaard Commentary*, vol. 2].

KLINT-JENSEN, H. "Platon-Kierkegaard – Tidsånden hos Platon og Søren Kierkegaard". *Fønix*, vol. 19, n. 4, 1995, p. 24-38.

_____. "Idé og dobbeltbevægelse - frigørelse hos Platon og Søren Kierkegaard". *Philosophia*, vol. 24, n. 1-2, 1995, p. 155-189.

KLOEDEN, W. *Kierkegaard und Sokrates — Sören Kierkegaards Sokratesrezeption*. Rheinland-Westfalen-Lippe: Evangelische Fachhochschule, 1991 [*Schriftenreihe der Evangelischen Fachhochschule Rheinland-Westafalen-Lippe*, vol. 16].

_____. "Sokratische Ironie bei Plato und S. Kierkegaard". In: THULSTRUP, N. & THULSTRUP, M.M. (eds.). *Irony and Humor in Søren Kierkegaard*. Copenhague: C.A. Reitzel, 1988, p. 51-60 [*Liber Academiae Kierkegaardiensis*, vol. 7].

_____. "Sokrates". In: THULSTRUP, N. & THULSTRUP, M.M. (eds.). *Kierkegaard's Classical Inspiration*. Copenhague: C.A. Reitzel, 1985, p. 104-181 [*Bibliotheca Kierkegaardiana*, vol. 14].

KRENTZ, A.A. "The Socratic-Dialectical Anthropology of Søren Kierkegaard's 'Postscript'". In: HOUE, P.; MARINO, G.D. & ROSSEL, S.H. (eds.). *Anthropology and Authority:* Essays on Søren Kierkegaard. Amsterdam et al.: Rodopi, 2000, p. 17-26.

KUYPERS, E. "Kierkegaards opmerkingen over de noodzaak van een Socratisch nihilisme". *Filosofie*, vol. 3, n. 4, 1993, p. 22-28.

KYLLIÄINEN, J. "*Phaedo* and *Parmenides*: Eternity, Time, and the Moment, or From the Abstract Philosophical to the Concrete Christian". In: STEWART, J. & NUN, K. (eds.). *Kierkegaard and the Greek World* — Tome I: Socrates and Plato. Aldershot: Ashgate, 2010, p. 45-71 [*Kierkegaard Research: Sources, Reception and Resources*, vol. 2].

LEVERKÜHN, A. "Engagement und Passion des dänischen Sokrates". In: *Das ethische und das Ästhetische als Kategorien des Handelns* — Selbstwerdung bei Søren Kierkegaard. Frankfurt a. Main et al.: Peter Lang, 2000, p. 31-40.

MANHEIMER, R.J. "Educating Subjectivity: Kierkegaard's Three Socratic Postures". In: *Kierkegaard as Educator*. Berkeley et al.: University of California Press, 1977, p. 1-58.

MARINI, S. "Socrate 'quel Singolo' — A proposito di alcune annotazioni del 'Diario' kierkegaardiano". In: *Nuovi Studi Kierkegaardiani*, vol. 1, 1993, p. 75-85 [Bollettino del Centro Italiano di Studi Kierkegaardiani — Supplemento semestrale di *Velia* — Rivista di Filosofia Teoretica].

MARTINEZ, R. *Kierkegaard and the Art of Irony*. Nova York: Prometheus Books, 2001 [*Philosophy and Literary Theory*].

_____. "Socrates and Judge Wilhelm: A Case of Kierkegaardian Ethics". *Philosophy Today*, n. 34, 1990, p. 39-47.

McDONALD, W. "Indirection and *Parrhesia*: The Roles of Socrates' *Daimonion* and Kierkegaard's *Styrelse* in Communication". In: HOUE, P. & MARINO, G.D. (eds.). *Kierkegaard and the Word(s)*: Essays on Hermeneutics and Communication. Copenhague: C.A. Reitzel, 2003, p. 127-138.

McKINNON, A. "Three Conceptions of Socrates in Kierkegaard's Writings". In: CORTESE, A. (ed.). *Kierkegaard oggi* – Atti del covegno dell' 11 Novembre 1982. Milão: Vita e Pensiero, 1986, p. 21-43.

MERRILL, R. "'Infinite Absolute Negativity': Irony in Socrates, Kierkegaard and Kafka". *Comparative Literature Studies*, vol. 16, 1979, p. 222-236.

MJAALAND, M.G. "*Theaetetus*: Giving Birth, or Kierkegaard's Socratic Maieutics". In: STEWART, J. & NUN, K. (eds.). *Kierkegaard and the Greek World* – Tome I: Socrates and Plato. Aldershot: Ashgate, 2010, p. 115-146 [*Kierkegaard Research: Sources, Reception and Resources*, vol. 2].

_____. "The Autopsy of One Still Living". In: PERKINS, R.L. (ed.). *Prefaces and Writing Sampler and Three Discources on Imagined Occasions*. Macon, Geor.: Mercer University Press, 2006, p. 359-386 [*International Kierkegaard Commentary*, vols. 9-10].

_____. "Death and Aporia". *Kierkegaard Studies Yearbook*, 2003, p. 395-418.

MORRIS, T.F. "Kierkegaard's Understanding of Socrates". *International Journal for Philosophy of Religion*, n. 19, 1986, p. 105-111.

MUENCH, P. "*Apology*: Kierkegaard's Socratic Point of View". In: STEWART, J. & NUN, K. (eds.). *Kierkegaard and the Greek World* – Tome I: Socrates and Plato. Aldershot: Ashgate, 2010, p. 3-25 [*Kierkegaard Research: Sources, Reception and Resources*, vol. 2].

_____. "Kierkegaard's Socratic Pseudonym: A Profile of Johannes Climacus". In: FURTAK, R.A. (ed.). *Kierkegaard's Concluding Unscientific Postscript: A Critical Guide*. Cambridge: Cambridge University Press, 2010, p. 25-44.

_____. "The Socratic Method of Kierkegaard's Pseudonym Johannes Climacus: Indirect Communication and the Art of 'Taking

Away'". In: HOUE, P. & MARINO, G.D. (eds.). *Kierkegaard and the Word(s)*: Essays on Hermeneutics and Communication. Copenhague: C.A. Reitzel, 2003, p. 139-150.

MÜLLER, P. *Kristendom, etik og majeutik i Søren Kierkegaard's "Kjerlighedens Gjerninger"*. Copenhague: C.A. Reitzel, 1983.

NAGLEY, W.E. "Kierkegaard's Early and Later View of Socratic Irony". *Thought*: A Review of Culture and Idea, n. 55, 1980, p. 271-282.

NEUMANN, H. "Kierkegaard and Socrates on the Dignity of Man". *The Personalist*, vol. 48, 1967, p. 453-460.

OLESEN, T.A. "Kierkegaard's Socratic Hermeneutic". In: PERKINS, R.L. (ed.). *The Concept of Irony*. Macon, Geor.: Mercer University Press, 2001, p. 101-122 [*International Kierkegaard Commentary*, vol. 2].

PATTISON, G. "A Simple Wise Man of Ancient Times: Kierkegaard on Socrates". In: TRAPP, M. (ed.). *Socrates in the Nineteenth and Twentieth Centuries*. Aldershot: Ashgate, 2007, p. 19-35.

PAULA, M.G. *Socratismo e cristianismo em Kierkegaard*: o escândalo e a loucura. São Paulo: Annablume, 2001.

PENTZOPOULOU-VALALAS, T. "Kierkegaard et Socrate ou Socrate vu par Kierkegaard". *Les Études Philosophiques*, 1979, p. 151-162.

PEPPER, T. "Male Midwifery: Maieutics in *The Concept of Irony and Repetition*". In: CAPPELØRN, N.J. & STEWART, J. (eds.). *Kierkegaard Revisited*. Berlin/Nova York: Walter de Gruyter, 1997, p. 460-480 [*Kierkegaard Studies Monograph Series*, vol. 1].

PIVČEVIĆ, E. "Sokrates, Climacus and Anticlimacus". In: *Ironie als Daseinform bei Sören Kierkegaard*. Gütersloh: Gütersloher Verlagshaus Gerd Mohn, 1960, p. 45-71.

POLITIS, H. "Socrate, fondateur de la morale, ou Kierkegaard commentateur de Hegel et historien de la philosophie". In: DAGOGNET, F. & OSMO, P. (eds.). *Autour de Hegel* – Hommage à Bernard Bourgeois. Paris: Vrin, 2000, p. 365-378.

POP, M. "L'influence platonicienne sur le concept kierkegaardien de moment". *Revue Roumaine de Philosophie*, vol. 45, n. 1-2, 2001, p. 165-175.

PORSING, O. "Græciteten, Sokrates og ironi". In: *Sprækker til det uendelige?* – Søren Kierkegaard i 1990'erne - en bog om bøgerne. Århus: Slagmark, 1996, p. 17-22.

POSSEN, D.D. "*Meno*: Kierkegaard and the Doctrine of Recollection". In: STEWART, J. & NUN, K. (eds.). *Kierkegaard and the Greek World* – Tome I: Socrates and Plato. Aldershot: Ashgate, 2010, p. 27-44 [*Kierkegaard Research: Sources, Reception and Resources*, vol. 2].

_____. "Phaedrus: Kierkegaard on Socrates' Self-Knowledge - and Sin". In: STEWART, J. & NUN, K. (eds.). *Kierkegaard and the Greek World* – Tome I: Socrates and Plato. Aldershot: Ashgate, 2010, p. 73-86 [*Kierkegaard Research: Sources, Reception and Resources*, vol. 2].

_____. "Protagoras and Republic: Kierkegaard on Socratic Irony". In: STEWART, J. & NUN, K. (ed.). *Kierkegaard and the Greek World* – Tome I: Socrates and Plato. Aldershot: Ashgate, 2010, p. 87-104 [*Kierkegaard Research: Sources, Reception and Resources*, vol. 2].

REECE, G.L. *Irony and Religious Belief*. Tübingen: J.C.B. Mohr (Paul Siebeck), 2002 [*Religion in Philosophy and Theology*, vol. 5].

RICHTER, L. "Die Sünde: Auseinandersetzung mit Sokrates". In: *Der Begriff der Subjektivität bei Kierkegaard* – Ein Beitrag zur christlichem Existenzdarstellung. Würzburg: Konrad Triltsch, 1934, p. 13-28.

RILLIET, J. "Kierkegaard et Socrate". *Revue de Théologie et de Philosophie*, vol. 31, 1943, p. 114-120.

RUBENSTEIN, M.-J. "Ecstatic Subjectivity: Kierkegaard's Critiques and Appropriations of the Socratic". *Literature and Theology*, vol. 16, 2002, p. 349-362.

_____. "Kierkegaard's Socrates: A Venture in Evolutionary Theory". *Modern Theology*, vol. 17, 2001, p. 442-473.

RUDD, A. "The Moment and the Teacher: Problems in Kierkegaard's *Philosophical Fragments*". *Kierkegaardiana*, vol. 21, 2000, p. 92-115.

SARF, H. "Reflections on Kierkegaard's Socrates". *Journal of the History of Ideas*, vol. 44, n. 2, 1983, p. 255-276.

SCHÄR, H.R. *Christliche Sokratik* – Kierkegaard über den Gebrauch der Reflexion in der Christenheit. Frankfurt a. Main et al.: Peter Lang, 1977.

SCHEIER, C.-A. "Klassische und existentielle Ironie: Platon und Kierkegaard". *Philosophisches Jahrbuch*, n. 97, 1990, p. 238-250.

SCHOLTENS, W.R. "Kierkegaard en Sokrates, de plaats van de ironie in het geestelijk leven". *Tijdschrift voor Geestelijk Leven*, vol. 30, 1974, p. 203-207.

SCOPETEA, S. "Becoming the Flute: Socrates and the Reversal of Values in Kierkegaard's Later Works". *Kierkegaardiana*, vol. 18, 1996, p. 28-43.

_____. *Kierkegaard og græciteten* – En kamp med ironi. Copenhague: C.A. Reitzel, 1995.

_____. "A Flaw in the Movement". *Kierkegaardiana*, vol. 13, 1984, p. 97-104.

SLØK, J. "Die griechische Philosophie als Bezugsrahmen für Constantin Constantinus und Johannes de silentio". In: DUE, O.S.; JOHANSEN, H.J. & LARSEN, B.D. (eds.). *Classica et Mediaevalia*. Copenhague: Gyldendal, 1973, p. 636-658 [reimp. em THEUNISSEN, M. & GREVE, W. (eds.). *Materialien zur Philosophie Søren Kierkegaards*. Frankfurt a. Main: Suhrkamp, 1979, p. 280-301].

_____. *Die Anthropologie Kierkegaards*. Copenhague: Rosenkilde/Bagger, 1954, p. 52-77.

SÖDERQUIST, K.B. *The Isolated Self:* Irony as Truth and Untruth in Søren Kierkegaard's On the Concept of Irony. Copenhague: C.A. Reitzel, 2007 [*Danish Golden Age Studies*, vol. 1].

_____. "Kierkegaard's Nihilistic Socrates in *The Concept of Irony*". In: KOLDTOFT, L.; STEWART, J. & HOLMGAARD, J. (eds.). *Tänkarnes mångfald* – Nutida perspektiv på Søren Kierkegaard. Estocolmo: Makadam Förlag, 2005, p. 213-243.

STEWART, J. & NUN, K. (eds.). *Kierkegaard and the Greek World* – Tome I: Socrates and Plato. Aldershot: Ashgate, 2010 [*Kierkegaard Research: Sources, Reception and Resources*, vol. 2].

STOCK, T. "Love's Hidden Laugh: On Jest, Earnestness, and Socratic Indirection in Kierkegaard's 'Praising Love'". *Kierkegaard Studies Yearbook*, 2013, p. 307-329.

STRAWSER, M.J. "How Did Socrates Become a Christian? – Irony and a Postmodern Christian (Non)-Ethic". *Philosophy Today*, vol. 36, 1992, p. 256-265.

TAYLOR, M.C. "Socratic Midwifery: Method and Intention of the Authorship". In: *Kierkegaard's Pseudonymous Authorship:* A Study of Time and the Self. Princeton: Princeton University Press, 1975, p. 51-62.

THOMAS, J.H. "Kierkegaard's View of Time". *Journal of the British Society for Phenomenology*, vol. 4, 1973, p. 33-40.

THOMTE, R. "Socratic Midwifery: The Communication of the Truth". In: *Kierkegaard's Philosophy of Religion*. Princeton: Princeton University Press, 1948, p. 190-203.

THULSTRUP, M.M. "Plato's Vision and its Interpretation". In: THULSTRUP, N. & THULSTRUP, M.M. (eds.). *Kierkegaard's Classical Inspiration*. Copenhague: C.A. Reitzel, 1985, p. 63-103 [*Bibliotheca Kierkegaardiana*, vol. 14].

_____. *Kierkegaard, Platons skuen og kristendommen*. Copenhague: Munksgaard, 1970.

THULSTRUP, N. "Kierkegaard's Socratic Role for Twentieth Century Philosophy and Theology". *Kierkegaardiana*, vol. 11, 1980, p. 197-211.

TORRALBA ROSELLÓ, F. "Kierkegaard el heredero moderno de la mayéutica socrática". *Espiritu*, vol. 47, 1998, p. 55-69.

VERGOTE, H.-B. *Sens et répétition* – Essai sur l'ironie kierkegaardienne. Vols. 1-2. Paris: Cerf/Orante, 1982.

WEISS, R.L. "Kierkegaard's 'Return' to Socrates". *The New Scholasticism*, vol. 45, 1971, p. 573-583.

WIDENMANN, R.J. "Plato and Kierkegaard's *Moment*". In: STENGREN, G.L. (ed.). *Faith, Knowledge, and Action:* Essays Presented to Niels Thulstrup on His Sixtieth Birthday. Copenhague: C.A. Reitzel, 1984, p. 251-256.

WILD, J. "Kierkegaard and Classical Philosophy". *Philosophical Review*, vol. 49, n. 5, 1940, p. 536-551.

WISDO, D.M. "Kierkegaard and Euthyphro". *Philosophy*, vol. 62, 1987, p. 221-226.

WOOD, R.E. "Recollection and Two Banquets: Plato's and Kierkegaard's". In: PERKINS, R.L. (ed.). *Stages on Life's Way*. Macon, Geor.: Mercer University Press, 2000, p. 49-68 [*International Kierkegaard Commentary*, vol. 11].

WYLLER, E.A. "Sokrates og Kristus hos Søren Kierkegaard – En henologisk interpretasjon av forfatterskapet". *Norsk Filosofisk Tidsskrift*, vol. 28, 1993, p. 207-219.

_____. "Platons øyeblikks-filosofi eller dialogen Parmenides' 3. hypothese". In: AARNES, A. (ed.). *Tradisjon og fornyelse* – Festskrift til A.H. Winsnes. Oslo: Aschehoug, 1959, p. 7-26.

ZIOLKOWSKI, E. "From *Clouds* to *Corsair*: Kierkegaard, Aristophanes, and the Problem of Socrates". In: PERKINS, R.L. (ed.). *The Concept of Irony*. Macon, Geor.: Mercer University Press, 2001, p. 193-234 [*International Kierkegaard Commentary*, vol. 2].

ÍNDICE ANALÍTICO

Abraão 170-178

Absurdo 175, 177, 206, 235

Academia Sorø 146, 197, 225

Adão e Eva 93s.

Agamenon 178

Alcibíades 166

Alienação 15, 18, 69, 94, 110, 166, 252

Amor 162, 165, 193, 227
    cristão 228
    romântico 135-137, 139

Anaxágoras 77

Andersen, Hans Christian (1805-1875), poeta, romancista e autor de contos de fadas dinamarquês 23

Angústia 124, 184s., 252s.

Anti-Climacus 233, 236, 238

Antígona 50s.

A Pátria 91, 168, 198s., 239s., 243, 249-251

Aporia 22, 30, 39, 41, 56s., 76, 119, 158, 160, 257

Apropriação 131, 135, 144, 170, 186, 254, 256s.

Aristófanes 26, 41, 48, 92, 116, 118
    As nuvens 26

271

Aristóteles 95, 159

Arte do parto, cf. Maiêutica

Ast, Friedrich (1778-1841), filósofo e filólogo alemão 112

Ataque à Igreja 215, 222, 239-243

Autenticidade 152, 163, 252

Autoengano 153

Autonomia 41-45, 68, 75

Barth, Karl (1886-1968), teólogo protestante suíço 253

Baudrillard, Jean (1929-2007), sociólogo francês 253

Bauer, Bruno (1809-1882), teólogo alemão 93, 156

Beauvoir, Simone de (1908-1986), filósofa francesa 252

Beck, Andreas Frederik (1816-1861), filósofo dinamarquês 71, 90-93

Bem, o 59s., 113, 119

Bíblia 92, 227
    Eclesiastes 105
    Gênesis 93, 96, 172
    João 145
    Mateus 236

Boesen, Emil (1812-1881), pastor dinamarquês 38s., 247

Bojesen, Ernst Frederik Christian (1803-1864), filólogo e educador dinamarquês 146s.

Brøchner, Hans (1820-1875), filósofo dinamarquês 208

Brøndsted, Peter Oluf (1780-1842), filólogo clássico dinamarquês 145

Brunner, Emil (1889-1966), teólogo protestante suíço 253

Camus, Albert (1903-1960), escritor francês 252

Casamento 24, 68, 101, 124, 137-139, 148, 150, 162, 193

Catolicismo 129, 253

Ceticismo 53, 76, 87s., 91

Coisa-em-si 130s.

Comunicação existencial 206

Conformidade 121

Consciência 36, 61, 67s., 118, 155, 176

Constantin Constantius 169, 194

Controle (Styrelse) 37

Correio Voador de Copenhague 107

Corsário 195-200, 224, 241

Creonte 50s.

Crise 2, 107-111

Cristandade 230, 235

Cristianismo 24, 33, 35s., 38s., 42, 52-54, 75s., 90, 93, 145, 160, 175, 182s., 187, 203-207, 212, 218s., 222, 229, 233-245, 247, 250, 257
Novo Testamento 240-244

Cristiano VIII da Dinamarca (1786-1848; rei da Dinamarca, 1839-1848) 222, 224s.

Cristo 89, 160, 181-183, 187, 194s., 205, 238s.

Dáimon 22, 36s., 39, 41, 63-65, 71-74, 77, 231

Deleuze, Gilles (1925-1995), filósofo francês 253

De Man, Paul (1919-1983), crítico literário norte-americano nascido na Bélgica 253

Democracia 32, 65, 80, 223s., 232

De omnibus dubitandum est 71, 81, 83-85, 87, 143

Derrida, Jacques (1930-2004), filósofo francês 253

Descartes, René (1596-1650), filósofo francês 80s., 87, 126

Desconstrução/desconstrucionismo 252

Desespero 76, 85, 233, 252s.

Direito natural 50

Dúvida 76, 80s., 84s., 93, 108, 115, 139, 141, 143

Efigênia 178

Ego autopoiético 129, 131

Encarnação 159, 175, 180, 182s., 239

Engels, Friedrich (1820-1895), cientista social alemão 156

Era de Ouro dinamarquesa 23, 102, 106s., 139, 167, 210, 257

Escândalo (ofensa) 31, 150, 237-239, 251

Escola da Virtude Cívica 21s., 24, 26, 146

Estágios da existência 12

Estética 12, 16, 107, 211-214

Ética
 burguesa 137s., 167
 cristã 39
 Sittlichkeit (ética dos costumes) 49, 61-63, 66-68, 78, 142

Eutífron 21, 25, 28-30, 34, 54, 56, 169

Existencialismo 19, 252

Faculdade Ehler 102

Faculdade Regensen 44

Falta de sentido 16, 18s., 97s., 252

Família 124

Fariseus 74, 90

Fausto 71, 74-77, 80, 94, 96

Fé 16, 170s., 173-175, 177, 179s., 206, 219
cavaleiro da 174

Fechamento hermético (*Indesluttethed*) 187

Feuerbach, Ludwig (1804-1872), filósofo alemão 93, 156

Fichte, Johann Gottlieb (1762-1814), filósofo alemão 102, 112, 125-132, 135, 140, 156

Finito e infinito 128, 159, 183, 206

Frederiksberg (jardim) 201, 203

Frederico VII da Dinamarca (1808-1863; rei da Dinamarca, 1848-1863) 233

Gæa 196

Gilleleje 52, 54, 255, 257

Giødwad, Jens Finsteen (1811-1891), jurista e jornalista dinamarquês 209

Goethe, Johann Wolfgang von (1749-1832), poeta, escritor, cientista e diplomata alemão 74s., 102, 110, 142
Fausto (1808, 1832) 75

Goldschmidt, Meir Aaron (1819-1887), escritor dinamarquês 195s., 198, 200

Guerras Napoleônicas 48s., 126

Gyllembourg-Ehrensvärd, Thomasine Buntzen (1773-1856), escritora dinamarquesa 107, 223

Hamann, Johann Georg (1730-1788), filósofo alemão 185

Hauch, Carsten (1790-1872), escritor dinamarquês 197-199

Hegel, Georg Wilhelm Friedrich (1770-1831), filósofo alemão 27, 41, 43s., 46-51, 54-69, 71-74, 86, 89s., 93, 99s., 103s., 107, 110, 112-119, 125, 127-131, 135, 140, 155s., 158-161, 171-173, 183, 185, 187, 191s., 202s., 225, 232, 255
  Fenomenologia do espírito (1807) 47
  Ciência da lógica (1812-1816) 47
  Enciclopédia das ciências filosóficas (1817) 47, 159
  Filosofia do direito (1821) 47, 171
  Lições sobre a filosofia da religião (1832) 48
  Lições sobre a história da filosofia (1833-1836) 48, 65, 127
  Lições sobre estética (1835-1838) 48
  Lições sobre a filosofia da história (1837) 48

Hegelianismo 140, 225, 255

Heiberg, Johan Ludvig (1791-1860), poeta, dramaturgo e filósofo dinamarquês 97, 106-111, 142, 167s., 188-192, 201-203, 210, 223
  Sobre a significância da filosofia para o tempo presente (1833) 106s., 190
  Perseus (1837) 75, 190
  "O ano astronômico" (1844) 188

Heiberg, Johanne Luise, *née* Pätges (1812-1890), atriz dinamarquesa 107

Heiberg, Peter Andreas (1758-1841), escritor dinamarquês 106

Heidegger, Martin (1889-1976), filósofo alemão 252

Helweg, Hans Frederik (1816-1901), pastor e teólogo dinamarquês 255s.

Heródoto 25

Hilarius Encadernador 192s.

História 24, 64, 68, 71, 85, 92-94, 98, 108s., 116s., 134, 136

Homero 25, 56

Humor 141

Ibsen, Henrik (1828-1906), dramaturgo norueguês 253

Idealismo Alemão 16, 47, 156

Identidade, princípio da 127

Igreja de Nossa Senhora 159, 236s., 243, 247

Igreja Estatal Dinamarquesa 222, 239-242, 250

Iluminismo 95, 100s., 108, 126, 176, 179

Imortalidade 141

Império Romano 108

Indivíduo singular 80, 171, 173s., 185, 232

Interioridade 49, 53, 60s., 64, 92, 118, 172, 188, 205s., 212s., 218s., 230, 257

Ir além (de Sócrates) 59, 159, 235

Ironia 16-18, 22, 26-30, 39, 41, 45, 47s., 53-56, 72, 74, 80, 88, 92, 98-105, 109-117, 120, 125, 129, 132s., 139-142, 150, 153, 157s., 161, 185, 187, 227, 234, 252, 255, 257
    controlada 27, 142-145
    moderna 18, 98, 100, 103-105, 120
    romântica 27, 112-114, 125, 142s., 150, 153, 162
    socrática 27-29, 38, 41, 48, 55, 99, 103, 112, 132, 142, 185, 234

Jaspers, Karl (1883-1969), filósofo alemão 252

Jesus, cf. Cristo

Johannes Climacus 71, 83s., 94, 96, 181-183, 201-207

Johannes de Silentio 169, 177

Johannes o Sedutor 167, 194

Joyce, James (1882-1941), escritor irlandês 253

Judaísmo 174, 250, 253

Juiz Guilherme 139, 160, 162, 193

Kafka, Franz (1883-1924), romancista austro-tcheco 253

Kant, Immanuel (1724-1804), filósofo alemão 44, 125, 129-132

Kierkegaard, Michael Pedersen (1756-1838), pai de Søren Kierkegaard 23, 140

Kierkegaard, Peter Christian (1805-1888), teólogo dinamarquês (irmão de Søren Kierkegaard) 24, 26, 211, 246-248

Kierkegaard, Søren Aabye (1813-1855)
O conflito entre os velhos e os novos depósitos de sabão (c. 1837) 71, 80-82
Dos papéis de alguém que ainda vive (1838) 23
O conceito de ironia (1841) 10, 13s., 16-19, 21, 26-28, 31, 39, 41, 48, 65, 89-91, 98-100, 114-118, 138, 140-142, 145-148, 158, 161s., 166, 185, 196, 255
"Confissão pública" (1842) 92, 210
Ou/ou (1843) 19s., 138, 157-162, 166-169, 184, 188
Johannes Climacus ou De omnibus dubitandum est (c. 1842-1843) 71, 81, 83s.
"Uma palavra de agradecimento ao Professor Heiberg" (1843) 168, 188, 190
Dois discursos edificantes (1843) 213
Três discursos edificantes (1843) 169, 213
A repetição (1843) 169s., 188, 190, 194, 210, 213
Temor e tremor (1843) 20, 158, 169-171, 174, 176, 210, 212s.
Migalhas filosóficas (1844) 23, 83, 180-182, 184, 201, 203s., 206s., 212
O conceito de angústia (1844) 139, 180, 184s., 187, 212
Prefácios (1844) 39, 180, 184, 188s.
Dezoito discursos edificantes (1845) 169
Estágios no caminho da vida (1845) 39, 150, 180, 192-194, 196-198
"A atividade de um esteta viajante e como ele ainda acabou pagando o jantar" (1845) 198
Pós-escrito conclusivo não científico (1846) 39, 53, 83, 139s., 158, 180, 201, 206, 208, 213-215, 222, 226
Uma resenha literária de duas eras (1846) 107, 222, 226
"O resultado dialético de uma ação policial literária" (1846) 199

Discursos edificantes em vários espíritos (1847) 222, 226
As obras do amor (1847) 39, 226s., 229
Discursos cristãos (1848) 236
"A crise e uma crise na vida de uma atriz" (1848) 107
O ponto de vista de minha obra como escritor (c. 1848) 37, 157, 211, 213, 230s., 243
A doença para a morte (1849) 39, 222, 233s., 236
Prática no cristianismo (1850) 222, 236
Sobre minha obra como escritor (1850) 211
Dezesseis discursos edificantes (1852) 169
O Instante (1855) 39, 196, 222, 239, 243, 249s.
Diários, cadernos e outros manuscritos póstumos 31, 49, 52s., 74-76, 82, 141, 166, 199, 210, 215-217, 224, 229, 256
Conhece-te a ti mesmo 65, 78

Lacan, Jacques (1901-1981), psiquiatra francês 253

Lenau, Nicolaus, cf. Strehlenau, Niembsch von

Liberdade 41, 138, 176, 179, 252
  subjetiva 63, 68s., 103s., 112, 118, 184, 232

Locke, John (1632-1704), filósofo inglês 223

Lógica 127, 159, 161, 183

Lund, Ane Sørensdatter (1768-1834), mãe de Søren Kierkegaard 23

Lund, Henrik (1825-1889), sobrinho de Søren Kierkegaard 249-251

Macbeth 98

Madvig, Johan Nikolai (1804-1886), filólogo dinamarquês 145s.

Maiêutica 22, 37-39, 56s., 181s., 187, 212s., 228-230, 257

Mann, Thomas (1875-1955), escritor alemão 253

Marcel, Gabriel (1889-1973), filósofo francês 252

Marheineke, Philipp (1780-1846), teólogo alemão 157

Martensen, Hans Lassen (1808-1884), teólogo dinamarquês 41-46, 59, 71, 74-77, 80-85, 87, 143, 145, 159s., 183, 240
Sobre a autonomia da autoconsciência humana 43s., 75

Mártir 199, 241

Martírio 241

Marx, Karl (1818-1883), filósofo e economista alemão 156, 223

Massas, as 224, 232

Mediação 158-161, 183-185

Melancolia 26, 149

Michelet, Karl Ludwig (1801-1893), filósofo alemão 48

Mill, John Stuart (1806-1873), filósofo inglês 223

Mitologia 93

Modernidade 15, 19, 68, 76, 121, 123s.

Møller, Poul Martin (1775-1838), poeta e filósofo dinamarquês 139-141, 185

Møller, Peder Ludvig (1814-1865), crítico dinamarquês 196-200

Moralidade refletida (Moralität) 61

Morte do autor 252

Moscardo 22, 33, 35, 39, 204, 227, 257

Multidão, a 68, 188, 213, 226, 231s.

Mynster, Jakob Peter (1775-1854), teólogo e bispo dinamarquês 159, 210, 240

Napoleão I, i.e. Napoleão Bonaparte (1769-1821), imperador francês 23, 223

Negação 58s., 86, 119, 127, 131, 137, 141, 160, 187s., 257

Negatividade 31, 79, 88s., 104, 115, 131, 137, 187, 236, 257
   Infinita 89, 104

Niilismo 18, 27, 98, 105, 113, 115, 140s., 163s., 166

Nivelamento 223s.

Novalis, i.e., Barão Friedrich von Hardenberg (1772-1801), poeta lírico alemão 102

Nytorv 22s.

Olsen, Regine (1822-1904) 138, 147-150, 166

Opinião pública 199, 224, 232

Oráculo de Delfos 34, 63s.

Ørsted, Hans Christian (1777-1851), cientista dinamarquês 23, 145

Ou/ou 158-162, 166-169

Paixão 219, 230, 257

Paradoxo 174s., 182s., 206, 218, 235
   absoluto 182s., 203, 206

Pecado 24, 136, 171, 180, 184s., 194s., 233
   hereditário 184

Pensamento político-social 223

Perdão 180, 194s.

Perseus 75, 190

Pseudônimos/pseudonímia 75, 83, 150, 167-170, 173, 177, 180s., 184, 186s., 189, 192-195, 198, 201, 209-213, 218, 233, 236s., 239, 252

Petersen, Frederick Christian (1786-1859), filólogo dinamarquês 145

Platão 11, 21s., 25s., 28, 30s., 33, 35, 39-41, 48, 65, 72, 92, 116, 118, 158, 166, 182, 193s.
   Apologia 21, 25, 28, 65s., 79
   Banquete 39, 166, 194
   Críton 25
   Eutífron 21, 25, 28-30, 34, 54, 56, 169
   Fédon 28
   Fedro 182
   Hípias Maior 206s.
   Mênon 37

Polinices 50

Pós-estruturalismo 19, 252, 254

Pós-modernismo 252, 254

Pregar (sermão) 185-187, 236

Protágoras 60, 88

Providência 36

Rahbek, Knud Lyne (1760-1830), literato dinamarquês 106

Realidade efetiva 131s., 138

Relativismo 16-18, 27, 45, 60, 69, 86, 88, 109, 113, 119, 129, 166, 191, 219

Repetição 81, 170, 190

Restauração 223

Revelação 172, 175, 177s., 180, 182s.

Revolução Francesa (1789) 48, 233

Revolução Industrial 121

Revoluções (de 1848) 225, 233s.

Rilke, Rainer Maria (1875-1926), poeta alemão 253

Romantismo 18, 27, 47, 100-102, 112-115, 120-123, 128s., 132-137, 139s., 142, 144, 150-153, 161s.
Alemão 18, 100, 104, 112, 114, 127, 141, 161, 223
cf. tb. Ironia romântica; Amor romântico

Sartre, Jean-Paul (1905-1980), filósofo francês 252

Schelling, Friedrich Wilhelm Joseph von (1775-1854), filósofo alemão 156s., 216, 225

Schlegel, August Wilhelm von (1767-1845), crítico alemão 102

Schlegel, Friedrich von (1772-1829), escritor romântico alemão 27, 100s., 112, 114, 129, 131s., 134-139, 150, 153, 162
Lucinde 101, 135-138, 162

Schleiermacher, Friedrich (1768-1834), teólogo alemão 44

Sentimento/emoção 61, 100s., 128, 163s., 219

Ser e nada 58, 159

Sermão 185s., 220, 236, 240

Shakespeare, William (1564-1616), dramaturgo inglês 142

Sibbern, Frederik Christian (1785-1872), filósofo dinamarquês 145

Sinal de contradição 238

Silêncio 24, 173, 178

Sittlichkeit, cf. Ética

Sócrates 11, 13, 18s., 21s., 25-41, 48s., 51-69, 71-74, 76-83, 85-90, 94-96, 99, 112-119, 122, 131-133, 139, 141, 143s., 147, 154s., 157, 160, 166s., 169s., 175, 180-188, 191-195, 203s., 206s., 212s., 217s., 220, 222, 226-236, 239, 241, 243-245, 254-258
ignorância 28-30, 39, 55, 78, 175, 181s., 191s., 195, 235, 239, 244s., 254, 257
ir além de 59, 159, 234
ironia, cf. Ironia socrática
Método 54-56

Sofistas 22, 32s., 39, 59-61, 71, 86-90, 105, 115, 119, 192, 245s.

Sófocles 50
  Antígona 50s.

Solger, Karl Wilhelm Ferdinand (1780-1819) filósofo e teórico da estética alemão 27, 100

Steffens, Henrik (1773-1845), filósofo noruego-dinamarquês 102

Strauss, David Friedrich (1808-1874), teólogo, historiador e filósofo alemão 90-93, 156
  A vida de Jesus criticamente examinada (1835-1836) 90-93

Strehlenau, Niembsch Von, i.e., Nicolaus Lenau (1802-1850), poeta austro-húngaro 75

Strindberg, August (1849-1912), escritor sueco 253

Subjetividade 45, 61, 64, 72, 74, 79, 86, 92, 99-101, 112s., 126, 131, 188, 218, 230, 257

Subjetivismo 16-18, 108, 123, 129, 191

Suspensão teleológica do ético 171

Teatro Real em Copenhague 107

Temporal e eterno 183, 206

Tennemann, Wilhelm Gottlieb (1761-1819), historiador e filósofo alemão 65

Teologia dialética 253

Terceiro excluído, lei do 159-161

Testemunha da verdade 240s.

Thorvaldsen, Bertel (1770-1844), escultor dinamarquês 23, 236s.

Tieck, Johann Ludwig (1773-1853), poeta alemão 27, 100, 102, 131s.

Tifão 182

Tillich, Paul (1886-1965), teólogo protestante teuto-americano 253

Trindade 159

Tryde, Eggert Christopher (1781-1860), teólogo e pastor dinamarquês 248-250

Universidade de Copenhague 198, 216, 257

Vaudeville 107

Verdade subjetiva 51, 217

Victor Eremita 160, 167s., 193s., 210

Vigilius Haufniensis 184, 186

Viver poeticamente 134, 137, 143, 151, 152

Warhol, Andy (1928-1987), artista norte-americano 121

Werder, Karl Friedrich (1806-1893), filósofo e crítico literário alemão 157

Xenofonte 25s., 41, 48, 72, 92, 116, 118

ÍNDICE GERAL

Sumário, 7

Agradecimentos, 9

Prefácio, 11

Introdução, 15

1 A vida e a obra de Kierkegaard como uma "tarefa socrática", 21

   I – A família de Kierkegaard e a Escola da Virtude Cívica, 22

   II – Introdução a *O conceito de ironia*, 26

   III – Ironia socrática e ignorância, 28

   IV – Sócrates e a *aporia*, 30

   V – Sócrates e os sofistas, 32

   VI – A missão de Sócrates e o moscardo, 33

   VII – O dáimon de Sócrates, 36

   VIII – A maiêutica de Sócrates, 37

   IX – O Sócrates de Copenhague, 38

2 A visão de Hegel sobre Sócrates, 41

   I – Martensen e a Universidade de Copenhague na década de 1830, 41

   II – Introdução a Hegel, 47

   III – A compreensão de Hegel sobre Sócrates na história da cultura ocidental, 48

IV – Uma verdade pela qual viver e morrer, 51

V – A visão de Hegel sobre a ironia e o método socrático, 54

VI – A interpretação de Hegel sobre a *aporia* e a maiêutica de Sócrates, 56

VII – A interpretação de Hegel sobre Sócrates, o Bem, e os sofistas, 59

VIII – A interpretação de Hegel sobre o dáimon de Sócrates, 63

IX – A análise de Hegel sobre o julgamento de Sócrates, 65

X – O conflito entre tradição e liberdade individual, 68

3 A visão de Kierkegaard sobre Sócrates, 71

I – A visão de Kierkegaard sobre o dáimon de Sócrates, 71

II – O Fausto de Martensen, 74

III – A análise de Kierkegaard do julgamento de Sócrates, 77

IV – A dúvida e *O conflito entre os novos e os velhos depósitos de sabão*, 80

V – *Johannes Climacus, ou De omnibus dubitandum est*, de Kierkegaard, 83

VI – Os sofistas e o legado de Sócrates, 86

VII – Sócrates e Cristo, 89

VIII – Andreas Frederik Beck e a primeira resenha de *O conceito de ironia*, 90

IX – O conhecimento como uma espada de dois gumes, 93

4 Kierkegaard, Heiberg e a história, 97

I – A introdução de Kierkegaard à parte dois, 98

II – O romantismo alemão, 100

III – As "Observações para orientação", de Kierkegaard, 102

IV – *Sobre a significância da filosofia para o tempo presente*, de Johan Ludvig Heiberg, 106

V – "A validade histórico-universal da ironia", de Kierkegaard, 109

VI – A crítica de Kierkegaard a Hegel sobre a ironia socrática e a romântica, 112

VII – A crítica de Kierkegaard a Hegel sobre a história e sobre Sócrates, 116

VIII – A luta moderna pela individualidade, 120

5 Kierkegaard e o subjetivismo romântico, 123

I – Introdução a Fichte, 125

II – As análises de Hegel e Kierkegaard sobre Fichte, 127

III – A apropriação da teoria de Fichte por Schlegel e Tieck, 131

IV – A análise de Kierkegaard sobre Schlegel, 135

V – Kierkegaard e Poul Martin Møller, 139

VI – A ideia de Kierkegaard da ironia controlada, 142

VII – A defesa de Kierkegaard e a recepção da obra, 145

VIII – Kierkegaard e Regine Olsen, 147

IX – O problema moderno de criar-se a si mesmo, 150

6 A concepção da tarefa socrática de Kierkegaard e o início da autoria: 1843, 154

I – Kierkegaard em Berlim, 155

II – O debate sobre a mediação e a concepção de *Ou/ou*, 158

III – O Esteta A como um ironista romântico: *diapsalmata*, 161

IV – A recepção imediata de *Ou/ou*, 167

V – As obras seguintes na autoria de Kierkegaard, 169

VI – O universal e o indivíduo singular, 171

VII – O paradoxo da fé, 174

VIII – O conflito moderno entre lei e consciência, 176

7 A tarefa socrática de Kierkegaard: 1844-1846, 180

I – *Migalhas filosóficas*, de Kierkegaard, 181

II – *O conceito de angústia*, de Kierkegaard, 184

III – Os *Prefácios*, de Kierkegaard, e a polêmica com Johan Ludvig Heiberg, 188

IV – *Estágios no caminho da vida*, de Kierkegaard, 192

V – O conflito com *O Corsário*, 195

VI – Introdução ao *Pós-escrito conclusivo não científico*, de Kierkegaard, 201

VII – "A questão em *Migalhas*", de Kierkegaard, 204

VIII – "Uma primeira e última explicação", de Kierkegaard, 207

IX – A autoria paralela, 211

X – Os diários e cadernos, 215

XI – Sócrates e o cristianismo como verdade subjetiva, 217

8 A tarefa socrática de Kierkegaard e a segunda metade da autoria: 1846-1855, 222

I – A visão de Kierkegaard sobre a sociedade e sua relação com o Rei Cristiano VIII: uma resenha literária, 222

II – Sócrates nos *Discursos edificantes em vários espíritos* e *As obras do amor*, 226

III – *O ponto de vista*, de Kierkegaard, 230

IV – A Revolução de 1848 e *A doença para a morte*, 233

V – *Prática no cristianismo*, de Kierkegaard, 236

VI – O ataque à Igreja, 239

VII – O último número de *O Instante*, 243

VIII – A doença e a morte de Kierkegaard, 246

IX – O funeral e o sepultamento de Kierkegaard, 247

X – O legado de Kierkegaard, 252

XI – Apropriação cristã, 255

Referências, 259

Índice analítico, 271

Coleção Chaves de Leitura
Coordenador: Robinson dos Santos

A Coleção se propõe a oferecer "chaves de leitura" às principais obras filosóficas de todos os tempos, da Antiguidade Grega à Era Moderna e aos contemporâneos. Distingue-se ela do padrão de outras introduções por ter em perspectiva a exposição clara e sucinta das ideias-chave, dos principais temas presentes na obra e dos argumentos desenvolvidos pelo autor. Ao mesmo tempo, não abre mão do contexto histórico e da herança filosófica que lhe é pertinente. As obras da Coleção Chaves de Leitura, não pressupõem um conhecimento filosófico prévio, atendendo, dessa forma, perfeitamente ao estudante de graduação e ao leitor interessado em conhecer e estudar os grandes clássicos da Filosofia.

Coleção Chaves de Leitura:

- *Fundamentação da metafísica dos costumes – Uma chave de leitura*
  Sally Sedgwick

- *Fenomenologia do espírito – Uma chave de leitura*
  Ralf Ludwig

- *O príncipe – Uma chave de leitura*
  Miguel Vatter

- *Assim falava Zaratustra – Uma chave de leitura*
  Rüdiger Schmidt e Cord Spreckelsen

- *A república – Uma chave de leitura*
  Nickolas Pappas

- *Ser e tempo – Uma chave de leitura*
  Paul Gorner

CULTURAL

Administração
Antropologia
Biografias
Comunicação
Dinâmicas e Jogos
Ecologia e Meio Ambiente
Educação e Pedagogia
Filosofia
História
Letras e Literatura
Obras de referência
Política
Psicologia
Saúde e Nutrição
Serviço Social e Trabalho
Sociologia

CATEQUÉTICO PASTORAL

Catequese
Geral
Crisma
Primeira Eucaristia

Pastoral
Geral
Sacramental
Familiar
Social
Ensino Religioso Escolar

TEOLÓGICO ESPIRITUAL

Biografias
Devocionários
Espiritualidade e Mística
Espiritualidade Mariana
Franciscanismo
Autoconhecimento
Liturgia
Obras de referência
Sagrada Escritura e Livros Apócrifos

Teologia
Bíblica
Histórica
Prática
Sistemática

REVISTAS

Concilium
Estudos Bíblicos
Grande Sinal
REB (Revista Eclesiástica Brasileira)
SEDOC (Serviço de Documentação)

VOZES NOBILIS

Uma linha editorial especial, com importantes autores, alto valor agregado e qualidade superior.

VOZES DE BOLSO

Obras clássicas de Ciências Humanas em formato de bolso.

PRODUTOS SAZONAIS

Folhinha do Sagrado Coração de Jesus
Calendário de mesa do Sagrado Coração de Jesus
Agenda do Sagrado Coração de Jesus
Almanaque Santo Antônio
Agendinha
Diário Vozes
Meditações para o dia a dia
Encontro diário com Deus
Guia Litúrgico

CADASTRE-SE
www.vozes.com.br

EDITORA VOZES LTDA.
Rua Frei Luís, 100 – Centro – Cep 25689-900 – Petrópolis, RJ
Tel.: (24) 2233-9000 – Fax: (24) 2231-4676 – E-mail: vendas@vozes.com.br

UNIDADES NO BRASIL: Belo Horizonte, MG – Brasília, DF – Campinas, SP – Cuiabá, MT
Curitiba, PR – Fortaleza, CE – Goiânia, GO – Juiz de Fora, MG
Manaus, AM – Petrópolis, RJ – Porto Alegre, RS – Recife, PE – Rio de Janeiro, RJ
Salvador, BA – São Paulo, SP